中国交通教育研究会组织编写

汽车维修工技能鉴定和转岗就业培训用书

轿车维修模块化实训系列教材

轿车检测管理

杨　勇　主编　　吴际璋　主审

人民交通出版社

内 容 提 要

本书是轿车维修模块化实训系列教材，主要训练学生对检测仪器的操作使用和检测数据分析，及汽车维修进厂档案的建立，维修前汽车技术状况检测、维修工艺过程组织以及维修后技术状况检测、记录和签发出厂合格证的能力。内容包括：常用检测仪器、汽车综合性能检测线和汽车维修技术管理3个模块。

本书作为职业院校汽车运用与维修专业师生教学用书，亦可供相关工种职业技能鉴定和转岗就业培训使用。

图书在版编目（CIP）数据

轿车检测管理/杨勇主编．—北京：人民交通出版社，2007.2

（轿车维修模块化实训系列教材）

ISBN 978-7-114-06430-2

Ⅰ．轿… Ⅱ．杨… Ⅲ．轿车－检测－教材 Ⅳ．U469.110.7

中国版本图书馆CIP数据核字（2007）第026057号

书　　名： 轿车检测管理
著 作 者： 杨　勇
责任编辑： 戴慧莉
出版发行： 人民交通出版社
地　　址： （100011）北京市朝阳区安定门外外馆斜街3号
网　　址： http：//www.ccpress.com.cn
销售电话： （010）59757969，59757973
总 经 销： 北京中交盛世书刊有限公司
经　　销： 各地新华书店
印　　刷： 北京交通印务实业公司
开　　本： 787×1092　1/16
印　　张： 11.25
字　　数： 280千
版　　次： 2007年7月第1版
印　　次： 2010年9月第2次印刷
书　　号： ISBN 978-7-114-06430-2
印　　数： 3001－5000册
定　　价： 18.00元

编审委员会

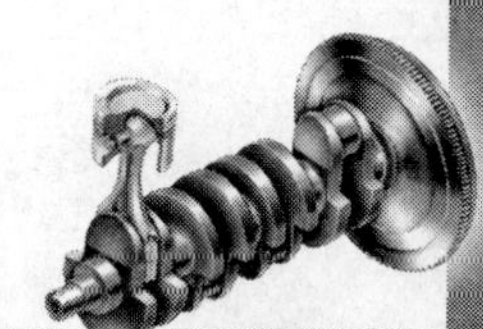

前　言

为了贯彻《国务院关于大力推进职业教育改革与发展的决定》精神,适应全面建设小康社会对高素质劳动者和技能型人才的迫切要求,实施理实一体化教学,增强学生的动手能力,中国交通教育研究会组织北京、山东、浙江、江苏、河北和云南六个省市26位专家,在对全国30余个汽车维修企业进行充分调研的基础上,根据素质教育的要求和教学改革的发展需要,以及交通行业职业技能规范和汽车维修技术等级标准,开发制订了汽车维修岗位培训教材编写大纲,并委托云南省交通高级技工学校(国家级重点技校)及所属安大汽车修理厂工程技术人员组成的编写小组完成了轿车维修模块化实训系列教材的编写任务。

本套教材包括《轿车维修基础》、《轿车检测管理》、《轿车故障诊断》和《轿车电气设备维修》四个分册,并配有相应的《实训集》。每个分册由相应职业工种的核心模块组成,各模块包含每人学习课时、学习目标、作用、实训器材、操作步骤与图示、核心理论、学生评价标准、习题及安全操作和技术操作注意事项。本套教材作为理实一体化教学中的实训指导,理论基础知识以够用为度,重点掌握实际操作能力,其中实训内容以图解的方式逐步呈现,图示明确,说明扼要。学生按图索骥,在实践中学习,在学习中实践,能快速掌握汽车维修技术的技巧,并能达到汽车维修中、高级技术工人标准要求。

本套教材是职业院校汽车运用与维修专业师生教学用书,亦可供相关工种职业技能鉴定和转岗就业培训使用。

职业院校在应用本系列教材时,可根据教学的对象、目标和要求,从中选取相应的模块进行学习和训练。教材中的"每人学习课时"为学生的操作时间,在使用中可根据具体情况作相应调整。与教材配套的《实训集》中,每一个项目与教材中的项目相对应,可用于实训的记录、考核;《实训集》中的"训练并思考"部分可作为学生课后的思考或作业,达到实训与理论知识相衔接的目的。对于实行"学分制"的学校,可根据自己的具体情况确定每个模块或项目所占的学分比重。

使用本教材作为"汽车维修工种职业技能鉴定"时,可从教材和《实训集》中任意选取相应的模块或项目,即可成为一份技能鉴定的题目或试卷。

使用本教材对社会转岗就业人员进行培训时,可根据学员不同需要,从教材中选出相应的模块进行培训,再利用《实训集》进行考核鉴定。

《轿车检测管理》是轿车维修模块化实训系列教材之一，主要训练学生对检测仪器的操作使用和检测数据分析，及汽车维修进厂档案的建立，维修前汽车技术状况检测、维修工艺过程组织以及维修后技术状况检测、记录和签发出厂合格证的能力。内容包括：常用检测仪器、汽车综合性能检测线和汽车维修技术管理3个模块。

本书是云南省交通高级技工学校实施理实一体化教学六年的经验总结和结晶，由该校一线专业教师编写。参加本书编写工作的有：杨勇编写模块一中的项目1、项目2，高庆华编写模块一中的项目3，何艳兵编写模块二，李永吉编写模块三。全书由云南省交通高级技工学校杨勇担任主编，由山东交通学院吴际璋担任主审。

在本书编写过程中得到了云南省交通厅科教处领导的高度重视和支持，得到了中国汽车维修行业协会、山东交通学院、山东省交通技师学院、浙江省交通技师学院、江苏省交通技师学院、河北省交通技师学院部分专家及教师的指导，为此对他们表示衷心感谢，对所参考著作和文献的作者表示诚挚的谢意。教材中存在的不妥和错误之处，敬请广大读者批评指正。

中国交通教育研究会

二〇〇六年十二月

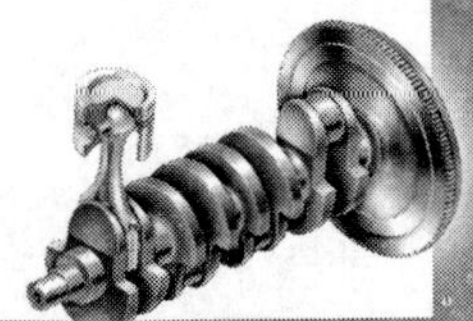

目　录

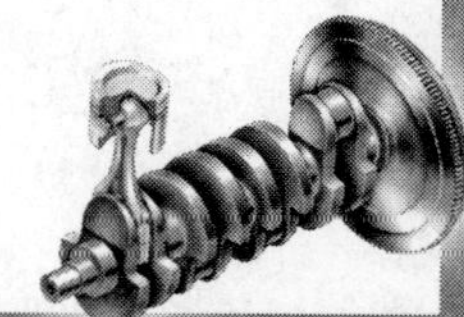

轿车检测管理

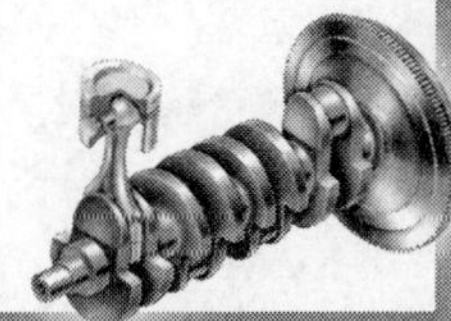

目　录

模块一　常用检测仪器

项目1　利用真空表测量进气管真空度对发动机故障进行综合诊断

利用真空表测量进气管真空度对发动机故障进行综合诊断，是发动机基础检验的常规内容和基本手段之一。发动机的配气系统、供油系统、点火系统出现故障时，都会引起进气管真空度的变化，因此，通过测量进气管真空度的变化，可以对发动机的故障进行初步的定性判断。

此项目每人学习课时数1个(45分钟)

一、学习目标

知识目标

1. 简单叙述发动机各种故障在真空表上的反映。
2. 正确描述利用真空表测量进气管的真空度对发动机故障进行综合诊断的机理。

技能目标

1. 能够通过真空表指示的数值对每一类故障进行定性的分析。
2. 能够利用真空表测量进气管的真空度。
3. 能够对发动机故障进行定性诊断。

二、实训器材

1. 能够怠速运转的发动机一台。
2. 量程范围为0～101.325kPa的真空表一套。

三、实训内容

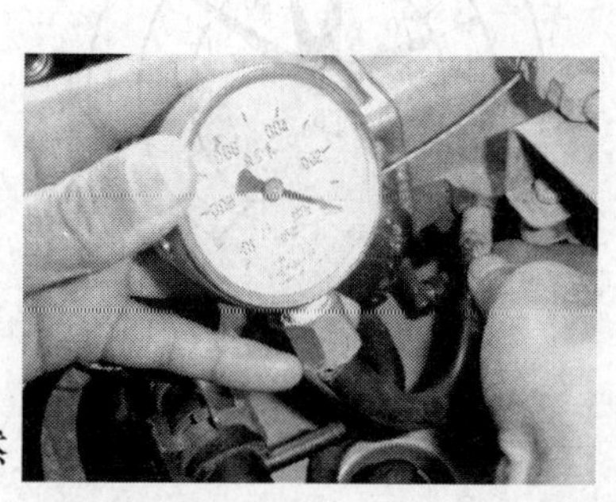

图1-1　安装真空表

1. 起动发动机，使发动机预热至正常温度(70℃)以上，然后使发动机熄火。
2. 在进气管的节气门后方连接真空表，见图1-1。

3. 起动发动机,使发动机在怠速运转的状态下读取真空表的指示数值。

4. 发动机怠速运转时,真空表指针若稳定地指在 57 ~ 70kPa,说明怠速工况的密封性、空燃比和点火性能良好。当迅速开启、关闭节气门时,指针能随之在 6.76 ~ 84.44kPa 之间摆动,则说明发动机其他工况的密封性、空燃比和点火性也是良好的,见图 1-2 所示。

注:图中白针表示指针稳定,黑针表示指针飘移,后同。

5. 怠速时真空表指针在 30 ~ 67kPa 之间摆动,表示气门与气门座烧蚀密封不严,见图 1-3 所示。

6. 怠速时,真空表指针有规律在 40 ~ 60kPa 之间摆动,见图 1-4 所示,表示气门顶死或液力挺柱顶死。

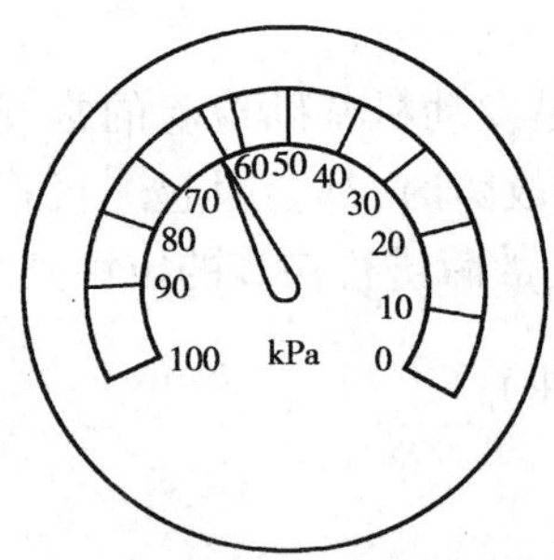

图 1-2　指针在 57 ~ 70kPa 范围

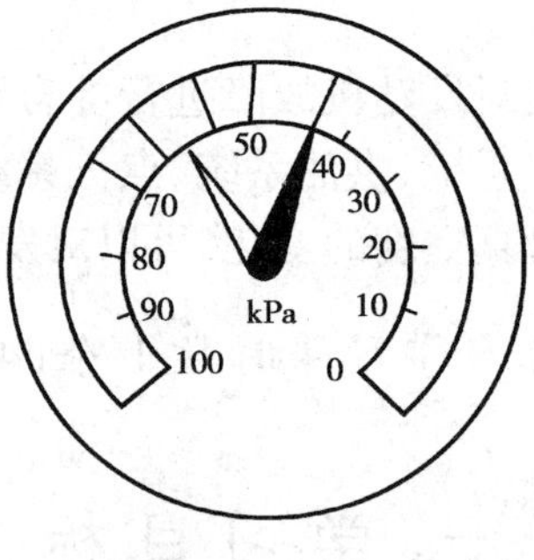

图 1-3　指针在 30 ~ 67kPa 范围

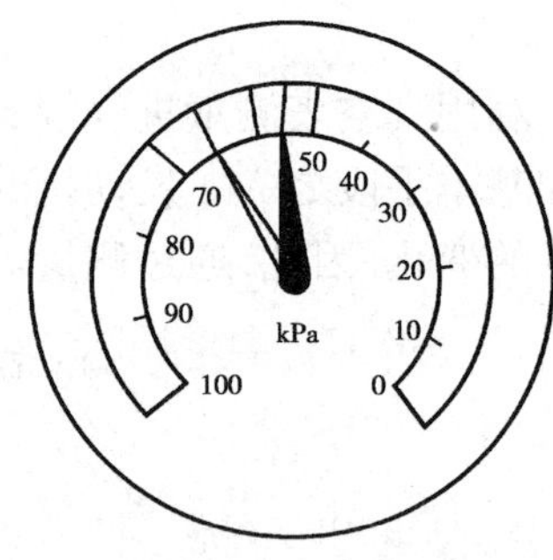

图 1-4　指针在 40 ~ 60kPa 范围摆动

7. 发动机怠速时,真空表指针在 33 ~ 74kPa 范围内迅速摆动,如图 1-5 所示,表明某缸的气门弹簧折断或弹力不足。

8. 怠速时真空表的读数低于正常值 10 ~ 13kPa,并且无规律地在 46.7 ~ 60kPa 之间摆动,表示气门导管与气门杆之间配合间隙过大,使气门头部无规律摆动,造成气门密封不严,见图 1-6 所示。

9. 把发动机转速提升至 2000r/min 左右,迅速打开节气门,真空表指针迅速降低至 6.0kPa 以下;当发动机在 3000r/min 时迅速关闭节气门,真空表指针不能回到 83kPa,表明活塞环与汽缸壁密封不严,见图 1-7 所示。

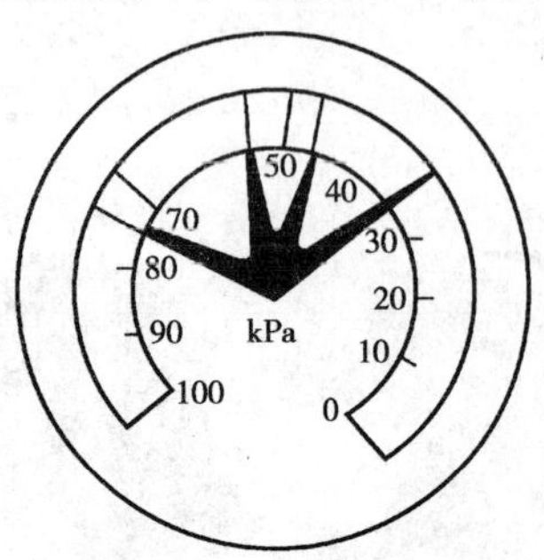

图 1-5　指针在 33 ~ 74kPa 范围迅速摆动

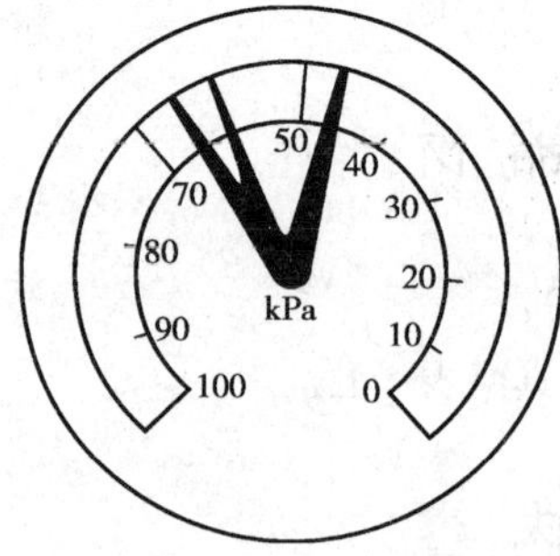

图 1-6　指针在 46.7 ~ 60kPa 范围摆动

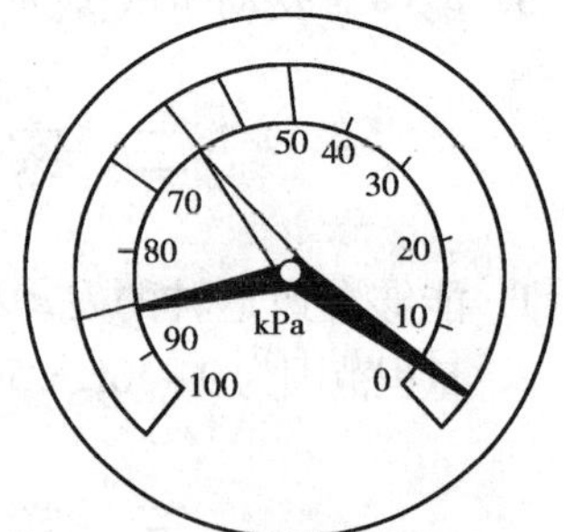

图 1-7　指针低于 6.0kPa 或 83kPa

10. 怠速时,真空表指针在 17.3 ~ 64kPa 之间大幅度摆动,表明汽缸衬垫窜气,见图 1-8

所示。指针摆动幅度的大小,取决于汽缸窜气量的多少。

11. 怠速时,真空表指针不规则跌落,表明混合气过稀或个别缸不工作。若表针在44~57kPa之间缓慢摆动,表明混合气过浓,见图1-9所示。

12. 怠速时,真空表指针有时可能稳定在50kPa左右,但有时又快速跌落至0~6kPa左右,见图1-10所示,说明排气系统有堵塞现象。

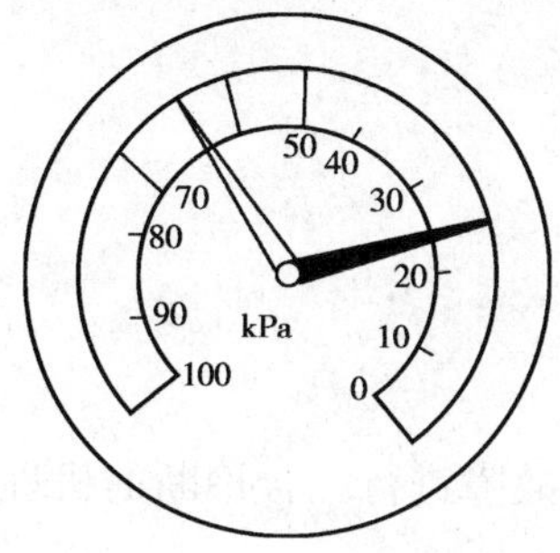

图1-8　指针在17.3~64kPa大幅度摆动

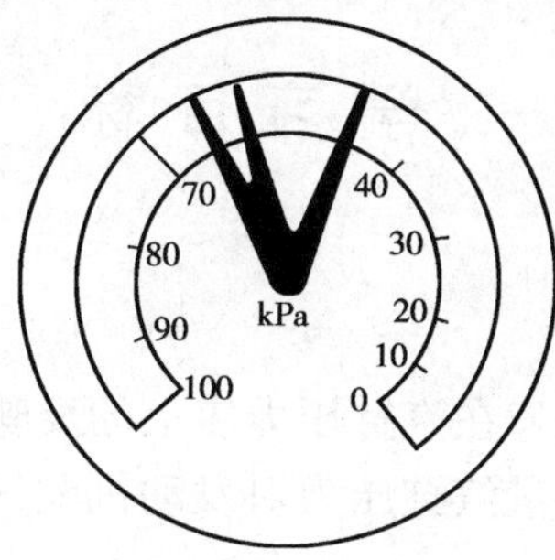

图1-9　指针在44~57kPa之间缓慢摆动

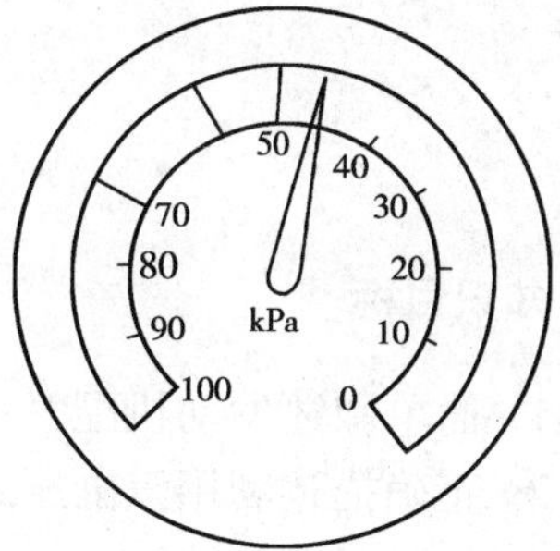

图1-10　指针在50kPa左右

13. 怠速时真空表指针稳定在47~57kPa之间轻微摆动,说明点火过迟或配气相位滞后,见图1-11所示。

14. 怠速时真空表指针在45~57kPa之间大幅度摆动,说明点火过早或配气相位提前,见图1-12所示。

15. 怠速时,真空表指针在47~54kPa之间缓慢摆动,表明火花塞间隙过小或点火能量不足,见图1-13所示。

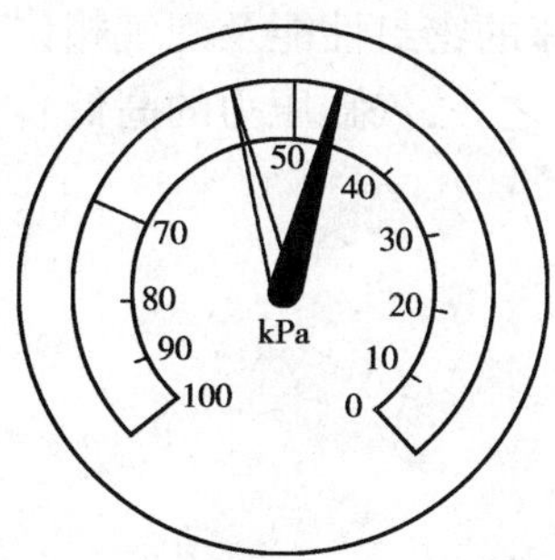

图1-11　指针在47~57kPa范围轻微摆动

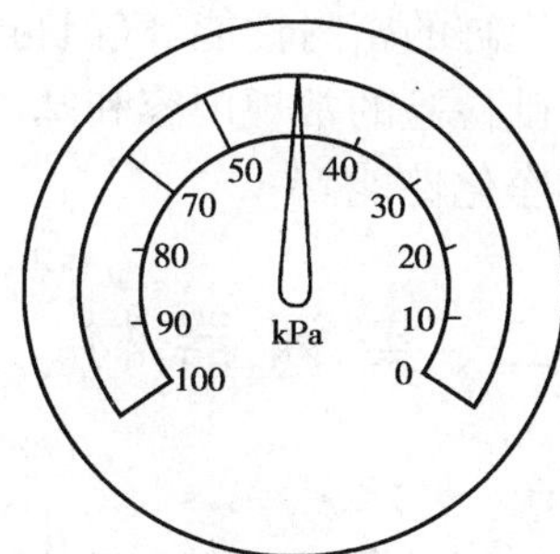

图1-12　指针在44~57kPa之间大幅摆动

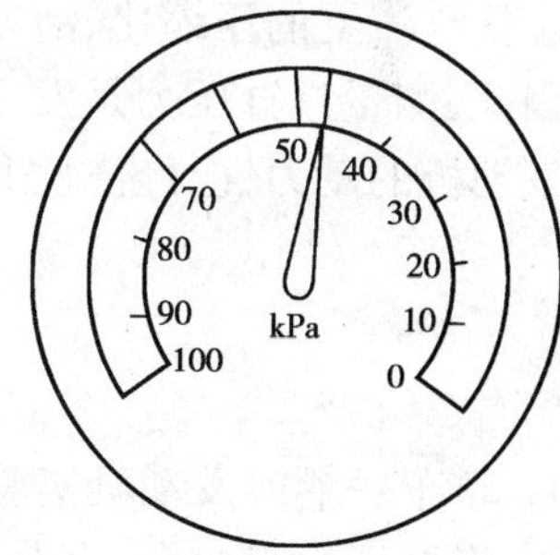

图1-13　指针在44~54kPa范围缓慢摆动

上述测试,多数情况是发动机在怠速工况下运转,其给出的数值是以海平面高度为准,海拔每升高1000m,真空度会减小10kPa左右,检测时应根据所在海拔高度进行修正、分析。

必须指出的是,影响进气管真空度的因素很多,如:密封性、空燃比、点火性能(强、弱、早、晚)。最高真空度所对应的必然是最好密封性、最佳空燃比、最佳点火性能。但进气管真空度的变化,不能准确地确定故障点,只能对故障进行定性的判断,还必须根据其他故障现象和检测手段,才能确定故障的具体部位。

项目 2　汽缸压缩压力的测量与分析

此项目每人学习课时数 2 个(90 分钟)

一、学 习 目 标

知识目标

1. 简单叙述发动机配气系统故障在汽缸压力表上的反映。
2. 正确描述利用汽缸压力表测量汽缸压力对发动机配气系统故障进行综合诊断的机理。

技能目标

学生通过对本模块的学习,应能够清楚测量汽缸压缩压力的目的和原理,掌握测量步骤,并能够根据测量结果对发动机汽缸的密封性和配气系统故障进行判断。

二、测 量 原 理

在火花塞座孔处安装汽缸压力表,利用起动机带动曲轴旋转,在压缩行程活塞到达上止点时,汽缸内出现最高压力,读取记录这一压力值即为汽缸的压缩压力,简称汽缸压力。汽缸压力的高低与汽缸的压缩比、活塞环与汽缸的密封性能、气门与气门座的密封性能及配气相位有关。因此,测量汽缸压力是发动机基础检验的常规内容和基本手段之一,汽缸压力的高低直接影响发动机的动力性、经济性和排气净化性能。

三、实 训 器 材

1. 轿车一辆或发动机实验台一台。
2. 汽缸压力表一个,火花塞套筒一个,常用工具一套,机油壶一个。

四、实 训 内 容

1. 拆下空气滤清器。
2. 检查蓄电池电压应大于 12V。
3. 点燃发动机试验,发动机运转正常。
4. 拔下控制电控燃油喷射系统电源的熔断丝,使点火、喷油系统不工作。
5. 调校气门脚间隙。

标准:进气门:0.15mm;排气门:0.20mm。

注：液力挺杆式配气机构无此项目。

6. 拆卸所有汽缸的火花塞。

7. 将专用的汽缸压力表的锥形橡胶塞压在火花塞孔上，如图 1-14 所示。汽缸压力表的组成和结构形式如图 1-15 所示。

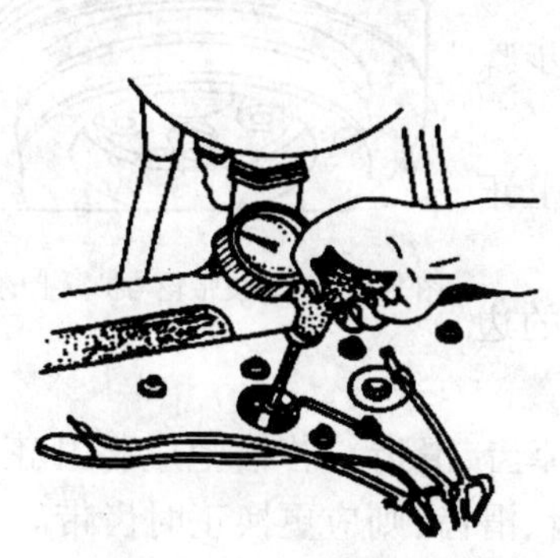

图 1-14　测量汽缸压力

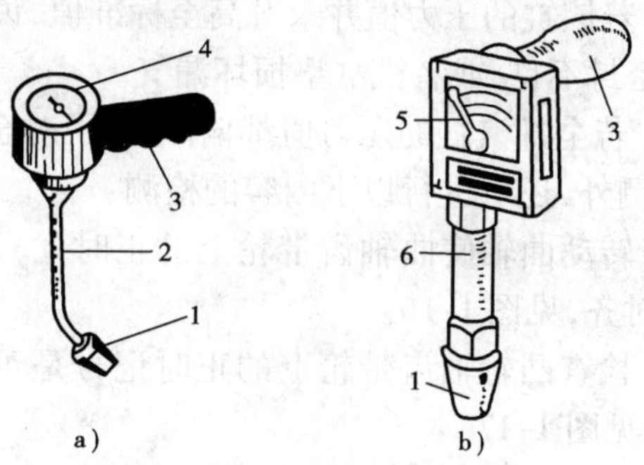

图 1-15　汽缸压力表

a）普通型；b）带记录型

1-锥形橡胶塞；2-气管；3-手柄；4-压力表；5-带有按缸号记录压力的刻度表；6-带有自动记录装置传动活塞的汽缸

8. 将加速踏板踩到底，点燃发动机读取并记录第一缸的汽缸压力值。

注意：

（1）发动机带动曲轴旋转每次应为 3～5s，两次点燃发动机间隔应在 15s 以上。

（2）对于汽油机应保证转速≥130～250r/min。对于柴油机应保证转速≥500r/min。

9. 重复步骤 7～8，读取并记录全部汽缸的压力值。

10. 重复步骤 7～9 两次，即对每一个汽缸进行 3 次汽缸压力测量，并将测量结果填入《训练集》相应的表 1-1 中。

11. 完成《训练集》表中的平均值计算，然后与表 1-1 中的标准值进行比较。

发动机汽缸压缩压力标准　　表 1-1

发动机型号	压缩比	标准值（kPa）	发动机转速（r/min）
上海桑塔纳 JV	8.5	1000～1300	200～250
上海桑塔纳 2000AFE	9.0	1000～1300	
上海桑塔纳 2000AJR	9.5	1000～1300	
夏利 TJ376Q－E	9.5	1000～1225	
夏利 8A－FE	9.3	981～1370	
广州本田雅阁	8.9	930～1230	
上海别克 L46	9.0	大于 689	

12. 完成《训练集》表中最大值与最小值之差值的计算。正常标准为：各汽缸最大值与最小值之差：小于 0.1MPa。

13. 若汽缸压力值超过原厂标准，则是燃烧室容积减小了，其原因主要是燃烧室内积炭过多，汽缸衬垫过薄或缸体、缸盖接合平面经过多次修理磨削过度。

14. 若个别汽缸压力值偏低,可从火花塞孔向汽缸内滴5、6滴机油后,静置1~2min,然后,空打一次发动机,再测量并读取该缸的汽缸压力值,并把测量值填入《训练集》相应的表1-2中。

(1)若该缸的压力值升高至标准值以上,说明该缸的活塞环与汽缸壁密封不良。

(2)若该缸的压力值并未升高至标准值,说明该缸的气门与气门座密封不良,或者汽缸垫损坏漏气。

15. 若全部汽缸的压力值都偏低,除了对全部汽缸进行步骤14的检测外,还应进行以下内容的检测:

(1)转动曲轴使曲轴齿带轮上的正时记号与齿带护罩上正时记号对齐,见图1-16。

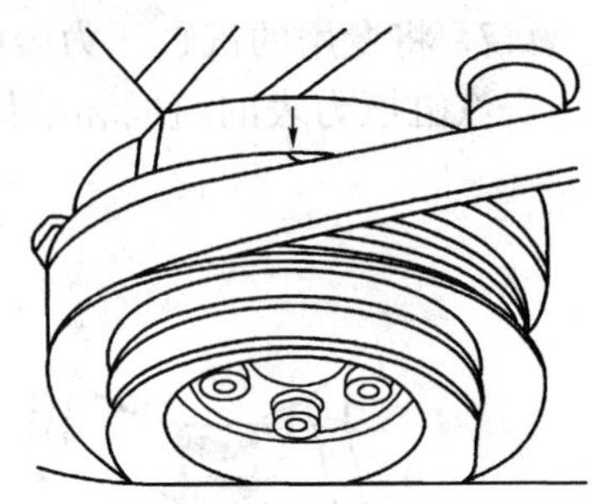

图1-16 曲轴皮带轮与护罩上的正时

(2)检查凸轮轴齿带轮上的正时记号是否与气门室罩的边缘对齐,见图1-17。

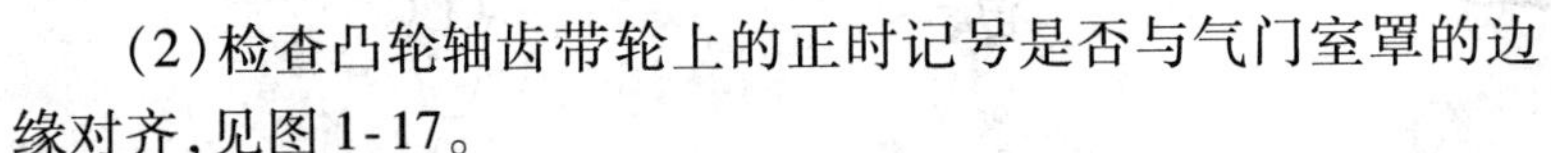

(3)若正时记号没有对齐,应检查正时齿带是否松弛、掉齿、滑齿。若松弛应打开正时齿带罩盖,使之张紧,见图1-18,并对正正时记号。若发现掉齿、滑齿,则应更换正时齿带。

(4)若正时记号已经对齐,则打开正时罩盖,放松张紧轮,取下正时齿带,用手把凸轮轴和其齿带轮一起顺着其工作的旋转方向转动一齿的角度,见图1-19。

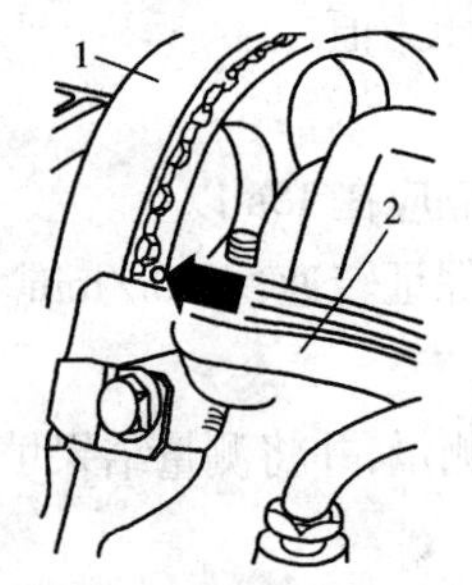

图1-17 凸轮轴齿带轮与气门室罩上的正时记号

1-齿带及带轮;2-气门室罩

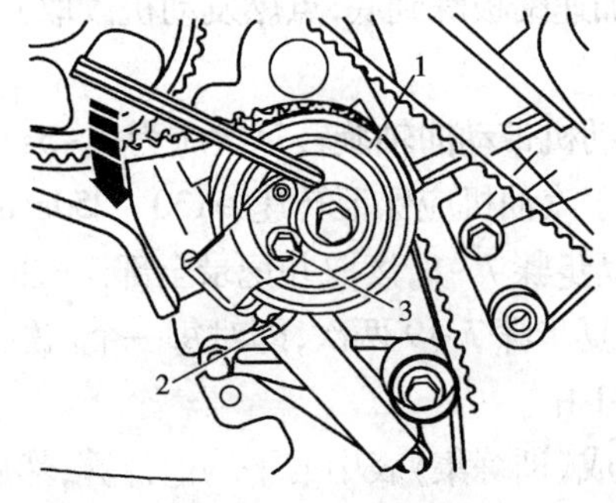

图1-18 张紧机构调整

1-齿型皮带张紧轮;2-张紧机构小孔;3-螺栓

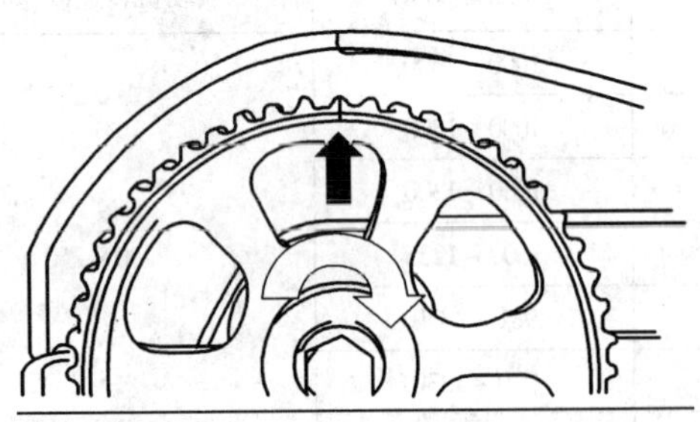

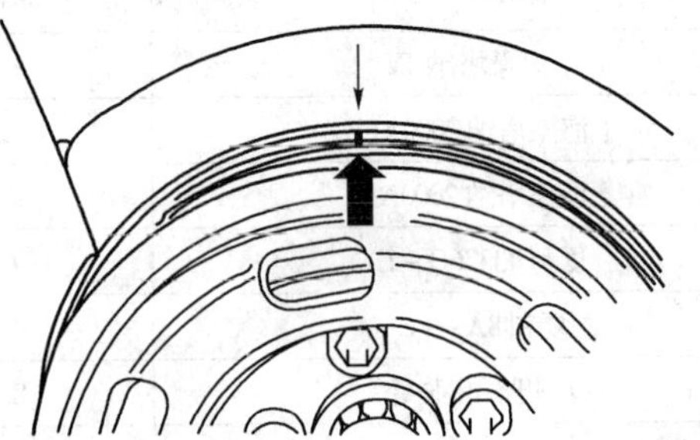

图1-19 曲轴正时记号对正

(5)安装正时齿带,并把齿带按规定张紧。

注意:此时发动机的配气相位应处在“提前一齿”的位置上。

(6)重复步骤7~10,再次测量汽缸压力。并将测量结果填入《训练集》相应的表1-3中。

16. 比较《训练集》表1-3 和表1-1 中的对应数值，若表1-3 中的数值大于表1-1 中的数值，说明凸轮轴上面的凸轮工作面已经磨损，使配气相位滞后，从而造成汽缸压力下降，应更换凸轮轴并调整配气相位；若表1-3 中的数值小于表1-1 中的数值，说明没有“提前一齿”时配气相位正常，应恢复原来的配气正时位置。

项目3　解码器的应用

解码器的应用原理：因为解码器与汽车电脑中的连接对话，使维修人员可以通过解码器获得汽车电脑中储存的汽车电控系统出现的故障信息以及汽车运行时的一些动态参数，以便为维修提供线索。同时，维修人员也可通过解码器对汽车电脑进行编码及对汽车电控系统实行基本设定、匹配自适应等功能，即解码器是实现简单的“人机对话”的纽带。

此项目每人学习课时数1个(45分钟)

一、学习目标

知识目标

1. 简单叙述解码器的作用。
2. 简单叙述解码器各组成件的名称、作用。
3. 正确描述解码器面板上的功能键名称及作用。

技能目标

学生通过对本模块的学习，应能对实车(或实验台)正确安装连接解码器，并按解码器操作要求，实施读取故障码、读取并分析数据流、进行元件测试、电脑编程等项功能的熟练操作，并能根据这些功能，初步判断汽车电控系统故障及通过解码器对这些系统进行基本设定或匹配自适应。

二、实训器材

1. 轿车一辆或汽车电控系统实验台一台。
2. 解码器一套。

三、实训内容

本项目内容以车博世(WU-2000A)解码器为例。

1. 检测前准备工作。

(1)拉好驻车制动器,变速器挡位挂入空挡或P挡,见图1-20。

(2)降下驾驶员座侧门窗玻璃,见图1-21。

(3)若发动机能起动,先暖车到正常温度(水温在80℃左右),如图1-22所示,并关闭辅助电器(如空调系统、灯光、音响等)。若无法起动,需点燃发动机3次以上。

(4)找出车辆诊断座,并检查、确认诊断座及线路完好(见图1-23中箭头所指),不可强行安装连接,避免损坏仪器,必要时用万用表测量诊断座电压。

(5)当被测试诊断座自带电源时,不能再接外接电源。注:现绝大部分车辆的诊断座都具备提供给解码器的电源。

2. 仪器使用注意事项。

(1)必须按使用手册提供的方法进行操作。

(2)车博世系列产品为精密电子设备,正常工作环境温度为-10~+40℃,相对湿度≤90%,工作电压为DC12~15V。

图1-20　变速杆挂入P(或N)挡

图1-21　降下玻璃

图1-22　检查冷却液温度

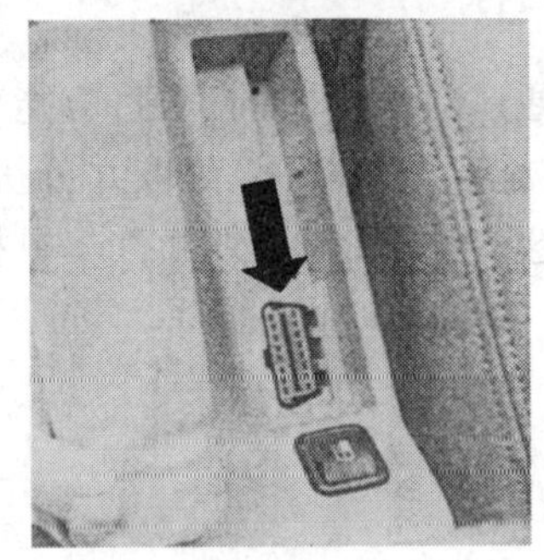

图1-23　诊断座

(3)使用解码器进行测试时,必须轻拿轻放,远离热源和尽量避免运动部件的干扰。

(4)换测试卡时,必须先切断电源。

(5)装测试卡时,必须按照测试卡的标识,将有"WU-30"的面朝外插入机内(按图1-24箭头方向插入)。当感到插不进去时,可能正反面方向弄错,此时请不要用力插入,否则会导致机内卡座接口损坏,只须将卡调换一下方向再插入机内,若无特殊需要,建议测试卡保留在机内为佳。

3. 检测汽车电控系统注意事项。

（1）电器元件通电时，绝不能断开电路，防止自感、互感电压击坏传感器及汽车电脑。

（2）电器正常工作时，严禁带磁性物体靠近汽车电脑，否则汽车电脑可能损坏。

（3）拆装汽车电脑或电器元件时，须在关闭点火开关 10min 后才能进行。

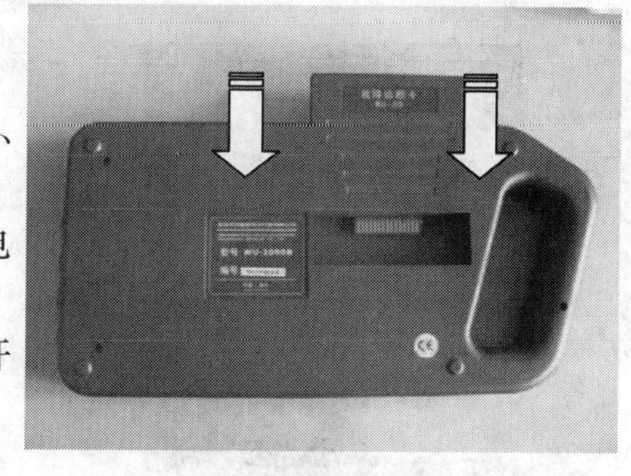

图 1-24　装测试卡

4. WU-2000A 解码器外观说明。

（1）主机外观及功能见图 1-25。

（2）测试器如图 1-26 所示。

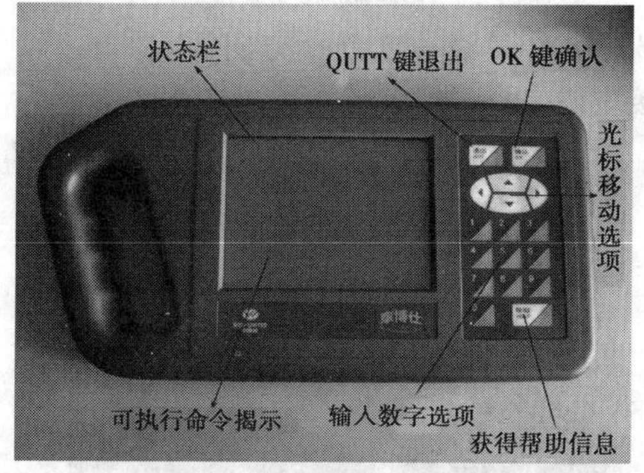

图 1-25　解码器外观及功能

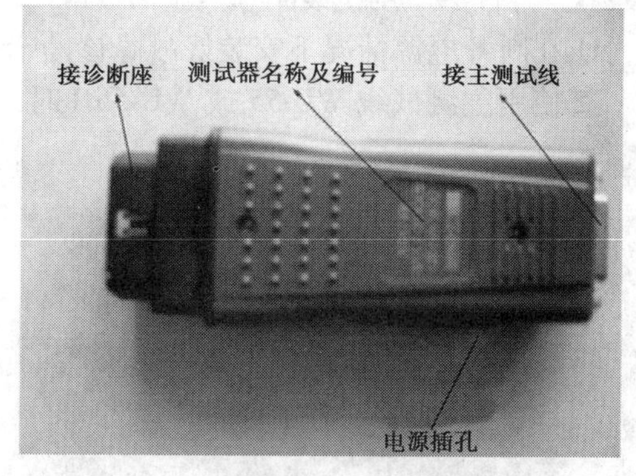

图 1-26　测试器外观及说明

（3）故障诊断卡如图 1-27 所示。

（4）通讯线见图 1-28。

图 1-27　故障诊断卡

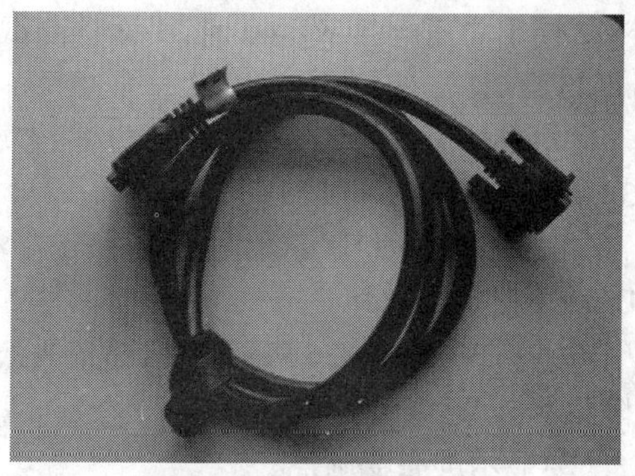

图 1-28　通讯线

（5）产品包装箱见图 1-29。

5. WU-2000A 解码器一般操作。

（1）开机显示。

解码器的安装连接关系如图 1-30 所示。

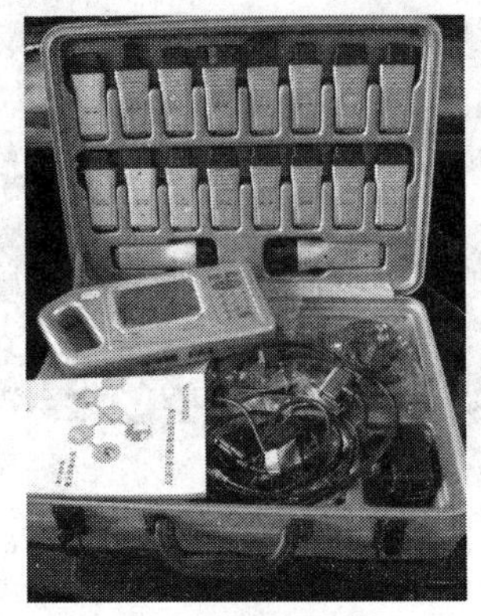

图 1-29　产品包装箱

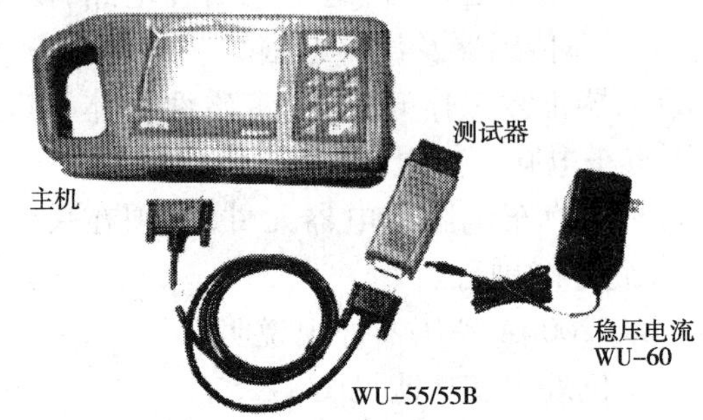

图 1-30　解码器的安装连接

①在断开电源情况下安装好故障诊断卡 WU-30，按图 1-31 箭头所示方向插入。

②使用主测试线 WU-55 或 WU-55B 时，一端接主机，另一端接测试器，见图 1-32。

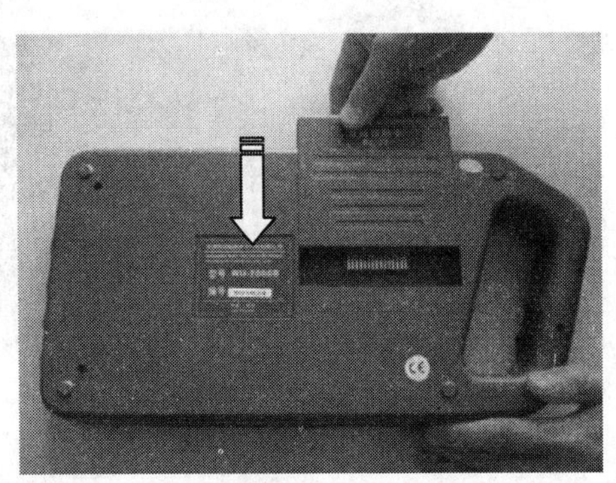

图 1-31　插入诊断卡

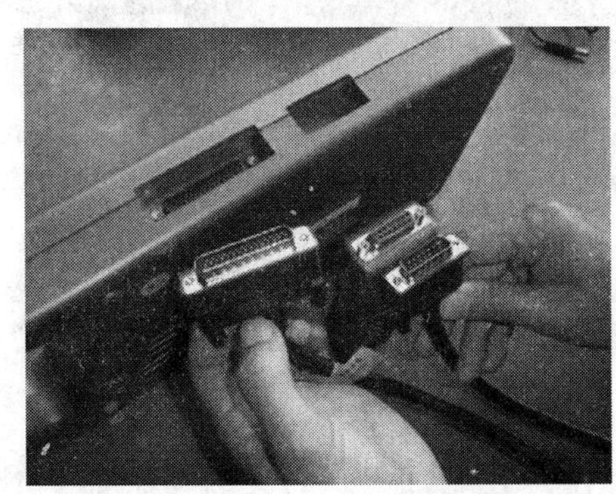

图 1-32　连接主测试线

③使用稳压电源 WU-60 时，一端接测试器的电源插孔，另一端接 AC220V 的交流电压，见图 1-33。

④对未注册过的解码器（注册方法详见使用手册），主机接通电源，屏幕自动显示如图 1-34所示画面。

⑤按任意键主机显示如图 1-35 所示。注：若主机接通电源后，屏幕不亮，请检查稳压电源 WU-60 连接是否良好。

⑥若出现如图 1-36 所示画面，请检查故障诊断卡 WU-30 是否安装好，请重新安装或更换故障诊断卡 WU-30。

（2）显示屏亮度调整。

①在开机状态下，按“OK” 键确认，按“▼”键选择“显示调整”菜单，按“OK”键后，主机显示如图 1-37 所示画面。

②按上箭键“▲”，显示屏亮度增加，按下箭键“▼”，显示屏亮度减少。

③主机屏幕显示亮度调整适中后，按“OK”键确定并保持此状态，在每次开机后，都以此亮度显示，不必再次调整。按“QUIT”键退出。

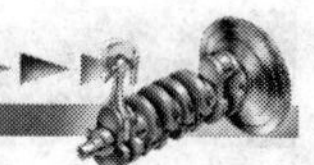

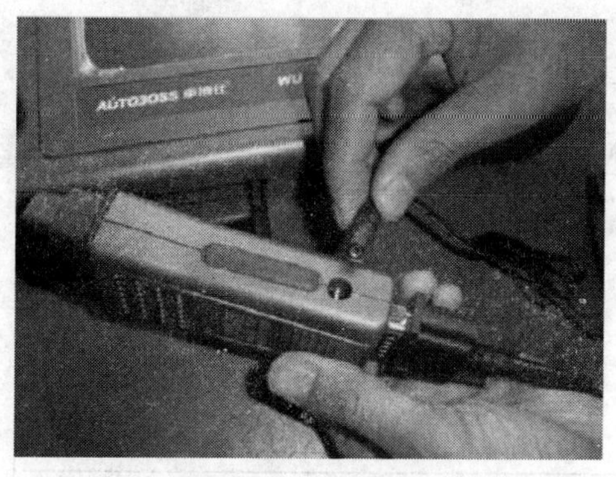

图 1-33　连接稳压电源

尊敬的用户：

本机现在为演示模式，通电 30 次后，请与创威联公司或当地代理商联系，获取产品注册号。

注册成功后，即可获得永久使用权！

现在还剩 29 次，按任意键继续！

图 1-34　未注册过的解码器

汽车故障电脑诊断分析仪 WU—2000A　VER：XX

谢谢使用车博世系列产品

XXXXXXXXXXX

XXXXXXX

OK　D　ID：XX

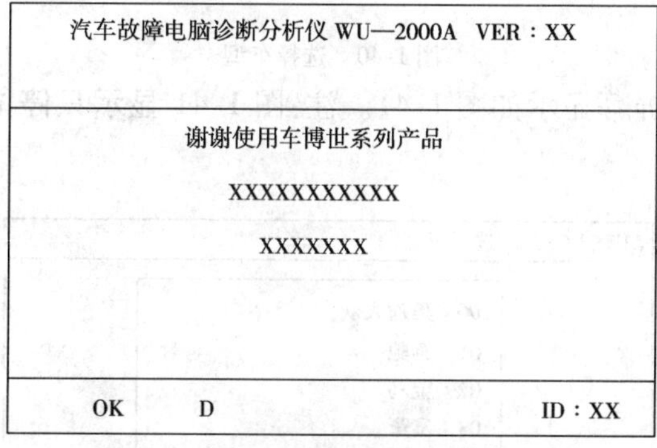

图 1-35　开机显示

汽车故障电脑诊断分析仪 WU—2000A　VER：XX

谢谢使用车博世系列产品

XXXXXXXXXXX

主机编号：XXXX　XX　XX

XXXXXXX　XX

OK　D　ID：XX

图 1-36　检验故障诊断卡

注：主机屏幕显示亮度出厂时调整设定为51％。

6. 下面以捷达王(20 气门)轿车为例，说明 WU-2000A 检测电控燃油喷射系统的方法。

(1)根据诊断座形状，选择测试器 WU-53 或 WU-03。

(2)安装好故障诊断卡，使用主测试线将主机和测试器正确连接。

(3)将测试器和诊断座正确连接，打开点火开关在 ON 位置，主机接上电源，此时屏幕显示如图 1-38。

显示调整

1234567·································

··········

51%

QUIT　OK　U　D

图 1-37　显示量度

汽车综合诊断分析仪 WU—2000A　Ver5.0

谢谢使用车博世系列产品

中国交通部公路科学研究所

监制

免费咨询电话：800—8305028

OK　ID　5

图 1-38　正常开机界面

(4)按 OK 键后,屏幕显示如图 1-39。

(5)默认(选择)0:故障诊断菜单,按 OK 键后,屏幕显示如图 1-40。

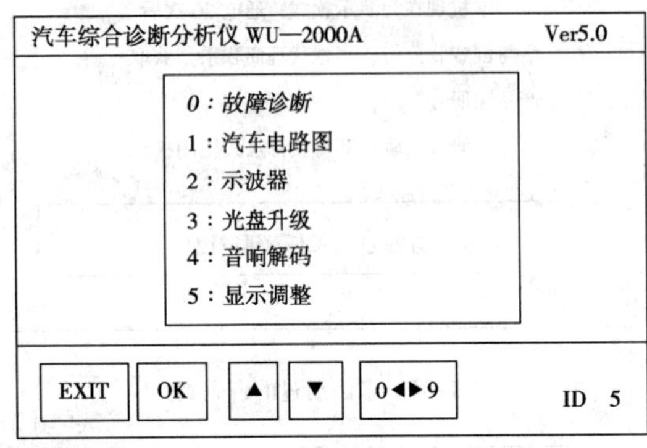

图 1-39 主菜单

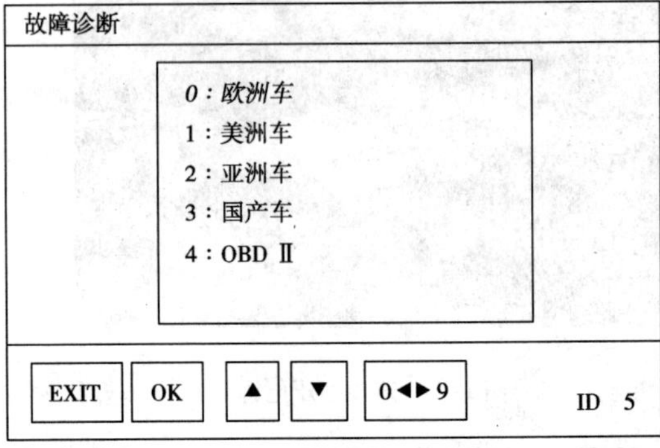

图 1-40 选择车型

(6)默认(选择)0:欧洲车菜单,按 OK 键后,屏幕显示如图 1-41。注:图 1-41 显示只停留片刻便自动跳到下一界面如图 1-42 所示。

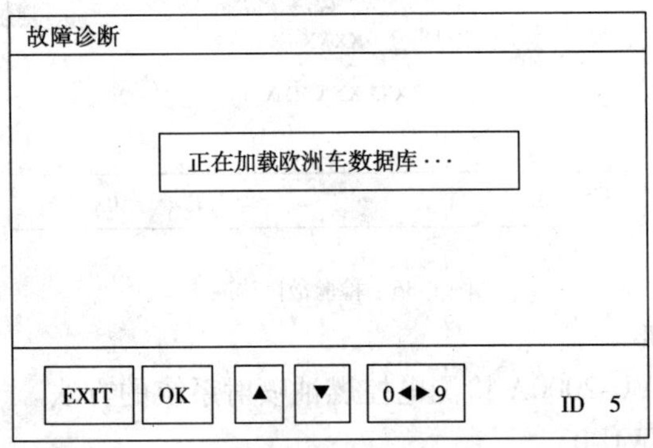

图 1-41 系统处理

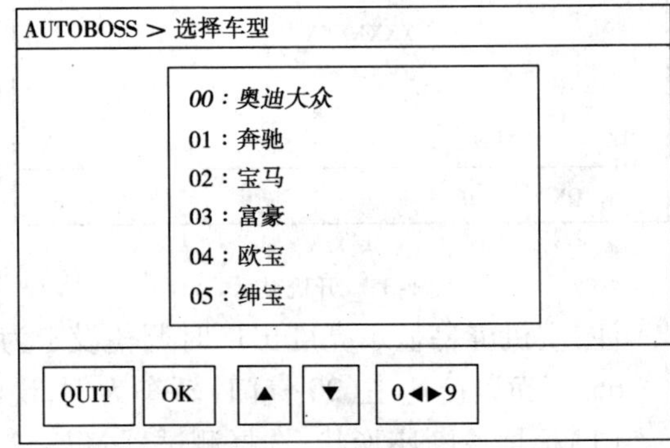

图 1-42 选择车型

(7)默认(选择)00:奥迪大众,按 OK 键后,屏幕显示如图 1-43。

注:图 1-43 只停留片刻便跳到下一界面如图 1-44。

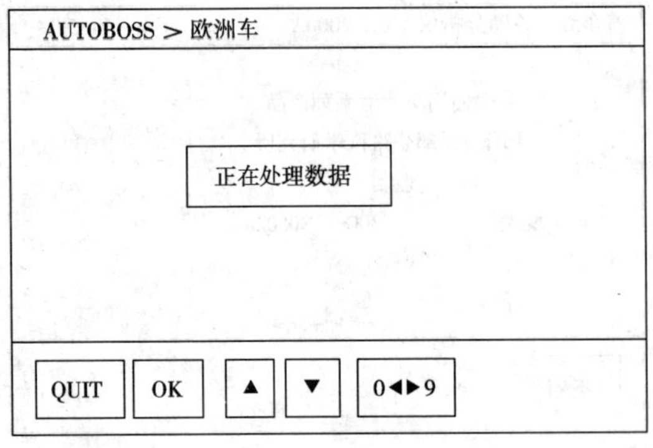

图 1-43 系统处理

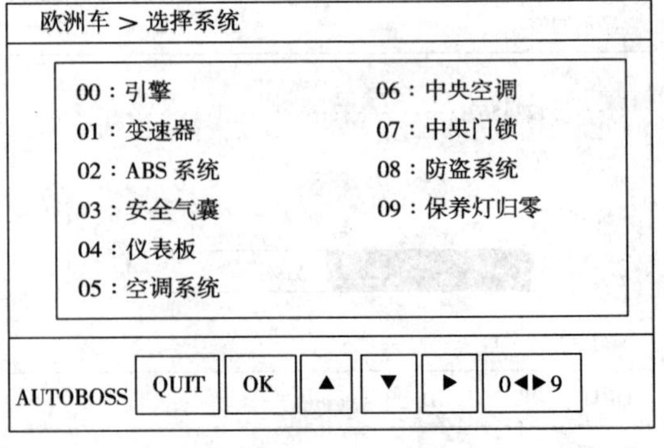

图 1-44 诊断功能菜单

（8）可通过▲▼键（或直接用数字键），选择测试系统。如测试发动机（引擎）系统，选择发动机（00：引擎）菜单，按 OK 键后，屏幕显示如图 1-45。

（9）默认（选择）00：故障诊断菜单，按 OK 键后，屏幕显示如图 1-46。

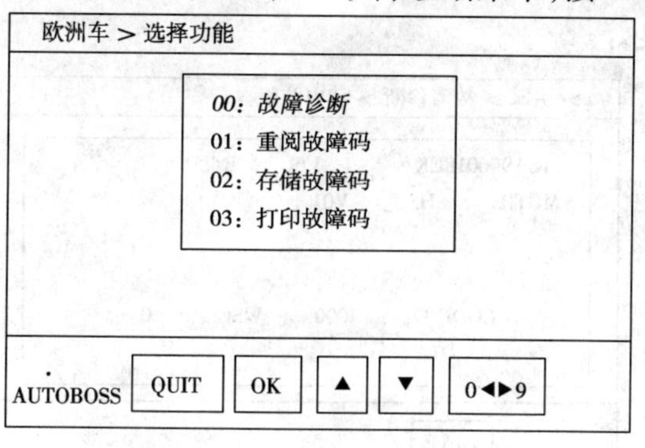

图 1-45　选择

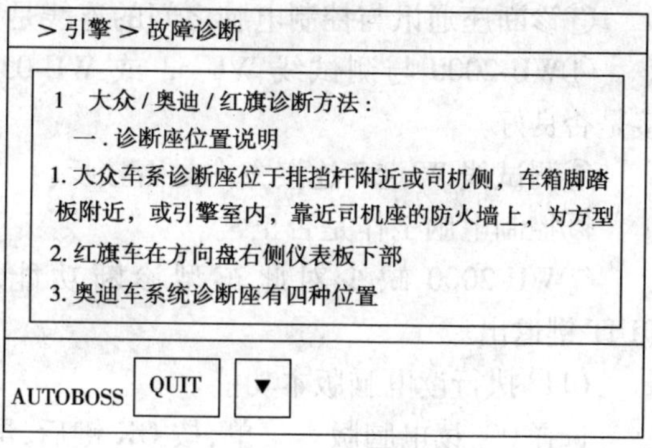

图 1-46　诊断座安装位置提示

注：长按▼可实现翻页。

（10）确认连接正确后，按 OK 键，屏幕短暂显示如图 1-47 的界面后，自动跳到图 1-48 所示界面。

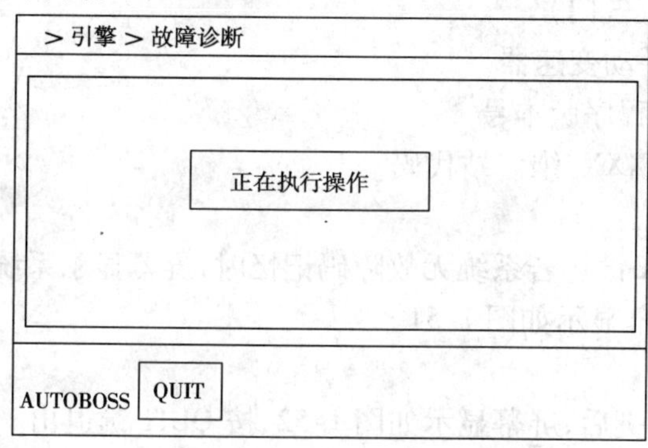

图 1-47　系统处理

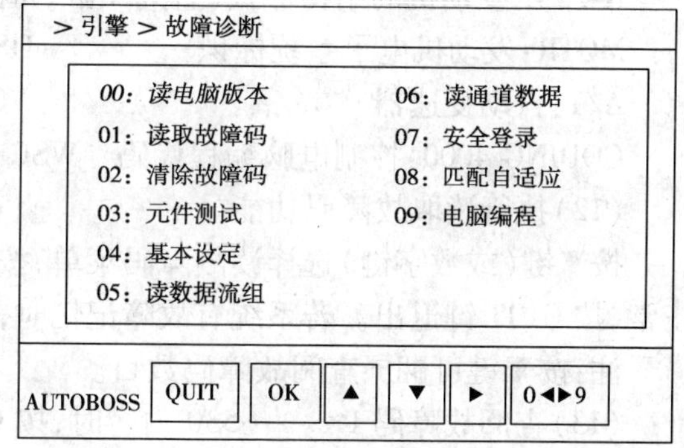

图 1-48　故障诊断功能菜单

注：若通讯正常，可通过▲▼键（或直接用数字键），选定如图 1-48 所示的各项功能。若通讯不正常、屏幕显示如图 1-49a）。

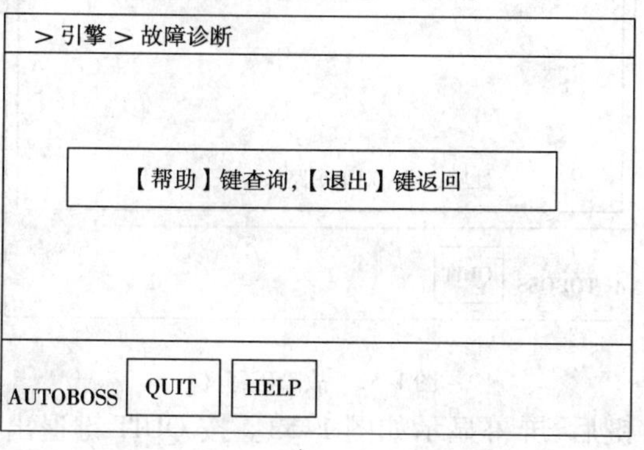

a）

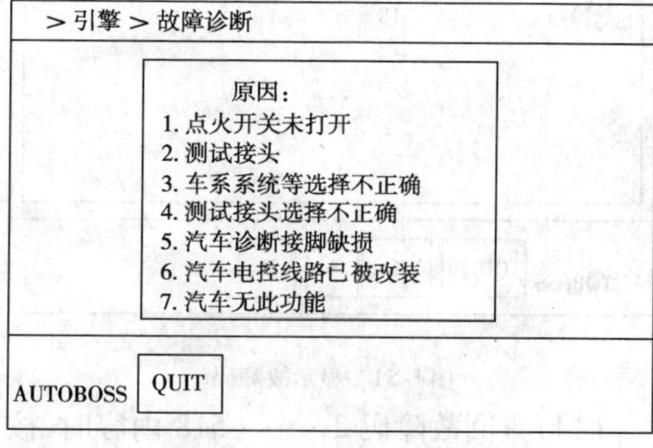

b）

图 1-49　通讯不正常及原因

a）显示通讯不正常；b）通讯不正常的原因

按 HELP 键可查阅通讯中断原因并请检查以下内容,如图 1-49b)。

①点火开关是否打开在“ON”位置。

②诊断座通讯端子是否良好。

③诊断座通讯与控制电脑之间的连线是否良好。

④WU-2000 与测试线 WU-53 或 WU-03 连接是否良好。

⑤测试线 WU-53 连接方向是否接反。

⑥控制电脑工作是否正常。

⑦WU-2000 缺少对此车型诊断功能,按 QUIT 键退出。

(11)执行读电脑版本功能。

选择 00:读电脑版本菜单,按 OK 键后,屏幕显示如图 1-50,按 QUIT 键退出。电脑版本号说明:

＞引擎＞故障诊断＞读电脑版本
06A906018EK 1.6L R4/5V
MOTR HS V01
CODING: 4000 WSC: 0
AUTOBOSS
QUIT

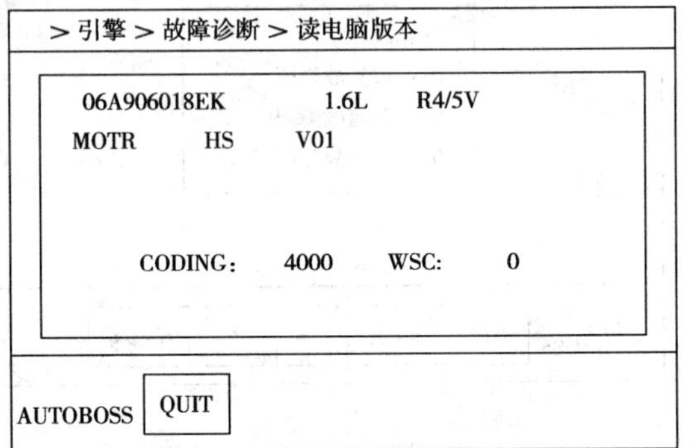

图 1-50 发动机电脑版本号

06A906018EK:发动机电脑零件号　　1.6L:发动机排量

R4/5V:发动机的结构形式(直列 4 缸、每缸五气门)

MOTR:发动机电子系统标识　　HS:手动变速器

A/T:自动变速器　　V01:程序版本号

CODING 4000:控制电脑编程代码　WSC XXXXX:维修站代码

(12)执行读取故障码功能。

按▼键(或数字键)选择读故障码菜单,按 OK 键。若系统无故障码记忆时,屏幕显示系统正常,按 QUIT 键退出。若系统有故障记忆时,屏幕显示如图 1-51。

注:按▼键可翻屏查阅故障码数目。

(13)查阅故障码 1………530 内容时,按 OK 键后,屏幕显示如图 1-52,按 QUIT 键退出。

＞引擎＞故障诊断＞读取故障码
故障码 1 530
故障码 2 518
AUTOBOSS
QUIT
OK
▲
▼

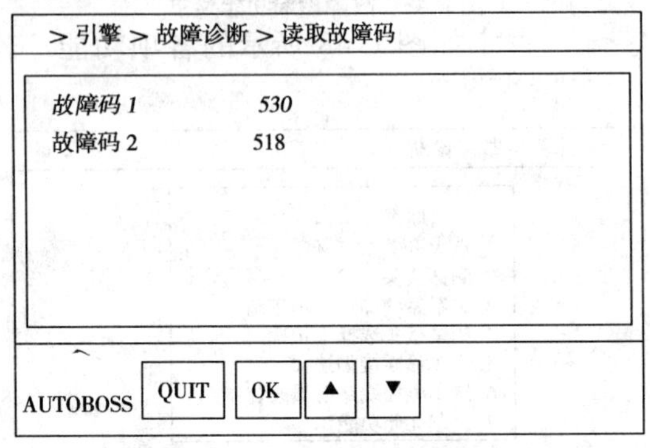

图 1-51 显示故障码

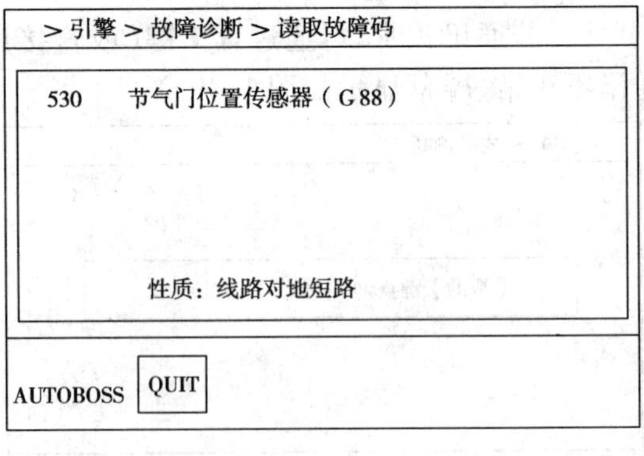

＞引擎＞故障诊断＞读取故障码
530 节气门位置传感器(G 88)
性质:线路对地短路
AUTOBOSS
QUIT

图 1-52 故障码释义

(14)查阅故障码 2………518 内容时,按 OK 键后,屏幕显示如图 1-53。按 QUIT 键退出。

(15)根据故障码提示排除故障后,可执行清除故障码功能(点火开关 ON,发动机不发动),按▼键,选择清除故障码菜单,按 OK 键后,主机显示如图 1-54,然后很快跳出图 1-55 所示界面。

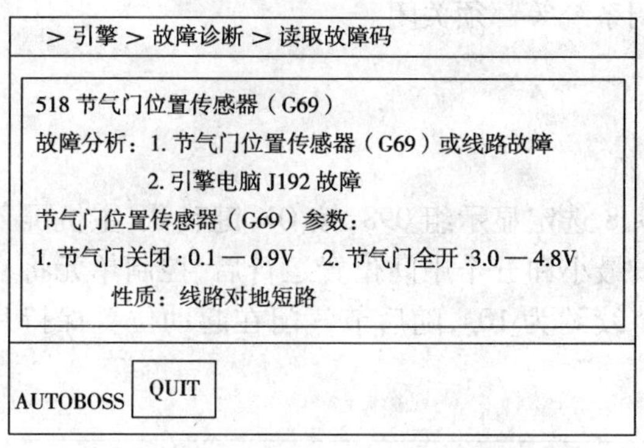

图 1-53　故障码释义

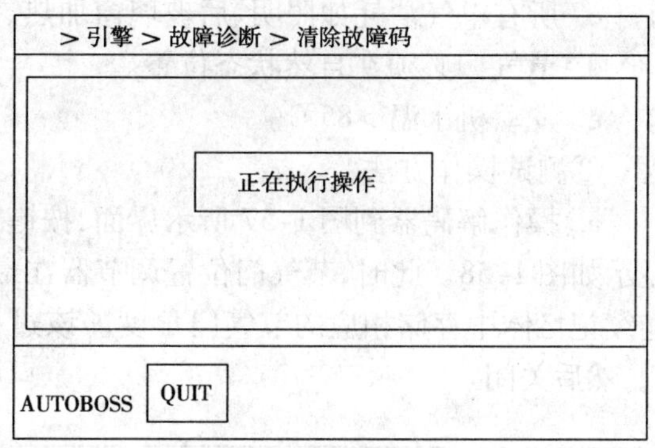

图 1-54　执行清除故障码

注：电控系统故障码会自动清除，按 QUIT 键退出。

(16)执行元件测试功能(点火开关 ON，发动机不发动)。

按▼键，选择元件测试菜单，按 OK 键后，主机显示如图 1-56。同时留意 1 缸喷油嘴 N30，是否发出“嗒嗒”声，根据主机屏显提示，按▼键进行其他元件测试。按 QUIT 键退出。

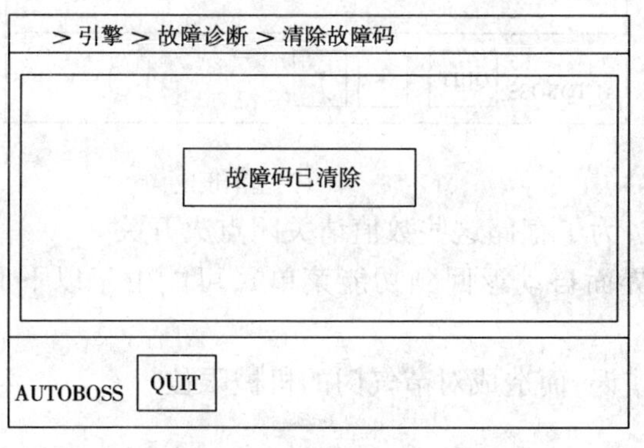

图 1-55　已清除故障码

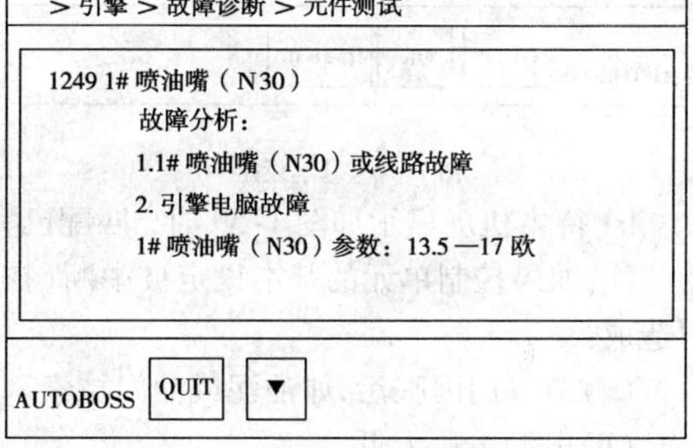

图 1-56　元件测试

(17)执行基本设定功能(点火开关 ON，发动机不发动)。按▼键，选择基本设定菜单，按 OK 键后，主机显示如图 1-57。

注：捷达王 5 气门发动机系统基本设定测试可做两项：一是节气门基本设定，二是 λ 控制基本设定。

1)节气门基本设定。

①匹配在以下情况之后必须进行：

a. 电源供应受中断。

b. 拆、装节气门控制部件。

c. 更换节气门控制部件。

d. 如果装另一台发动机，以及装上另一个节气门控制部件。

②检查条件：

a. 在故障记忆体中没有故障存储。

b. 电源电压至少应为 11.5V。

c. 所有电气消耗如照明、后玻璃窗加热、空调系统等都须关闭。

d. 节气门必须在自然状态位置。

e. 发动机水温 >85℃。

③测试操作方法:

a. 操作解码器到图 1-57 所示界面,按键 0、9、8 选定显示组 098,按 OK 键确认,主机屏幕显示如图 1-58。此时,节气门位置调节器在最大、最小和五个中间位置运行后,控制单元将在连续记忆体中存储相应的节气门角度。该过程持续约为 10s,随后节气门在起动位置保持片刻,然后关闭。

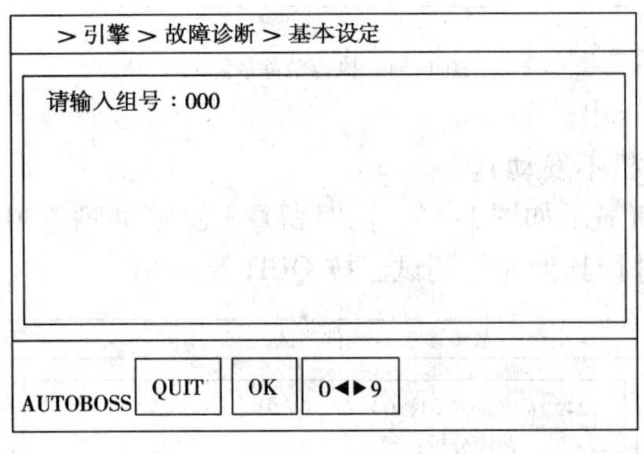

图 1-57　基本设定

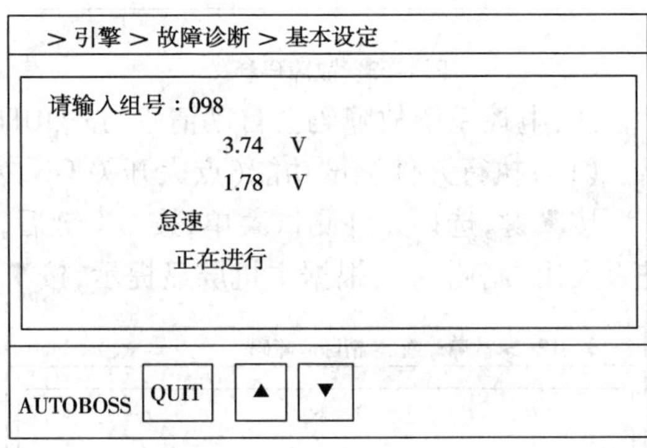

图 1-58　节气门基本设定

b. 待主机屏显示如图 1-59 时, 匹配已完成,为了存储这些数值请关闭点火开关。

注:如果控制单元的基本设定被中断(操作界面自动返回到功能菜单),可能由于以下原因造成:

(a)节气门因脏污,如油泥或油门拉索调整错误,而造成对节气门的机械限位。

(b)电源电压太低。

(c)节气门控制部件或导线连接损坏,请检查。

(d)通过按 QUIT 键结束。

2)λ 控制基本设定。

①检查条件:

a. 在故障记忆体中没有故障存储。

b. 蓄电池电压至少为 11.5V。

c. 所有电气消耗须关闭。

d. 节气门必须在怠速运行位置。

e. 发动机处于怠速运转,且水温达到 85℃。

f. 若有巡航控制系统,其功能必须正常。

②测试操作方法:

发动机保持怠速运转后操作解码器到图 1-57 所示界面, 按 0、9、9 选定显示组号 099,按 OK 键确认,主机屏幕显示如图 1-60,按 QUIT 键退出。

注:λ 氧传感器反馈功能关闭,发动机系统处于开环控制,方便查找故障。

＞引擎＞故障诊断＞基本设定
请输入组号：098
4.28　V
3.42　V
怠速
系统调整：OK
AUTOBOSS
QUIT
▲
▼

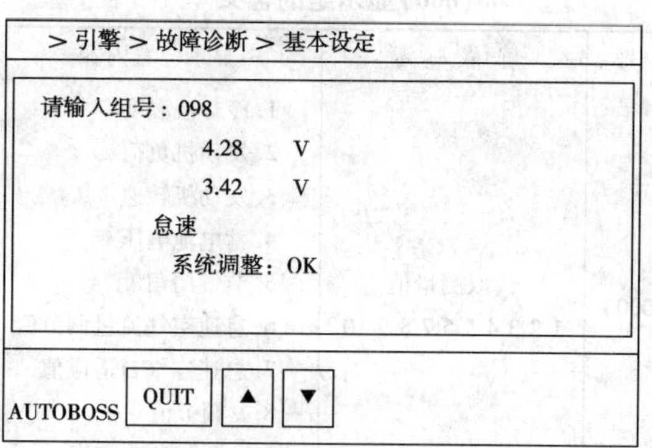

图 1-59　节气门基本设定完成

＞引擎＞故障诊断＞基本设定
请输入组号：099
引擎转速　0　r/min
57.00　℃
混合气控制　0.00　%
λ 调整：关
AUTOBOSS
QUIT
▲
▼

图 1-60　λ 控制基本设定

（18）执行读数据流组功能。

按▼键，选择读数据流组菜单，按 OK 键后，主机显示如图 1-61。如读取“000”组数据流时，按 OK 键后，主机屏幕显示如图 1-62a）。按▲键可翻屏阅读“001”组数据流内容，如图1-62b）所示。按 QUIT 键退出。

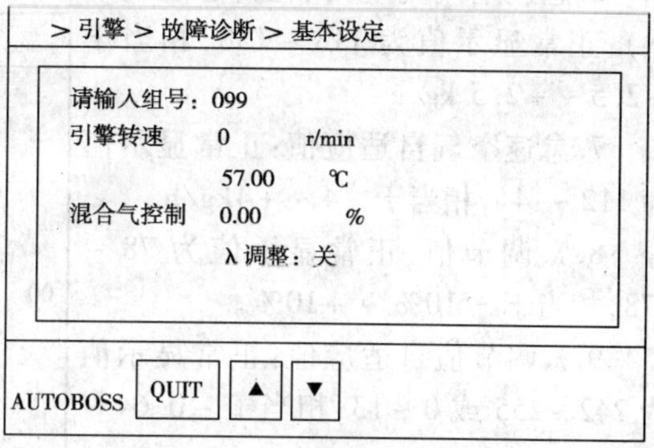

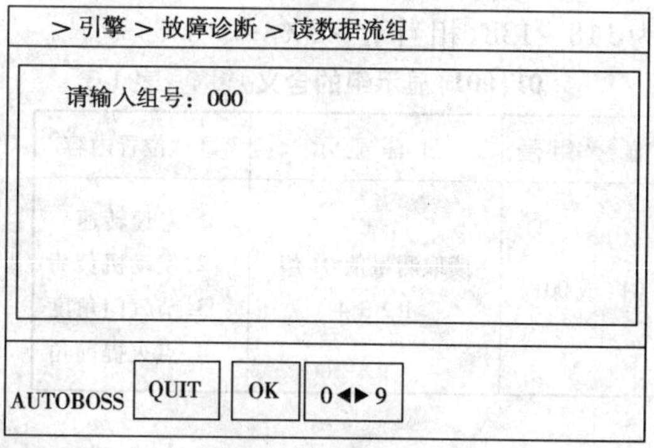

＞引擎＞故障诊断＞读数据流组
请输入组号：000
AUTOBOSS
QUIT
OK
0◀▶9

图 1-61　读取数据流

表 1-2 至表 1-25 反应捷达王轿车电喷发动机数据流各显示组的含义。

表 1-2 各显示值说明：

1. 冷却液温度：正常显示值为170～210，相当于 80～110℃。

2. 发动机负荷：正常显示值为26～50，相当于 1.3～2.5ms（喷油时间）。

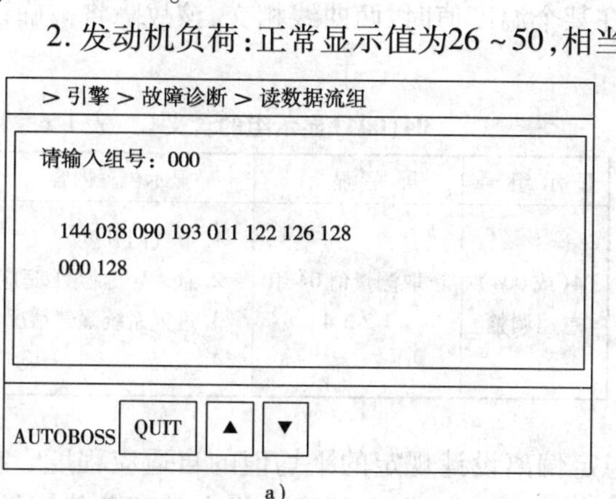

＞引擎＞故障诊断＞读数据流组
请输入组号：000
144 038 090 193 011 122 126 128
000 128
AUTOBOSS
QUIT
▲
▼
＞引擎＞故障诊断＞读数据流组
请输入组号：001
引擎转速　880　r/min
喷油时间　1.85　ms
节气门开度　4　Deg
点火正时　12.75　n.OT
AUTOBOSS
QUIT
▲
▼

a)　　　b)

图 1-62　读取数据流

a)“000”组显示；b)“001”组显示

3. 发动机转速：正常显示值为80～88，相当于 800～880r/min。

4. 蓄电池电压：正常显示值为176～212，相当于 12～14.5V。

5. 节气门角度：正常显示值为4～12，相当于 2°～5°。

6. 怠速空气流量调节值(怠速调节器):正常显示值为 118 ~ 138,相当于 -2.5 ~ +2.5 kg/h。

7. 怠速空气自适应值:正常显示值为 112 ~ 144,相当于 -4 ~ +4kg/h。

8. λ 调节值:正常显示值为 78 ~ 178,相当于 - 10% ~ +10%。

9. λ 调节值自适应值:正常显示值为 242 ~ 255 或 0 ~ 13,相当于 -0.64 ~ +0.64ms。

10. λ 调节值自适应值:正常显示值为 118 ~ 138,相当于 -8% ~ +8%。

00(000)显示组的含义 表 1-2

显示组号	屏幕显示	显示位置内容
00 (或 000)	读取测量值 1 2 3 4 5 6 7 8 9 10	1. 冷却液温度 2. 发动机负荷 3. 发动机转速 4. 蓄电池电压 5. 节气门角度 6. 怠速空气流量调节值 7. 怠速空气自适应值 8. λ 调节值 9. λ 调节自适应值 10. λ 调节自适应值

01(001)显示组的含义 表 1-3

显示组号	屏幕显示	显示位置内容
01(或 001)	读取测量值 01 组 1 2 3 4	1. 怠速转速 2. 发动机负荷 3. 节气门角度 4. 点火提前角

02(002)显示组的含义 表 1-4

显示组号	屏幕显示	显示位置内容
02(或 002)	读取测量值 02 组 1 2 3 4	1. 怠速转速 2. 发动机负荷 3. 每工作循环的喷油时间 4. 吸入空气量

在表 1-5 中,显示位置 3 与故障码“00522”(冷却液温度传感器故障或其线路故障)相关。在 20 ~ 60℃范围内,显示位置的温度曲线与电脑中内存的标准曲线比较,标准曲线比实际值变化缓慢。若由于故障原因,实际值变得缓慢,在某个温度值时,两曲线相交,该故障将被确认为发动机电脑不可靠。

03(003)显示组的含义 表 1-5

显示组号	屏幕显示	显示位置内容
03(或 003)	读取测量值 03 组 1 2 3 4	1. 怠速转速 2. 蓄电池电压 3. 冷却液温度 4. 进气温度

04(004)显示组的含义 表 1-6

显示组号	屏幕显示	显示位置内容
04(或 004) 怠速调整	读取测量值 04 组 1 2 3 4	1. 节气门开度 2. 怠速空气流量自适应 3. 进气系统漏气情况 4. 工况

在表 1-6 中,显示位置 2 的读值反映怠速稳定偏离设计规定的平均值的自适应程度。在新发动机时,该值由于摩擦较大的原因而处于正值区城,对已磨合的发动机会处于负值区城。-1.7g/s 的数值与显示组 05 中位置 3 的值过低有关。显示位置 3 表明进气系统漏气,此处显示的值不是空气流量计测量值,而是根据节气门电位计的信号计算出的值。

在表 1-8 中,显示位置 3 的 λ 值应在 0 左右变化,若始终显示 0,则 λ 调节将由调节状态(闭环控制)变为定值控制(开环控制),因为在 λ 调节上存在故障。λ 调节工况的检查,可参看显示组 21 的第 4 显示位置内容。

05(005)显示组的含义　　表1-7

显示组号	屏幕显示	显示位置内容
05(或005) 怠速稳定	读取测量值05组 1 2 3 4	1. 发动机转速(实际值) 2. 发动机转速(设定值) 3. 怠速调节阀 4. 空气流量

06(006)显示组的含义　　表1-8

显示组号	屏幕显示	显示位置内容
06(或006) 怠速稳定	读取测量值06组 1 2 3 4	1. 怠速转速 2. 怠速调节阀 3. λ调节 4. 点火提前角

07(007)显示组的含义　　表1-9

显示组号	屏幕显示	显示位置内容
07(或007)	读取测量值07组 1 2 3 4	1. λ调节 2. 氧传感器电压 3. 炭罐清除电磁阀N80占空比 4. 炭罐清除时的λ修正系数

08(008)显示组的含义　　表1-10

显示组号	屏幕显示	显示位置内容
08(或008) λ自适应值	读取测量值08组 1 2 3 4	1. 喷油时间 2. 怠速时λ自适应值 3. 全负荷时λ自适应值 4. 炭罐清除电磁阀N80

09(009)显示组的含义　　表1-11

显示组号	屏幕显示	显示位置内容
09(或009) λ自适应值	读取测量值09组 1 2 3 4	1. 发动机转速 2. λ调节 3. 氧传感器电压 4. 怠速时λ自适应值

10(010)显示组的含义　　表1-12

显示组号	屏幕显示	显示位置内容
10(或010) 炭罐清除	读取测量值10组 1 2 3 4	1. 炭罐清除(AKF系统)电磁阀占空比 2. 炭罐清除时的λ修正系数 3. 炭罐中燃油蒸气的充满程度 4. 炭罐中燃油蒸气的清除程度

11(011)显示组的含义　　表1-13

显示组号	屏幕显示	显示位置内容
11(或011) 燃油消耗	读取测量值11组 1 2 3 4	1. 发动机转速 2. 发动机负荷 3. 车速 4. 燃油消耗

13(013)显示组的含义　　表1-14

显示组号	屏幕显示	显示位置内容
13(或013) 爆燃调节	读取测量值13组 1 2 3 4	1. 通过爆燃调节1缸点火角减小值 2. 通过爆燃调节2缸点火角减小值 3. 通过爆燃调节3缸点火角减小值 4. 通过爆燃调节4缸点火角减小值

在表1-14中应注意：

(1)燃烧调节发动机负荷大于40%后起作用。

(2)在发动机负荷超过40%时,显示当时的点火角减小值。低于40%时,将恒定显示最后使用的值。

(3)可听到爆燃声,但无点火角减小时,为诊断爆震传感器故障,可将发动机转速提高到3500r/min,并保持5s。

(4)一个汽缸的点火角减少值明显与其他缸不同时,则可能某些结构零件松动,传感器连接插头锈蚀或发动机机械故障。

(5)所有汽缸均有较大的点火角减少值,则可能传感器插头锈蚀,传感器固定螺栓扭紧力矩(应为20N·m)不足,传感器线路断路,传感器损坏,附加装置松动或燃油品质不良(辛烷值低于90RON)。

利用表1-15所示显示组内容可以在一定的发动机转速和负荷状态下,检查1缸和2缸的点火角减小的情况。

14(014)显示组的含义 表1-15

显示组号	屏幕显示	显示位置内容
14(或014) 爆燃调节	读取测量值14组 1 2 3 4	1.发动机转速 2.发动机负荷 3.通过爆燃调节1缸点火角减小值 4.通过爆燃调节2缸点火角减小值

利用表1-16所示显示组内容可以在一定的发动机转速和负荷状态下,检查3缸和4缸的点火角减小的情况。

15(015)显示组的含义 表1-16

显示组号	屏幕显示	显示位置内容
15(或015)	读取测量值15组 1 2 3 4	1.发动机转速 2.发动机负荷 3.通过爆燃调节3缸点火角减小值 4.通过爆燃调节4缸点火角减小值

16(016)显示组的含义 表1-17

显示组号	屏幕显示	显示位置内容
16(或016) 爆燃调节(怠速)	读取测量值16组 1 2 3 4	1.1缸爆燃传感器信号 2.2缸爆燃传感器信号 3.3缸爆燃传感器信号 4.4缸爆燃传感器信号

17(017)和18(018)显示组的含义 表1-18

显示组号	屏幕显示	显示位置内容
17(或017) 海拔自适应	读取测量值17组 1 2 3 4	1.发动机转速 2.发动机负荷 3.加热催化器(%) 4.点火提前
18(或018) 海拔自适应	读取测量值18组 1 2 3 4	1.发动机转速 2.发动机负荷(未进行海拔修正) 3.发动机负荷(已进行海拔修正) 4.海拔修正系数

19(019)和20(020)显示组的含义 表1-19

显示组号	屏幕显示	显示位置内容
19(或019) 工况	读取测量值19组 1 2 3 4	1.发动机转速 2.发动机负荷 3.点火提前角 4.点火推迟
20(或020) 工况	读取测量值20组 1 2 3 4	1.发动机转速 2.辛烷值切换 3.空调装置 4.空调压缩机开/关

21(021)显示组的含义 表1-20

显示组号	屏幕显示	显示位置内容
21(或021) 工况—λ调节	读取测量值21组 1 2 3 4	1. 发动机转速 2. 发动机负荷 3. 冷却液温度 4. λ调节

23(023)显示组的含义 表1-21

显示组号	屏幕显示	显示位置内容
23(或023) 节气门控制 单元自适应	读取测量值23组 1 2 3 4	1. 自适应需要 2. 节气门调节器V60最小估计值 3. 节气门调节器V60应急估计值 4. 节气门调节器V60最大估计值

表1-21中,在显示位置2、3和4中显示值为最后一次基本调整估计值。若在进行基本调整后,显示位置1、2、3和4的显示值仍未达到规定值,则在更换节气门控制单元之前,应先检查导线是否断路或短路,插接头连接处是否有脏污或锈蚀。

表1-22所示显示组是关于空气切换控制阀/凸轮轴调整(1)。

表1-23所示显示组是关于空气切换控制阀/凸轮轴调整(2)。

24(024)和25(025)显示组的含义 表1-22

显示组号	屏幕显示	显示位置内容
24(或024) 工况	读取测量值24组 1 2 3 4	1. 发动机转速 2. 发动机负荷 3. 点火提前角 4. 用于爆燃引起的点火推迟(全部汽缸)
25(或025) 工况	读取测量值25组 1 2 3 4	1. 发动机模式 2. 霍尔传感器 3. 凸轮轴提前 4. 凸轮轴相位

26(026)显示组的含义 表1-23

显示组号	屏幕显示	显示位置内容
26(或026) 工况	读取测量值26组 1 2 3 4	1. 发动机转速 2. 发动机负荷 3. 凸轮轴提前 4. 凸轮轴相位

表1-24所示显示组的含义,可在功能菜单下选择04功能(基本设定)后,再选择显示组98(或098),进行节气门控制单元J338对发动机电脑的自适应。

表1-25所示显示组是关于λ调节的相关数据,“099”也可作为λ调节状态的开/关通道号。发动机数据流详细分析见本套系列教材《轿车故障诊断》模块一的相关部分。

98(098)显示组的含义 表1-24

显示组号	屏幕显示	显示位置内容
98(或098) 节气门控制 单元自适应	读取测量值98组 1 2 3 4	1. 节气门电位计电压 2. 节气门调节器电位计电压 3. 工况 4. 自适应状态

99(099)显示组的含义 表1-25

显示组号	屏幕显示	显示位置内容
99(或099) λ调节	读取测量值99组 1 2 3 4	1. 发动机转速 2. 冷却液温度 3. λ调节 4. λ调节状态开/关

(19)执行匹配自适应功能(发动机处于怠速运转状态下)。按▼键,选择匹配自适应菜单,按OK键后,主机显示如图1-63。

若进行怠速调整,其通道号为“001”,按相应数字键1,主机显示通道号为001,按OK键后,主机显示如图1-64。

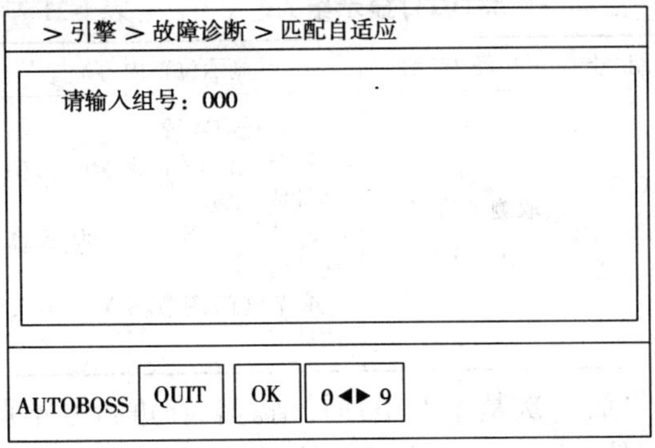

>引擎>故障诊断>匹配自适应
请输入组号：000
AUTOBOSS
QUIT
OK
0◀▶9

图 1-63　匹配自适应(1)

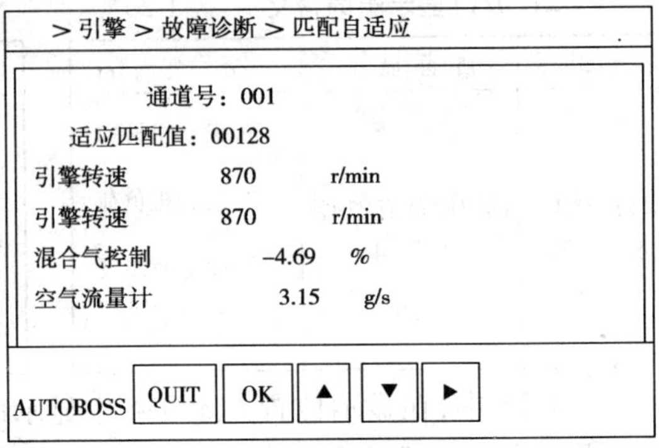

>引擎>故障诊断>匹配自适应
通道号：001
适应匹配值：00128
引擎转速 870 r/min
引擎转速 870 r/min
混合气控制 -4.69 %
空气流量计 3.15 g/s
AUTOBOSS
QUIT
OK
▲
▼
▶

图 1-64　匹配自适应(2)

有两种方法调整发动机怠速转速：

方法 A：通过按“▼”键或“▶”键改变匹配自适应值来调整发动机最佳怠速转速和 CO 排放值(匹配自适应值越大，发动机怠速转速越高)，调整达到最佳状态，按 OK 键后，主机显示新的匹配自适应值，再按 HELP 键引导电脑自动存储新的匹配自适应值，否则按 QUIT 键退出。

方法 B：按“▶”键，主机显示如图 1-65，按相应数字键，键入新的匹配自适应值，主机同步显示新的匹配值，若此时发动机为最佳状态，可按 OK 键确认，主机显示如图 1-66(假定新匹配值为 130)。按 HELP 键后，发动机电脑自动存储新的自适应值，否则按 QUIT 键退出。

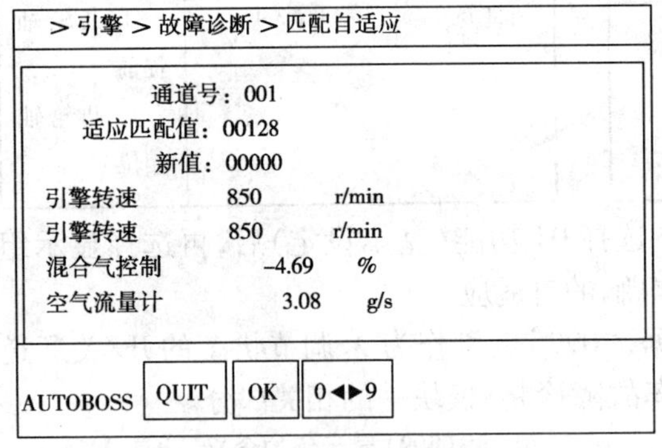

>引擎>故障诊断>匹配自适应
通道号：001
适应匹配值：00128
新值：00000
引擎转速 850 r/min
引擎转速 850 r/min
混合气控制 -4.69 %
空气流量计 3.08 g/s
AUTOBOSS
QUIT
OK
0◀▶9

图 1-65　匹配自适应(3)

>引擎>故障诊断>匹配自适应
通道号：001
适应匹配值：00130
引擎转速 840 r/min
引擎转速 850 r/min
混合气控制 -3.91 %
空气流量计 3.01 g/s
AUTOBOSS
QUIT
OK
▲
▼
▶

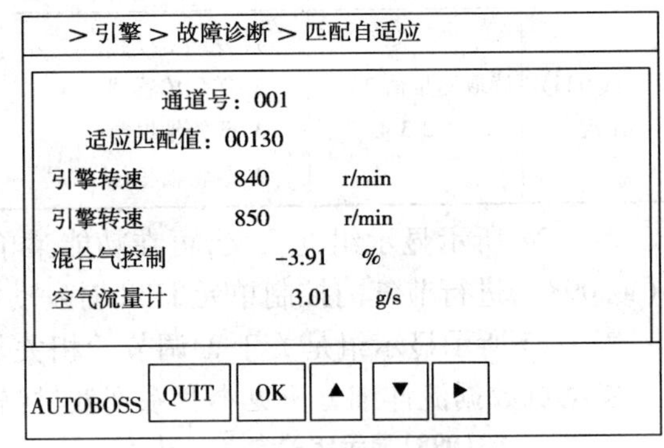

图 1-66　匹配自适应(4)

(20)执行电脑编程功能。按“▼”键，选择电脑编程菜单，按 OK 键后，主机显示如图 1-67。

假如编程密码为“1”，按相应数字键 1，主机屏幕显示 0001，按 OK 键后，主机自动执行此功能，按 QUIT 键退出。

注：电脑编程 CODING 代码请参阅电脑上电脑版本号说明。此功能请慎用，如果编程资料错误时会影响车辆的工作性能。

(21)连续按 QUIT 键，可以逆上述步骤回到初始界面，如图 1-38 所示。

7. 如果选择的车型具备自动变速器、ABS、安全气囊、仪表板、空调系统、中央模块、中央门锁、防盗系统等系统，并且这些系统都由电控单元 ECU 控制，那么每个系统都可按发动机系统示例功能进行检测操作，在此不再赘述。

8. 车博世 WU－2000A 解码器还有图 1-39 所示的其他功能，以下示例“汽车电路图”和“示波器”功能的应用。

9. 选择“1：汽车电路图”功能，见图 1-68。

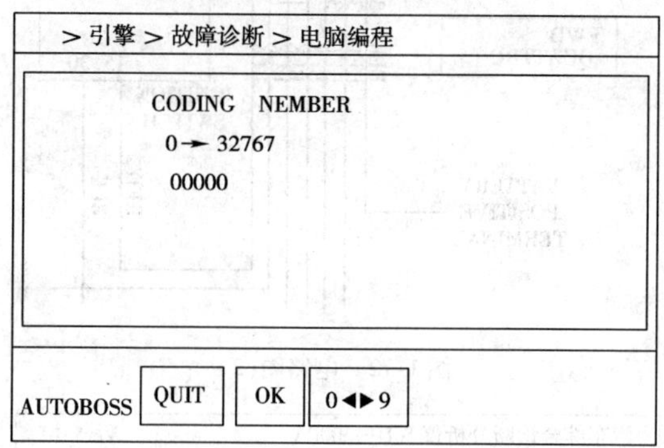

图 1-67　电脑编程

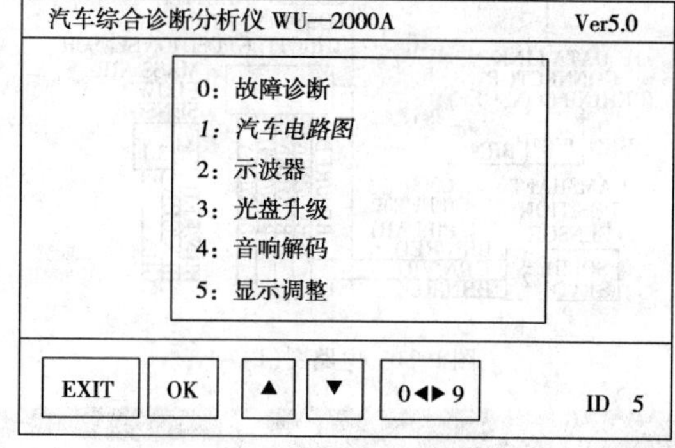

图 1-68　选择读“汽车电路图功能”

（1）按确认键，屏幕显示如图 1-69a）界面。

（2）选择欧洲车部分，按确认键，屏幕显示如图 1-69b）。

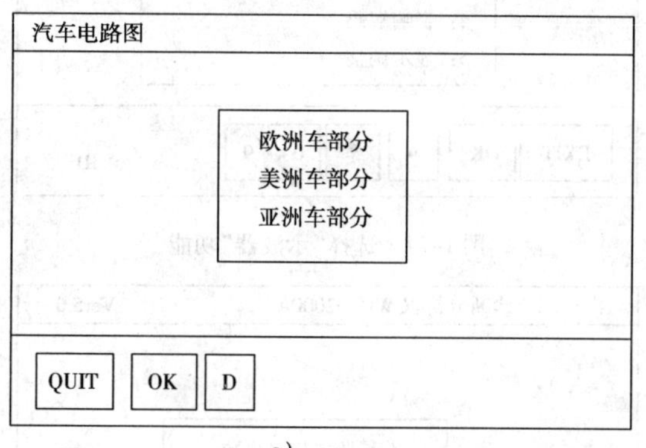

a）

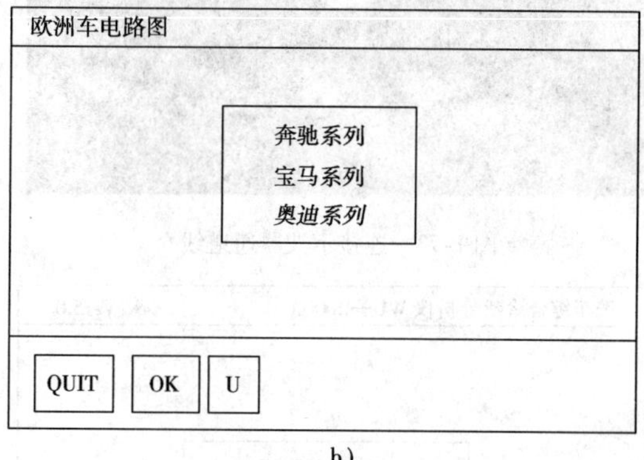

b）

图 1-69　车型选择

a）选择车型；b）选择车型

（3）选择奥迪系列，按确认键，屏幕显示如图 1-70。

（4）根据需要选择“A6 发动机（1/2）”或“100 变速器”，按确认键后，可获得如图 1-71、图 1-72 所示的电路图。

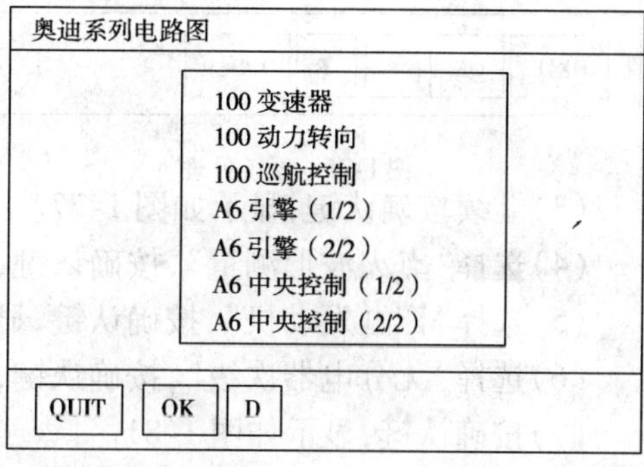

图 1-70　选择总成电路图

10. 示波器功能。

（1）将主测试线和示波器通道线与主机相连，见图 1-73。将诊断仪与车上诊断座正确连接，起动发动机，使其怠速运转。

（2）在以下（如图 1-74）屏幕中，选择“2：示波器”，按确认键，屏幕显示如图 1-75，然后很快跳到图 1-76 所示界面（图 1-76 界面表示连接有问题）。

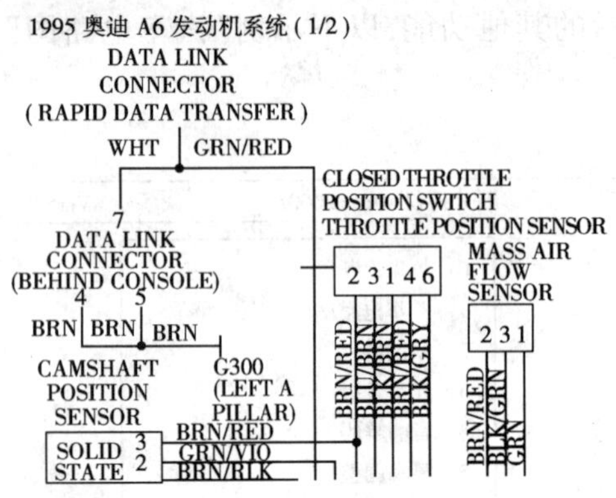

图 1-71　电路图(1)

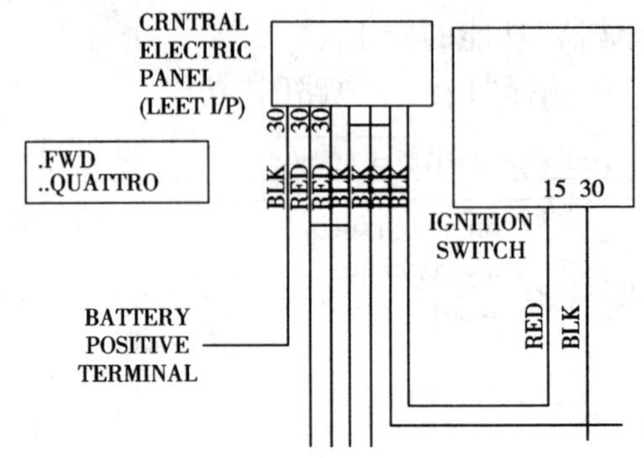

图 1-72　电路图(2)

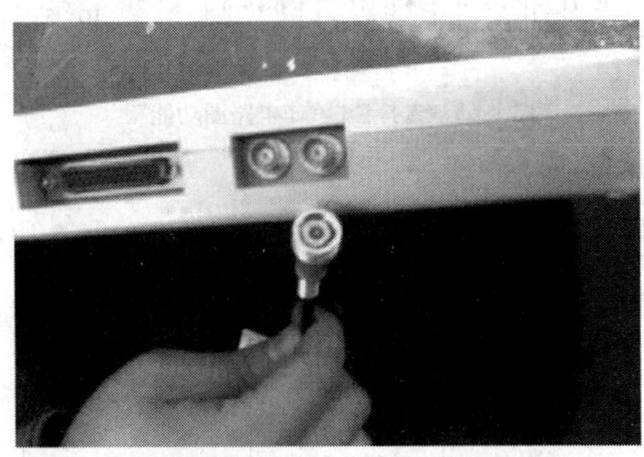

图 1-73　连接示波器通道线

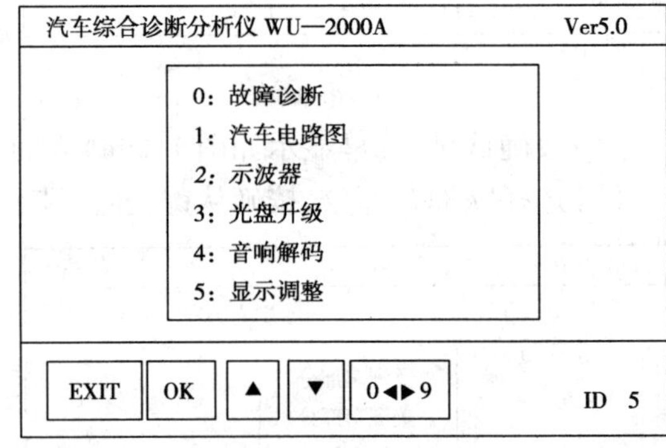

图 1-74　选择“示波器”功能

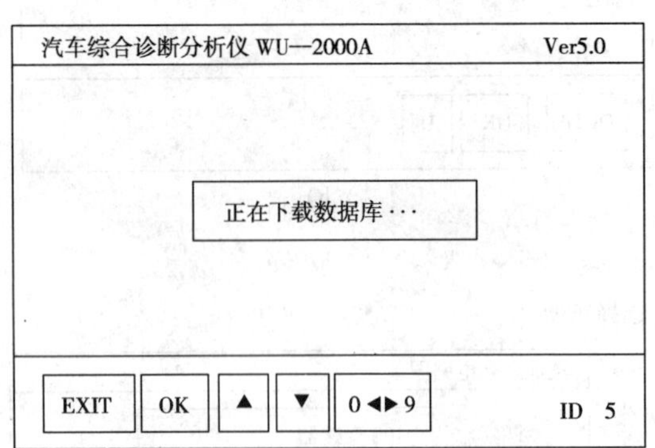

图 1-75　系统处理

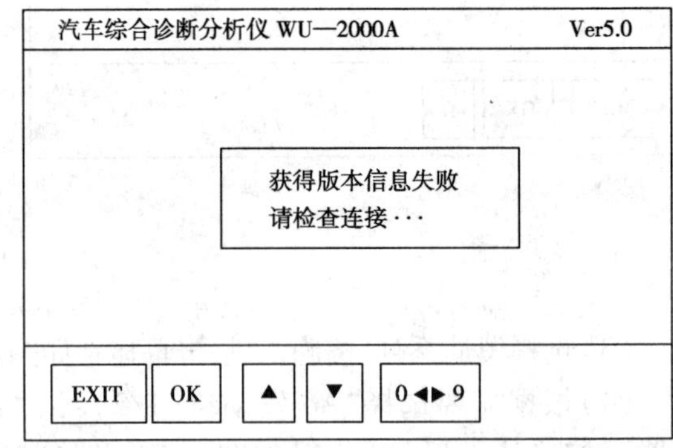

图 1-76　处理失败

(3)继续按确认键,显示如图 1-77。

(4)选择“点火波形测量”,按确认键,显示如图 1-78。

(5)选择“四缸发动机”,按确认键,显示如图 1-79。

(6)选择“无分电器次级”,按确认键,显示如图 1-80。

(7)按确认键,显示如图 1-81。

(8)将测试感应夹夹在被测缸高压线上,如图 1-82。

(9)按确认键,显示如图 1-83。

(10)选择“1 号缸”,按确认键,显示如图 1-84。

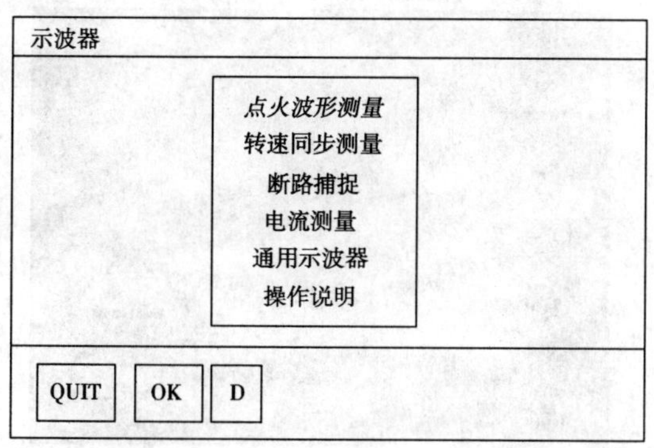

图 1-77　示波器功能选择

点火波形示波器

三缸发动机
四缸发动机
五缸发动机
六缸发动机
八缸发动机

QUIT　OK　U　D

图 1-78　选择缸数

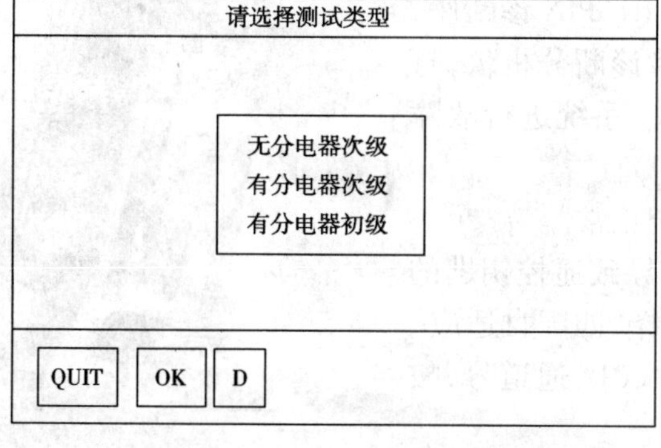

图 1-79　选择点火类型

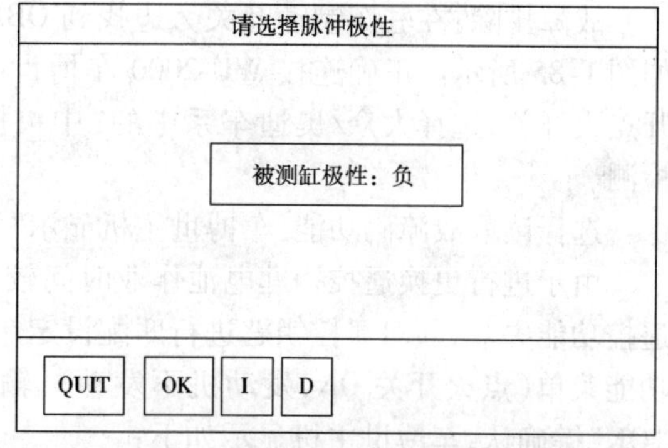

图 1-80　选择脉冲极性

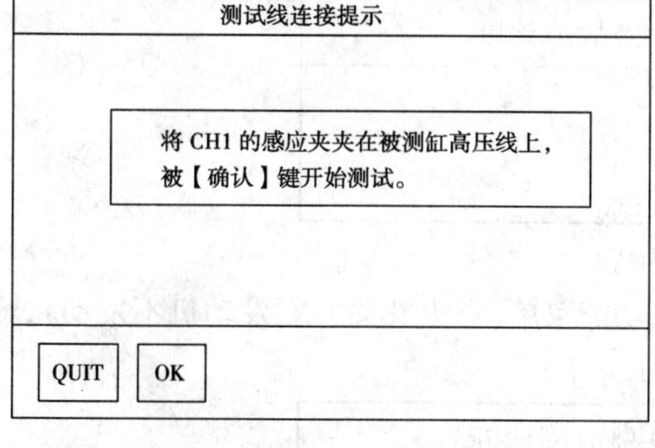

图 1-81　测试线连接提示

图 1-82　测试线连接

（11）可根据需要选择“0:保持。1:设置。2:显示。3:触发。6:放大。8:存储”等功能。

（12）按退出键，回到图 1-77 所示界面，可选择使用其他示波器测试功能，在此不再叙述。

11. 连续按退出键可回到图 1-38 所示的最初界面。关闭点火开关，此时可拆下解码器的各处连接，完成各相关检测。

12. 车博世 WU－2000A 解码器使用实例：帕萨特 B5 遥控钥匙匹配。

车型：2001 年大众车帕萨特 B5。

故障现象：一辆 2001 年大众车帕萨特 B5 由于更换遥控钥匙电池，之后出现遥控功能失效。

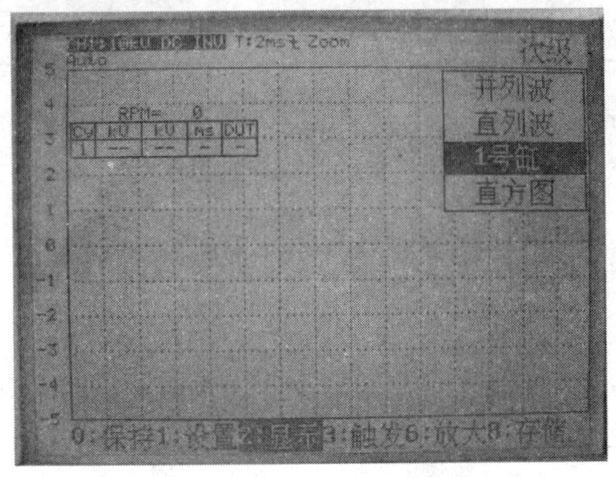

图 1-83 点火波形显示界面(1)

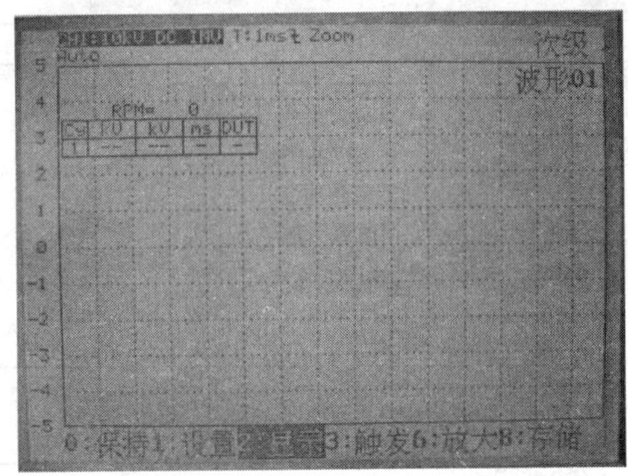

图 1-84 点火波形显示界面(2)

故障排除:在驻车制动开关旁边找到 OBD－II16PIN 诊断座,如图 1-85 所示。正确连接 WU-2000 车博世故障诊断分析仪,打开点火开关,选择大众/奥迪车系中的“中央模块”系统进行故障检测。

图 1-85 诊断座

选择读取故障码功能:车博世主机显示“系统正常”。

由于进行更换遥控钥匙电池作业时间较长,导致遥控钥匙的遥控功能失效,须对遥控钥匙进行匹配设定。选择“匹配自适应”功能菜单(点火开关 ON,发动机不发动),输入“001”通道号,按“OK”键确认,车博世主机显示如下:

大众/奥迪《中央模块》故障诊断
通道号:001 匹配值:00002

说明:“匹配值:00002”为此车有 2 把遥控钥匙。

按“QUIT”键退出,再次选择“匹配自适应”功能菜单(点火开关 ON,发动机不发动),输入“000:通道号”,按“OK”键确认,车博世主机显示如下:

大众/奥迪《中央模块》故障诊断
是否删除学习值

说明:若执行此功能,2 把遥控钥匙登记号将被删除。

按“OK”键确认,车博世主机显示如下:

大众/奥迪《中央模块》故障诊断
学习值已删除!

说明:2 把遥控钥匙登记号已被删除。

按“QUIT”键退出,再一次选择“匹配自适应”功能菜单(点火开关 ON,发动机不发动),输入“001 通道号”,按“OK”键确认,车博世主机显示如下:

大众/奥迪《中央模块》故障诊断
通道号:001 匹配值:00000

说明:“匹配值:00000”为此车已没有遥控钥匙登记号记录。

按“右键”,车博世主机显示如下:

大众/奥迪《中央模块》故障诊断
通道号:001 匹配值:00000 新值:00000

按数字键输入遥控钥匙登记把数(不能超出 4 把)。

主机显示如下:

大众/奥迪《中央模块》故障诊断
通道号:001 匹配值:00000 新值:00001

按“OK”键后,车博世主机显示如下:

大众/奥迪《中央模块》故障诊断
通道号:001 匹配值:00001 新值:00000

再按“OK”键后,车博世主机显示如下:

大众/奥迪《中央模块》故障诊断
通道号:001 匹配值:00001 是否存储?

按“HELP”键后,中央模块电脑自动保存此数据,此时,必须在 15s 之内按一下遥控钥匙上的“LOCK”或“UNLOCK”键,遥控钥匙登记自动完成。用遥控钥匙锁门和开门功能恢复。

模块二　汽车综合性能检测线

项目1　简　　介

此项目每人学习课时数1个(45分钟)

一、学习目标

知识目标

1. 简单叙述汽车检测技术的发展情况。
2. 简单叙述汽车检测诊断的作用和目的。
3. 正确描述汽车检测站的组成和分类,汽车综合检测线的检测设备的相关知识等。

二、学习内容

1. 汽车检测技术发展概况。

随着汽车工业和交通运输业的迅速发展,汽车已成为当今社会不可缺少的交通运输工具,其保有量越来越大。如何运用现代、科学、快速、定量和准确的手段,检测并诊断汽车的技术状况,使汽车更好地发挥其动力性、经济性、排气净化性、安全性、可靠性和舒适性等使用性能,是人类一直追求的目标。汽车检测技术就是在这种情况下从无到有逐渐发展起来的一门应用技术。

(1)国外汽车检测与诊断技术发展概况。

早在20世纪中叶,工业发达国家就形成了以故障诊断和性能调试为主的单项检测技术和生产单项检测设备。随着汽车技术的进步,国外汽车检测与诊断技术发展很快,并且大量应用了声学、光学、电子技术、物理、化学与机械相结合的检测技术。例如,非接触式的车速仪、前照灯检测仪、车轮定位仪、废气分析仪等就是应用这些技术的产物。

20世纪80年代,随着计算机技术的发展,出现了汽车检测、数据采集处理自动化、检测结果直接打印等多功能的汽车检测仪器。在此基础上,为了加强汽车管理,各工业发达国家相继建立了汽车检测站,使汽车检测制度化。

总体上讲,工业发达国家的汽车检测,在管理上实现了“制度化”;在检测指标上实现了“标准化”;在检测技术上向“智能化、自动化检测”方向发展。

(2)国内汽车检测诊断技术的发展概况。

我国的现代汽车检测技术起步较晚。在20世纪60、70年代,国家有关部门虽然也从国外引进过少量现代检测设备,国内不少科研单位和企业对汽车检测设备也组织过研制,但由于种种原因,该项技术一直发展缓慢。进入20世纪80年代后,随着国民经济的发展,在交通部门的统筹规划下,汽车检测与诊断技术得到了迅速发展。目前,我国汽车检测与诊断技术的发展,主要突出了如下两方面的特点:

①检测技术水平逐步提高。自1980年交通部在大连建立第一个检测站后,汽车检测站作为检测技术的象征在全国各地蓬勃发展。汽车检测与诊断设备制造水平和技术含量都有了明显的提高,一批具有高新技术的诊断仪器被研制出来。如我国自主开发的发动机故障诊断仪、汽车底盘测功仪、四轮定位仪、悬架检测仪、制动检测台、侧滑试验台、全自动转向角检测仪、汽车传动系故障诊断仪、轴距差检测仪等达到了较高的水平,逐渐缩短了与国外的技术差距。

②法规建设逐步完善。交通部从加强车辆管理的需要出发,1990年在《汽车运输业车辆技术管理规定》中提出要对车辆实施"定期检测、强制维护、视情修理"的汽车维修制度,明确了交通主管部门对汽车检测行业进行管理,建立车辆检测制度并监督实施。

1991年4月,为进一步规范汽车综合检测站的建设与管理,充分发挥汽车综合性能检测站的作用,交通部颁发了《道路运输业车辆综合性能检测站管理办法》,对汽车检测站的职责、分级、基本条件及资格认定等进行了明确的规定。

此后几年内,交通管理部门又颁发了一系列标准、法规,对汽车检测站的检测项目、检查内容、检测站的管理提出了明确的要求。这些规章的出台,促进了汽车检测站的建设与发展。

2. 汽车检测诊断的目的和作用。

根据检测诊断目的,汽车检测诊断可分为以下类型:

(1)安全性能检测。

对汽车实行定期和不定期的安全性能检测诊断,目的在于确保汽车具有符合要求的外观、良好的安全性能和符合污染物排放标准的排放性能,以强化汽车的安全管理。

(2)维修检测。

根据交通部《汽车运输业车辆技术管理规定》要求,汽车定期检测诊断应结合维护定期进行,以此确定维护附加项目,掌握汽车技术状况变化规律,并通过对汽车的检测诊断技术和技术鉴定,确定汽车是否需要大修,以实行视情修理。同时,在汽车维修过程中,利用设置在某些工位上的诊断设备,可使检测诊断和调整、维修交叉进行,以提高维修质量。对完成维护或修理的车辆进行性能检测和诊断,并对维修质量进行检验。

(3)综合性能检测。

对汽车实行定期和不定期的综合性能检测诊断,目的是在不解体的情况下,确定车辆的工作能力和技术状况,对维修车辆实行质量监督,以保证车辆的安全运行,提高工作效能及降低消耗,使车辆具有良好的经济效益和社会效益。

总的来说,汽车检测诊断有两个不同的目的:对显现出故障的汽车,通过检测诊断查找故障的确切部位和发生的原因,从而确定排除故障的方法;对汽车技术状况进行全面检查,确定汽车技术状况是否满足有关技术标准的要求及与标准相差的程度,以决定汽车是否继续行驶或采取何种措施延长汽车的使用寿命。对汽车运行中故障的检测诊断和汽车维修前及维修过程中的检测诊断,属于前一种检测诊断;汽车维修作业后的竣工检验和定期或不定期进行的安全性能检测诊断、综合性能检测诊断,则属于后一种检测诊断。

3. 检测站的分类及组成。

汽车检测站是综合运用现代检测技术,对汽车实施不解体检测与诊断的机构。它具有现代的检测设备和检测方法,能在室内检测出车辆的各种参数并诊断出可能出现的故障,为全面准确评价汽车的使用性能和技术状况提供可靠的依据。

(1)汽车检测站分类。

按不同的分类方法,汽车检测站可分为不同的类型。如果按服务功能分类,汽车检测站分为安全检测站、维修检测站和综合检测站 3 类。安全检测站是国家的执法机构,不是营利型企业。担负与车辆安全和环保有关项目的检测,一般由车辆管理机关直接建立。维修检测站,担负车辆维修前、后技术状况检测,一般由汽车运输企业或汽车维修企业建立。综合检测站既能担负车辆管理部门的安全环保检测,又能担负车辆使用、维修企业的技术状况诊断,还能承接科研或教学方面的性能试验和参数测试。

(2)综合检测站的分类。

综合检测站按职能分类,又可分为 A 级站、B 级站和 C 级站 3 种类型,其职能如表 2-1 所示。

三级检测站检测项目 表 2-1

序号	检 测 项 目	A	B	C	序号	检 测 项 目	A	B	C
1	制动	√	√	√	10	发动机的功率	√	√	√
2	侧滑	√	√	√	11	点火系状况	√	√	□
3	灯光	√	√	√	12	异响	√	√	√
4	转向	√	√	√	13	磨损	√	□	□
5	前轮定位	√	□	□	14	变形	√	√	□
6	车速	√	□	□	15	裂纹	√	□	□
7	车轮动平衡	√	√	√	16	噪声	√	√	√
8	底盘输出功率	√	□	□	17	废气	√	√	√
9	燃料消耗	√	√	√					

注:√表示规定项目;□表示没有规定项目

(3)检测站的组成。

检测站一般由一条至数条检测线组成。对于独立而完整的检测站,除检测线外,还应包括停车场、清洗站、泵气站、维修车间、办公区和生活区等设施。

4. 汽车综合性能检测线主要检测设备简介。

为了完成检测任务,综合检测线应配置相应设备和工位。综合性能检测线的主要检测设备及作用如表 2-2 所示。

综合性能检测线主要检测设备一览表　　表 2-2

序号	设备名称	用　途
1	侧滑试验台	检测转向轮侧滑量
2	轴重计或轮重仪	检测各轴轴重
3	制动试验台	检测各轮阻滞力、制动力和驻车制动力
4	车速表试验台	检测车速表指示误差
5	轮胎自动充气机	按设定的轮胎气压进行充气
6	前照灯检测仪	检测前照灯发光强度和光轴偏斜量
7	烟度计	检测柴油机排气中的自由加速烟度
8	声级计	检测喇叭声级
9	车轮动平衡机	就车检测车轮不平衡量
10	声发射探伤仪	在不解体情况下探测零件的裂纹和损伤
11	四轮定位仪或车轮检测仪	检测车轮前束值、车轮外倾值和主销后倾值、主销内倾值及前轮最大转向角度值
12	转向盘自由转动量检测仪	检测转向盘自由转动量
13	转向盘转向力检测仪	检测转向盘转动力
14	传动系游动角度检测仪	检测传动系自由转动量
15	底盘间隙检测仪	检测轮毂轴承、转向节主销、纵横拉杆和钢板弹簧等处的间隙
16	发动机综合参数测试仪	对汽、柴油发动机的功率、汽缸压力、点火正时、供油正时、点火系技术状况、供油系技术状况、电控系统和异响等进行检测分析和判断
17	电控系统检测仪	包括读码器、解码器、扫描器、专用诊断仪、示波器、分析仪、信号模拟器和综合测试的检测仪等,用于对汽车电控系统的检测诊断
18	电器综合测试仪	检测电气设备的技术状况
19	汽缸测试仪和汽缸压力表	检测汽缸的压缩压力
20	汽缸漏气量(率)测试仪	检测汽缸的漏气量或漏气率
21	真空表或真空测试仪	检测进气管真空度,用于评价汽缸密封性
22	油耗计	检测燃油消耗量
23	五气体分析仪	检测排气中 CO、HC、NO_X、CO_2 和 O_2 浓度
24	机油清净性分析仪	分析机油的清净性程度
25	发动机无负荷测功仪	对发动机进行无负荷加速测功
26	发动机异响分析仪	诊断发动机异响
27	传动系异响分析仪	诊断传动系异响
28	温度计或温度仪	检测各总成温度和发动机排气温度
29	底盘测功机	检测驱动轮输出功率

项目2　发动机综合性能检测仪的初步运用

此项目每人学习课时数3个(135分钟)

一、学 习 目 标

知识目标

1. 简单叙述发动机综合性能分析仪的基本组成。
2. 简单叙述发动机综合性能分析仪的基本功能。
3. 正确描述发动机常见故障及原因。

技能目标

1. 会分析发动机故障原因。
2. 会操作使用发动机综合性能分析仪。
3. 能使用发动机综合性能分析仪对发动机进行检测诊断。

二、实 训 器 材

1. 发动机综合性能分析仪一套。
2. 轿车一辆。

三、仪 器 简 介

发动机综合性能检测仪,也称为发动机综合性能分析仪或发动机综合参数测试仪,是发动机检测设备中检测项目最多、功能最全,涉及面最广的一种仪器。当然,也是一种结构最复杂,技术含量最高的仪器之一。现以FSA560发动机综合性能分析仪为例进行介绍。FSA560发动机综合性能分析仪是由德国博世公司生产的配置齐全、结构先进、性能良好的检测仪器,主要由信号提取系统、信息处理系统和采控显示系统三大部分组成,其外形如图2-1、图2-2所示。

1. FSA560发动机综合性能分析仪的基本功能。

(1)诊断,在该功能下具有下列检测项目:

发动机测试:对发动机进行基本检测诊断。

万用测量仪器:万用表和示波器检测。

电子设备检测:对汽车自诊断系统进行测试。

(2)数位显示,在该功能下具有下列示波器类型:

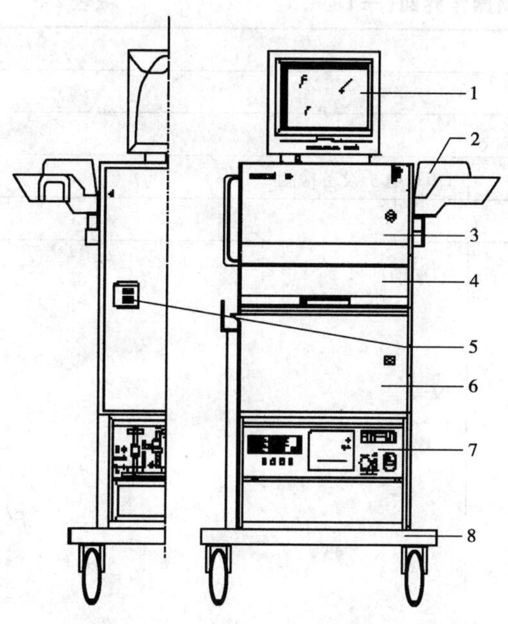

图 2-1　FSA560 发动机综合性能分析仪

1-显示器;2-传感器支架;3-打印机柜;4-键盘柜;5-电源开关;6-主机柜;7-废气柜;8-移动式推车

图 2-2　FSA560 发动机综合性能分析仪

1-传感器;2-传感器插孔

点火系统:点火波型检测显示。

万用测量仪器:汽车电子信号波型检测显示。

特性曲性:检测显示信号的大小随发动机转速或时间变化的特性曲线。

(3)排列配置:FSA 设备的基本调整、设定。

2. FSA560 发动机综合性能分析仪的扩展功能。

FSA560 发动机综合性能分析仪是以微机为核心的检测诊断设备,它可以通过订购博世公司的特殊软件和配件,实现以下扩展功能。

(1)汽车电控系统解码器功能,能实现多种车型的电控系统故障检测诊断,并支持多种通讯协议(如:ISO 和 OBD 通讯协议)。

(2)汽车数据资料库的查询,能实现以欧洲车为主的全球各种车型的维修技术资料的查询,各种汽、柴油车的故障诊断资料查询、柴油泵维修调试资料查询、博世系统维修工时查询、博世零部件的查找与订货等。

(3)废气排放检测功能,能实现汽油发动机的四气体废气检测和柴油发动机的烟度检测。

3. FSA560 发动机综合性能分析仪基本功能的电脑操作界面及功能模块。

FSA560 基本功能的电脑操作界面被划分为数个界面,如表 2-3 至表 2-6 所示。其中有 3 个主层面,在第一层内可用来选定一项应用的选项。在第二层内包含了编排在被选用项目之下的程式。第三层具有在第二层被选程式之下的程式步骤。常用的检测项目结构如图 2-3 所示。

FSA560 基本功能的电脑操作界面(一)　表 2-3

第 1 层:应用		
1 诊断		
第 2 层:检测程式		
11 引擎(发动机)测试	12 万用测量仪器	13 电子设备检测
第 3 层:检测步骤		
1110　测量条件 1111　预热设备 1112　电池/起动机 1113　初级点火系统 1114　次级点火系统 1115　点火时刻 1116　喷射燃料 1117　废气 1118　增压压力 1119　发电机 1120　汽缸比较 1121　转速分析 1122　汽缸诊断	1210　URI 1211　电压分析 1212　电流分析 1213　压力/温度	车辆型号

FSA560 基本功能的电脑操作界面(二)　表 2-4

第 1 层:应用		
1 诊断		
第 2 层:检测程式	15　AU	16　征兆
14 引擎(发动机)分析		
第 3 层:检测步骤		
1410　测量条件 1411　预热设备 1412　电池/起动机 1413　初级点火系统 1414　次级点火系统 1415　点火时刻 1416　喷射燃料 1417　废气 1418　增压压力 1419　发电机 1420　汽缸比较 1421　转速分析 1422　汽缸诊断	1510　火花点火/GKAT 1511　火花点火/UKAT 1512　控制模态 1513　柴油机	1610　发动机无法运转

FSA560 基本功能的电脑操作界面(三)　表 2-5

第 1 层:应用				
9 排列配置				
第 2 层:配置方式				
91　废气	92　显示	93　调整设定	94　师傅	95　售后服务
第 3 层:				
9110　漏气检查 9111　AU 记录开头 9113　故障讯息 9114　调整设定 9115　检测功能		9310　基础 9311　单元 9312　语言	9410　记录标题 9411　日期/时间 9412　时间格式 9413　SW 的安装 9414　维修 RTT 9415　维修 ETT 9416　CRC 核对	

FSA560 基本功能的电脑操作界面(四)　表 2-6

第 1 层:应用		
2 数位显示		
第 2 层:示波器类型		
21 点火系统	22　万用测量仪器	23　特性曲线
第 3 层:信号选择		
2110　初级:行列式 2111　初级:个别式 2112　初级:网栅式 2113　次级:行列式 2114　次级:个别式 2115　次级:网栅式 2116　2-频道运作方式:行列式 2117　2-频道运作方式:个别式	2210　电压 2211　电流 2212　2-频道 2213　柴油机	2310　发动机 2311　万用仪器

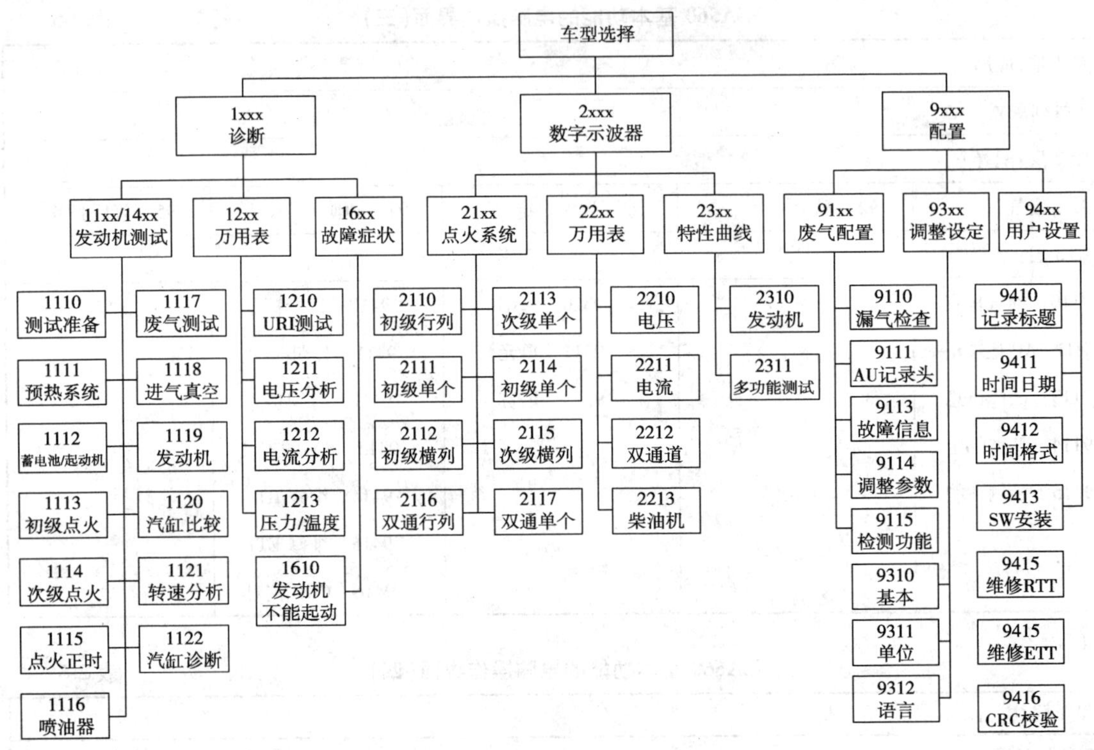

图 2-3 检测项目结构图

4. FSA560 发动机综合性能分析仪的连接电缆与传感器。

(1) FSA560 传感器支架外形图,传感器支架下部插孔如图 2-4 和 2-5 所示。

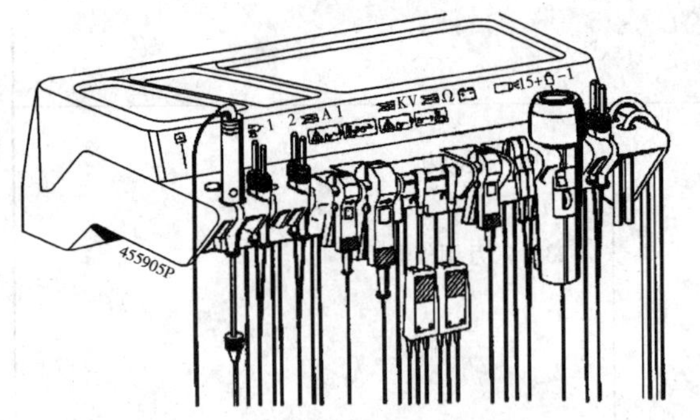

图 2-4 传感器支架外形图

图 2-5 传感器支架下部插孔图(图中 1 至 15 为插孔)

(2) 插孔 1:油温传感器,如图 2-6 和表 2-7 所示。

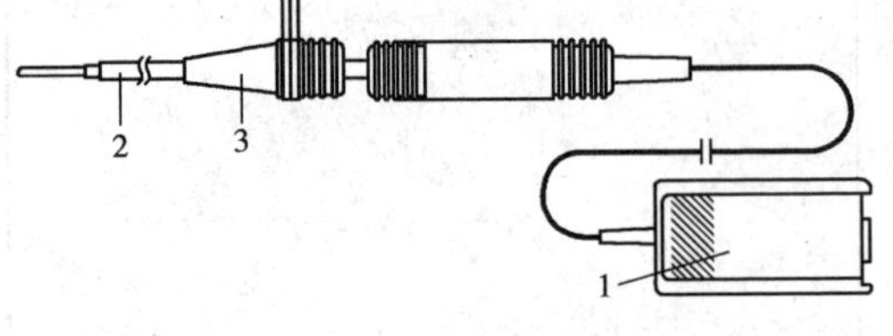

图 2-6 油温传感器

油温传感器功能 表 2-7

编号	名 称	应 用
1	15 销传感器插头	插接在插孔 1 上
2	测量探针	插入量油尺的孔内
3	圆锥形螺纹接套	调整长度,使测量接触部位密封

(3)插孔2:具有红、黑色香蕉插头的测量电缆2,如图2-7和表2-8所示。

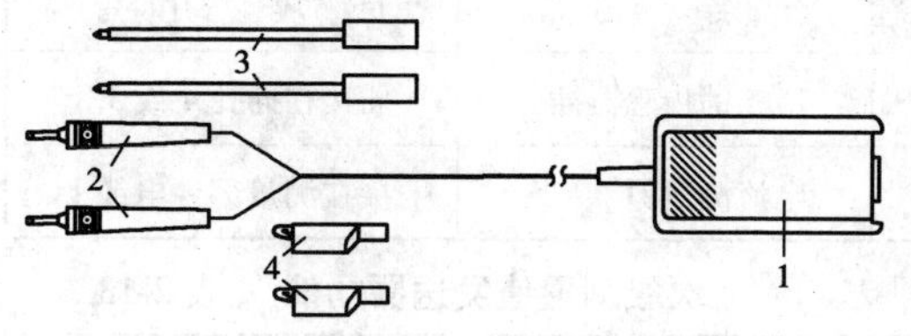

图2-7　测量电缆2

测量电缆2功能　　表2-8

编号	名　称	应　用
1	15　销传感器插头	插接在插孔3上
2	香蕉插头	接测量尖棒或测量钳
3	测量尖棒	根据测量部位选用
4	测量钳	根据测量部位选用

(4)插孔3:具有红、黑色香蕉插头的测量电缆3,如图2-8和表2-9所示。

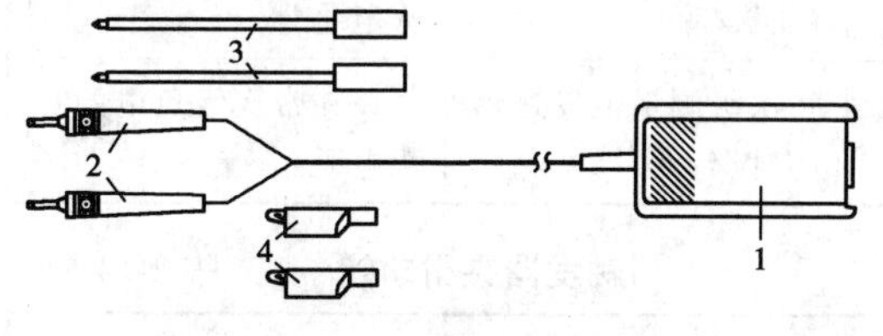

图2-8　测量电缆3

测量电缆3功能　　表2-9

编号	名　称	应　用
1	15　销传感器插头	插接在插孔3上
2	香蕉插头	接测量尖棒或测量钳
3	测量尖棒	根据测量部位选用
4	测量钳	根据测量部位选用

(5)插孔3与11:参考标记发送器的配接器,用以测量无点火标记或无上止点标记车辆的点火时刻,如图2-9和表2-10所示。

参考标记发送器的配接器功能　　表2-10

编号	名　称	应　用
1	15　销传感器插头	插接在插孔3或9上
2	6　销插头	连接在插孔11上(上止点发关器接头)
3	3　销插头	用以连接在车辆上(发动机电子系统的参考标记发送器)
4	转换开关"AB"	适合于不同的发送器齿轮系统

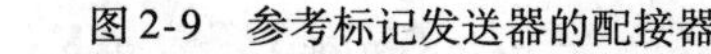

图2-9　参考标记发送器的配接器

(6)插孔4:1000A电流测量钳,如图2-10和表2-11所示。

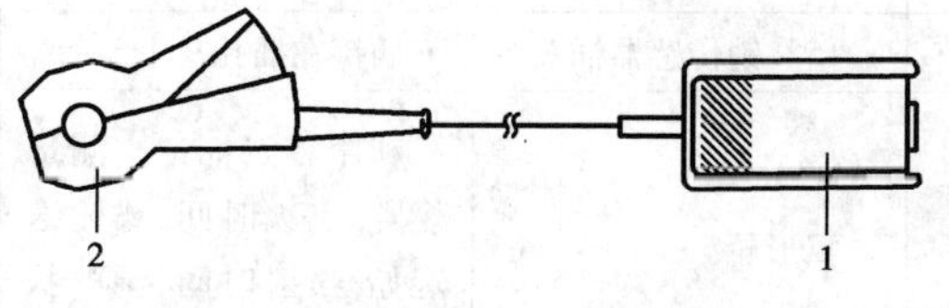

图2-10　1000A电流测量钳

1000A电流测量钳功能　　表2-11

编号	名　称	应　用
1	15　销传感器插头	插接在插孔4或5上
2	电流测量钳	接在测量部件电缆上

(7)插孔5:20A电流测量钳,如图2-11和表2-12所示。

(8)插孔6:次级测量值发送器,如图2-12和表2-13所示。

(9)插孔7:触发器夹钳,如图2-13和表2-14所示。

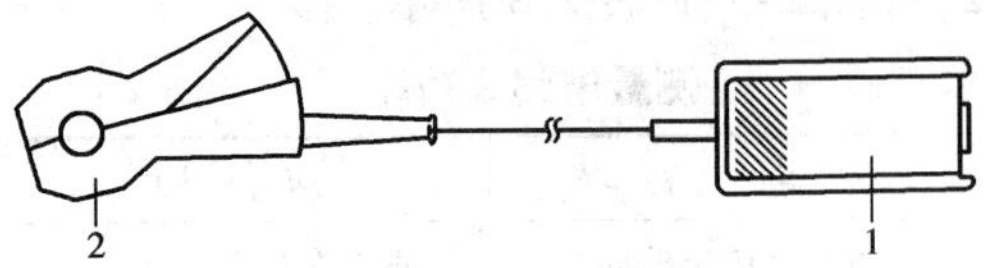

图 2-11　20A 电流测量钳

20A 电流测量钳功能　　表 2-12

编号	名　称	应　用
1	15　销传感器插头	插接在插孔 4 或 5 上
2	电流测量钳	接在测量部件电缆上

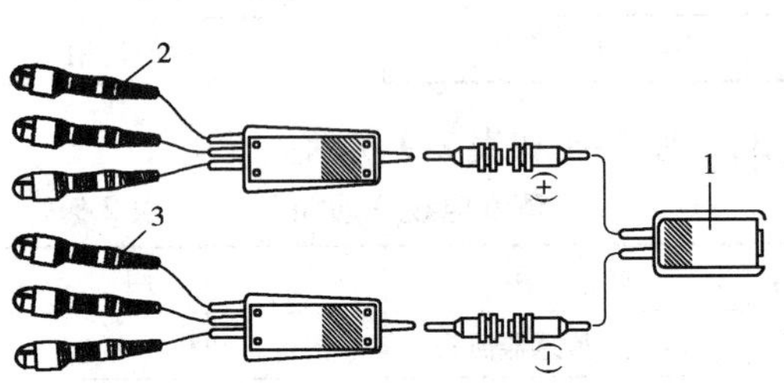

图 2-12　次级测量值发送器

次级测量值发送器功能　　表 2-13

编号	名　称	应　用
1	15　销传感器插头	插接在插孔 6 上
2	次级测量值发送器（正极/＋）	夹在带次级正电的点火电缆上
3	次级测量值发送器（负极/－）	夹在带次级负电的点火电缆上

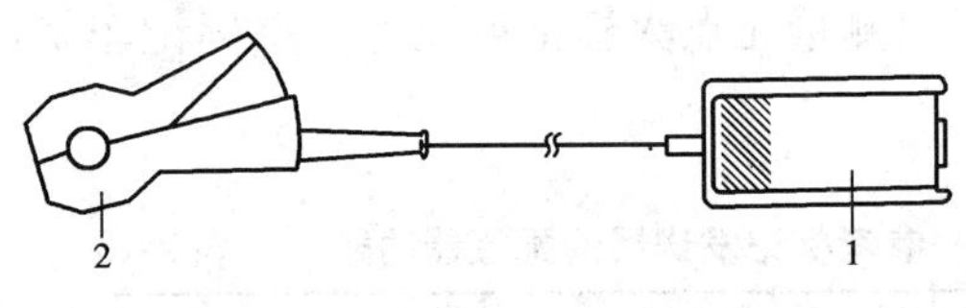

图 2-13　触发器夹钳

触发器夹钳功能　　表 2-14

编号	名　称	应　用
1	15　销传感器插头	插接在插孔 7 上
2	触发器夹钳	夹在第一个汽缸的点火电缆或第一个汽缸的点火线圈的接线接头 1（－）上

（10）插孔 8：测量汽车蓄电池电压的连接电缆，如图 2-14 和表 2-15 所示。

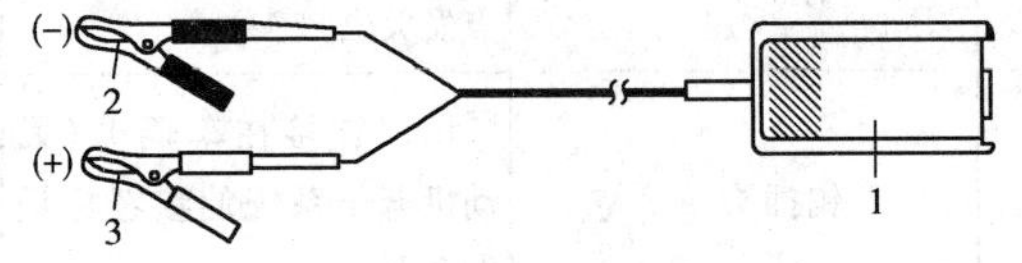

图 2-14　蓄电池电压连接电缆

蓄电池电压连接电缆功能　表 2-15

编号	名　称	应　用
1	15　销传感器插头	插接在插孔 8 上
2	黑色接线夹	接蓄电池“－”（负极）
3	红色接线夹	接蓄电池“＋”（正极）

（11）插孔 9：频闪（正时灯）观测器，如图 2-15 和表 2-16 所示。

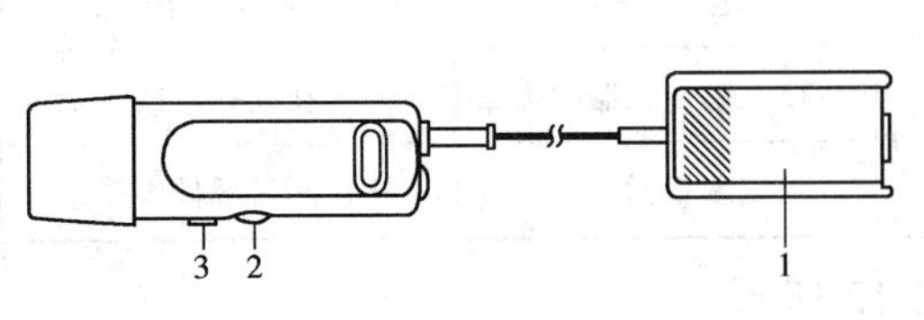

图 2-15　正时灯

正 时 灯 功 能　　表 2-16

编号	名　称	应　用
1	15　销传感器插头	插接在插孔 9 上
2	翼形轮	利用零点标记来测量燃点/点火时间、或输送起始/喷射时间、调整状况（具备柴油机配适器）
3	肘节开关	用于储存测量值

（12）插孔 10：液压传感器，如图 2-16 和表 2-17 所示。

液压传感器功能　　表2-17

编号	名　称	应　用
1	15　销传感器插头	插接在插孔10上
2	液压传感器	测量燃料压力

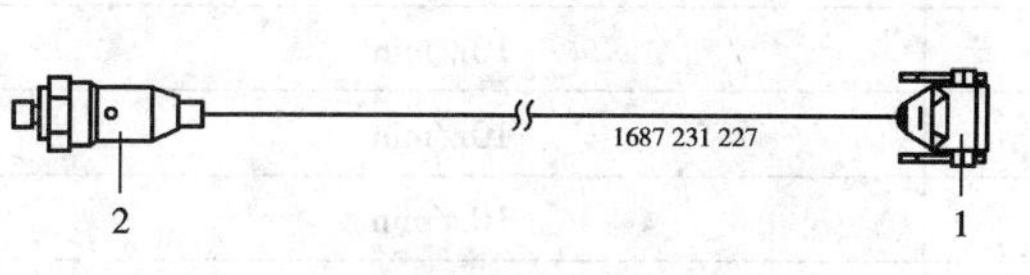

图2-16　液压传感器

(13)插孔11:上止点发送器,如图2-17所示。

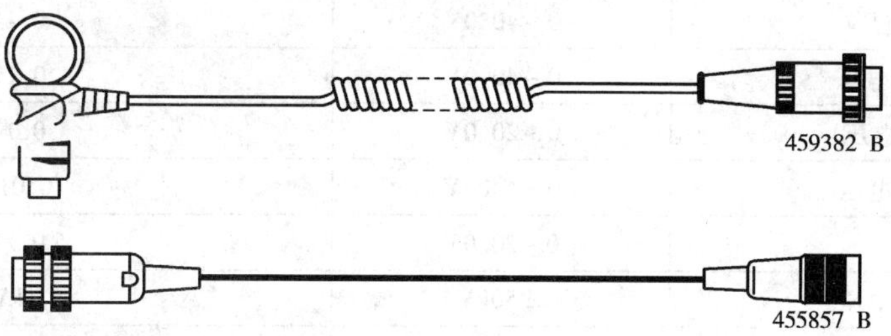

图2-17　上止点发送器

(14)插孔12:测初级点火波形连接电缆,如图2-18和表2-18所示。

初级点火波形连接电缆功能　　表2-18

编号	名　称	应　用
1	16　销传感器插头	插接在16销AMP插座上
2+3	带绿夹的绿色香蕉插头	接点火线圈接线1"-"(负极)
4+5	带黄夹的黄色香蕉插头	接点火线圈接线15"+"(正极)

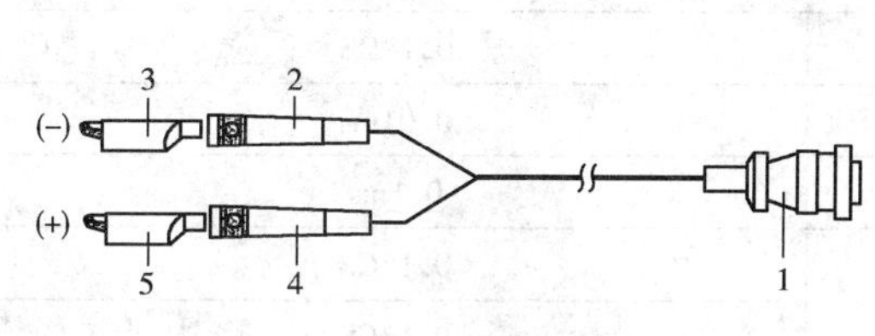

图2-18　初级点火波形连接电缆

(15)插孔13:自诊断系统连接装置,如图2-19所示。

(16)插孔14与15:接空气压力传感器的胶管,如表2-19所示。

空气压力传感器的胶管功能　　表2-19

编号	名　称	应　用
14		连接在吸管
15		连接在点火分电器的真空插座或连接在欲进行压力,例如增压压力的测量部位上

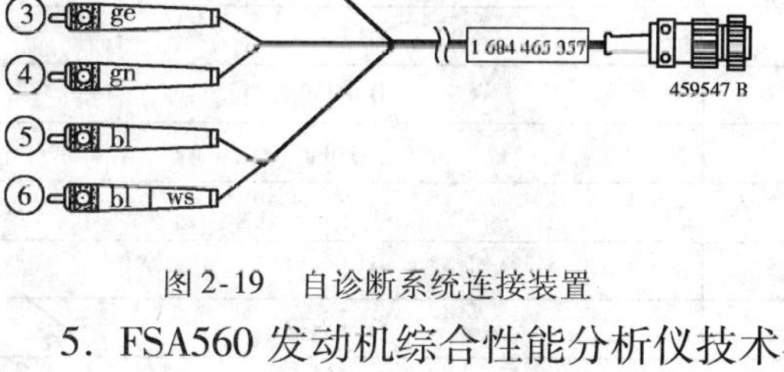

图2-19　自诊断系统连接装置

5. FSA560发动机综合性能分析仪技术参数如表2-20至表2-22所示。

发动机测试技术参数 表 2-20

测试功能		测试范围	分辨率
发动机转速		100 ~ 8000r/min	10r/min
		100 ~ 1200r/min	10r/min
		250 ~ 7200r/min	10r/min
		100 ~ 500r/min	10r/min
机油温度		- 20 ~ 150°C	0.1C
蓄电池电压		0 ~ 40.0V	0.1V
15 号接柱电压		0 ~ 40.0V	0.1V
1 号接柱电压		0 ~ 20.0V	0.1V
氧传感器电压		0 ~ 4.00V	0.01V
电压		0 ~ 20.0V	0.1V
点火击穿电压		±50kV	1kV
点火跳火电压		±10kV	0.1kV
点火跳火时间		0 ~ 10ms	0.01ms
发电机波形电压		0 ~ 200%	0.10%
起动机电流、发电机电流、加热器电流		0 ~ 1000A	0.1A
点火初级电流		0 ~ 20A	0.1A
电流		0 ~ 200mA	0.1mA
点火闭合角		0 ~ 100%	0.10%
		0 ~ 360°DS	0.1°DS
点火闭合时间		0 ~ 10ms	0.01ms
		10 ~ 100ms	0.1ms
点火正时提前角	用 TDC 上止点传感器	- 20 ~ 80°CS	0.1°CS
	用正时灯	0 ~ 60°CS	0.1°CS
汽缸对比			
转速差 Δn		0 ~ 100%	0.10%
碳氢差 ΔHC		$0 \sim 9999 \times 10^{-6}$	1×10^{-6}
转速波动 Δn		0 ~ 8000r/min	1r/min
		0 ~ 100%	0.10%
气压		- 80 ~ 150kPa	0.1kPa
占空比		0 ~ 100%	0.10%
喷油时间		0 ~ 25ms	0.01ms
预热时间		0 ~ 250s	0.1s
柴油机/喷油正时			
用 TDC 上止点传感器		- 179 ~ 180°CS	0.1°CS
用正时灯		0 ~ 60°CS	0.1°CS

注:DS 为凸轮轴转角;CS 为曲轴转角

多功能仪表　　表2-21

测试功能	测试范围	分辨率	测试功能	测试范围	分辨率
蓄电池电压	0~40V	0.01V	脉冲时间	0~10ms	0.01ms
15号接柱电压	0~40V	0.01V		0~1000ms	0.1ms
最小电压	±10V	0.01V	占空比	0~100%	0.1%
最大电压	±40V	0.1V		2~99.9Hz	0.1Hz
峰值电压	0~40V	0.1V	频率	100~999Hz	1Hz
电流1000A	±1000V	0.1A		1000~5000Hz	10Hz
电流20A	±20A	0.01A	气压	-80~150kPa	0.1kPa
电流	±500mA	0.1mA	液压	0~1000kPa	1kPa
	0~1000Ω	0.01Ω	机油油温度	-200~+150℃	0.1℃
电阻	0~10KΩ	0.01Ω	空气温度	-20~+100℃	0.1℃
	10~999KΩ	10Ω	时间	1~999s	1s

数字示波器　　表2-22

测试功能	测试范围	传感探头	测试功能	测试范围	传感探头
点火次级电压	5kV	次级探头	电流	50mA	电流分流器
	10kV			100mA	
	25kV			250mA	
	50kV			500mA	
点火初级电压	20V	点火线圈接柱(1/15号)夹头		2.5A	20A电流探头
	100V			5A	
	250V			10A	
	500V			20A	
电压	2.5V	蓄电池电压接柱探头或点火线圈接柱(1/15号)夹头或多功能测试接头(1)和(2)		50A	1000A电流探头
	10V			200A	
	20V			500A	
	40V			1000A	

四、实训内容

1. 连接仪器电源，打开电源开关，仪器自动进行自我测试，自我测试完成后，检测程序即被载入，屏幕显示如图2-20所示。

FSA

Bitte warten …

Daten werden eingelesen

请稍候…

正在读取资料

图2-20　开机屏幕显示图

2. 资料读取完成后，仪器即在测量预备状态，屏幕将一个可供运用的项目基本图显示出来，如图2-21所示。

(1)1 Diognosis——诊断。

(2)2 Digital scope——数位显示。

(3)9 Configuration——排列配置。

(4)F1 识别菜单,用于辩识客户资料与车辆识别。

(5)F3 删除菜单,删除记忆器内的测量值。

(6)F4 打印菜单,打印检测记录。

(7)F5 客户档案,储存、载入以及删除客户和车辆的资料。

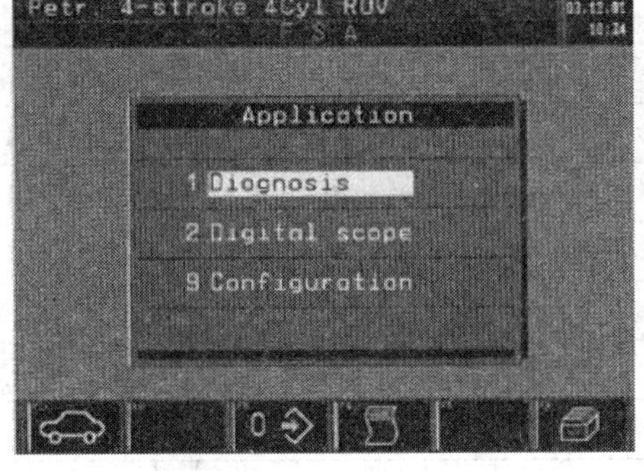

图 2-21 项目功能图

3. 客户及车型资料输入。

(1)操作键盘,按下 F1,进入客户资料界面,输入客户信息,如图 2-22 所示。

(2)按下 F12,进入车辆资料界面,选择第二项标准车辆,如图 2-23 所示。

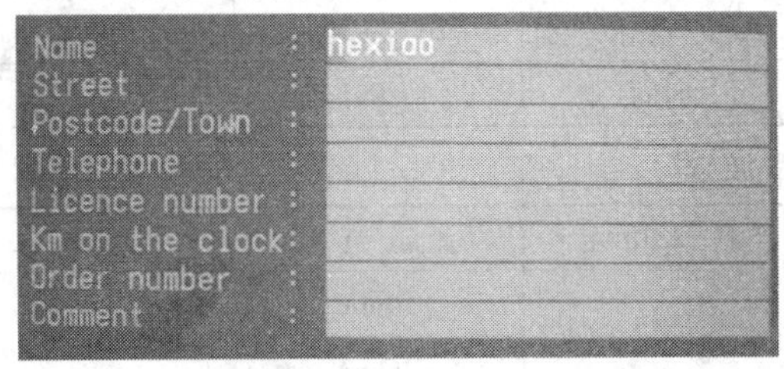

图 2-22 客户资料界面

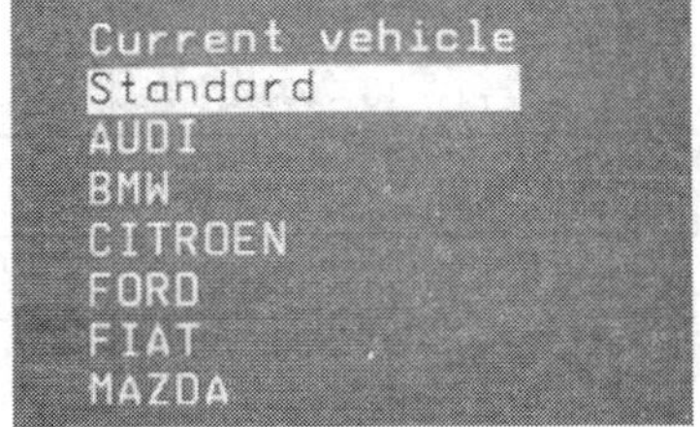

图 2-23 车辆资料界面

(3)按下 F12,选择发动机类型(2 冲程或是 4 冲程、汽油或柴油发动机),选择汽缸数(可选 1—2—3—4—5—6—8—12),如图 2-24 所示。

(4)按下 F12,选择点火次序(按随车资料正确输入),如图 2-25 所示。

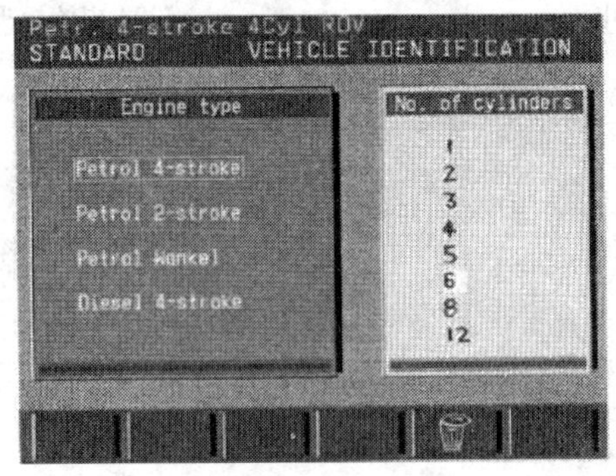

图 2-24 选择发动机类型、汽缸数

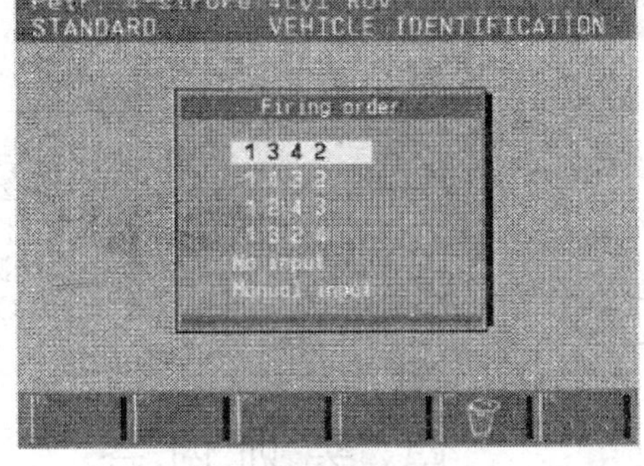

图 2-25 选择点火次序

(5)按下 F12,选择点火形式(可选有分电器点火、双火花点火、直接点火),如图 2-26 所示。

(6)按下 F12,选择上止点信号提取类型,如图 2-27 所示。

(7)按下 F12,显示所输入的车辆信息资料,按 F6 存贮,如图 2-28 所示。

4. 仪器与车辆的基本连接。

(1)拔下发动机机油尺,调整机油温度传感器锥形螺纹接套使机油温度传感器与机油尺等长,将调整好的机油温度传感器插于机油尺孔内。

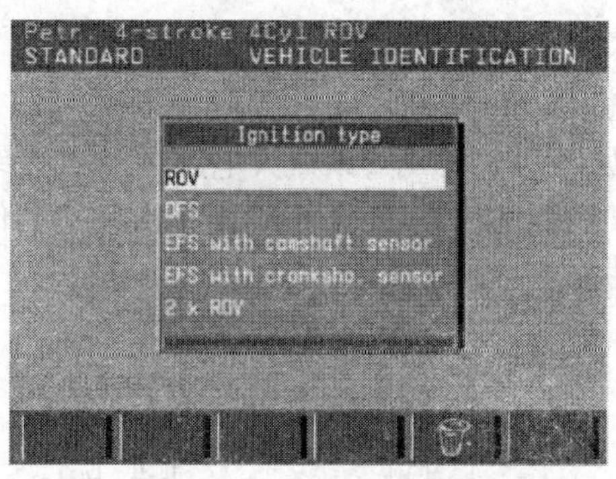

图2-26　选择点火形式

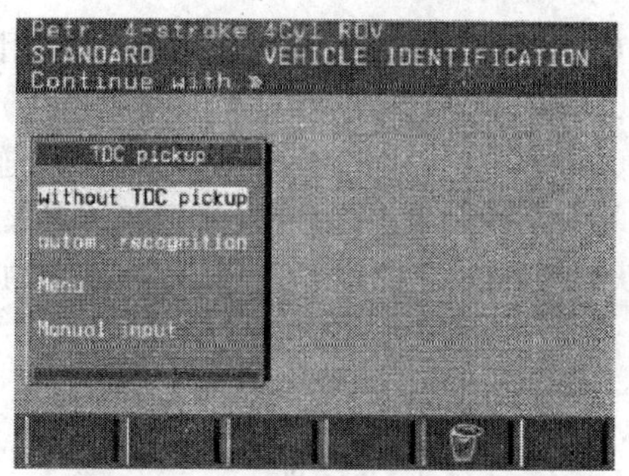

图2-27　选择上止点信号提取类型

(2)将电流测量钳(1000A)夹在蓄电池负极的连接电缆上,注意电流钳上的箭头方向应与电流方向相同。

(3)将电流测量钳(20A)夹在需测量部位适当的电缆上,注意电流钳上的箭头方向应与电流方向相同。

(4)将空气压力传感器的胶管连接到欲进行空气压力测量的部位上。

(5)连接蓄电池连接电缆至蓄电池上,红色接线夹接蓄电池"+"极,黑色接蓄电池"-"极。

Engine type : Petrol 4-stroke
No. of cyls. : 4
Firing order : 1 3 4 2
Ignition type : ROV
TDC pickup : not available

图2-28　显示车辆信息资料

(6)触发器钳夹在第一个汽缸的高压分火线上。

(7)根据不同的点火类型,连接初级点火测量电缆和次级测量值发送器至发动机上。

注:所有在点火装置上进行的连接操作工作均须在发动机停止运转以及点火装置关断的情况下方可进行。

①有1个分电器单点火电路(ROV)的连接方法,如图2-29和图2-30所示。

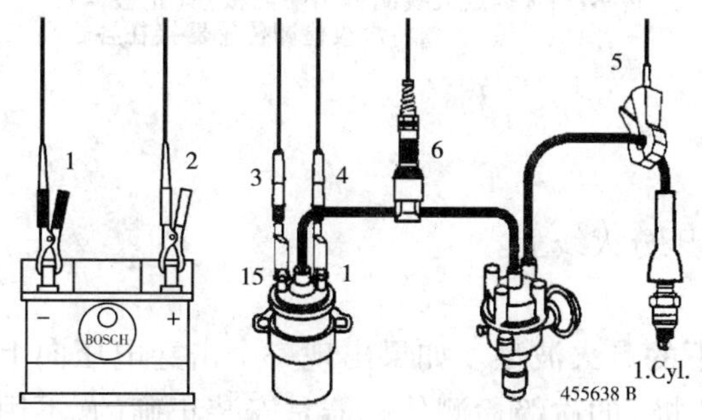

图2-29　有1个分电器单点火电路(ROV)的连接方法(一)
1-蓄电池连接线:黑色夹钳接在车辆地线B-/搭铁;2-蓄电池连接线:红色夹钳接在车辆蓄电池B+;3-初级连接线:黄色夹接在点火线圈的接线端子15(+)/蓄电池+;4-初级连接线:绿色夹接在点火线圈的接线端子1(-);5-一缸触发器:夹钳接在1缸的高压分火线上;6-次级检测传感器(黑/-):夹接在中心高压线上

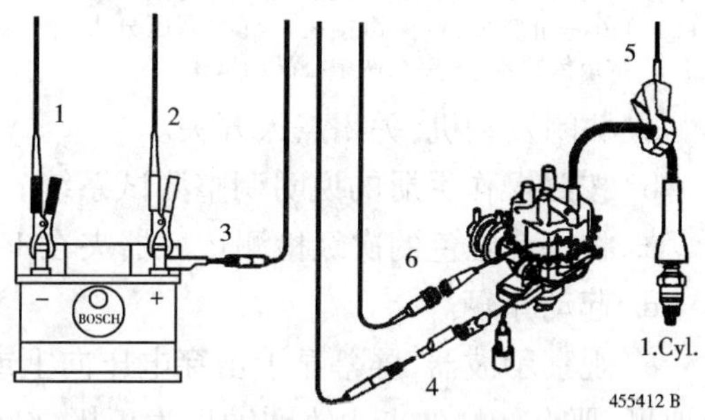

图2-30　有1个分电器单点火电路(ROV)的连接方法(二)
1-蓄电池连接线:黑色夹钳接在车辆地线B-/搭铁;2-蓄电池连接线:红色夹钳接在车辆蓄电池B+;3-初级连接线:黄色夹接在点火线圈的接线端子15(+)/蓄电池+;4-初级连接线:绿色夹接在点火线圈的接线端子1(-);5-一缸触发器:夹钳接在1缸的高压分火线上;6-用专用次级检测传感器紧密包围分电器

（注：如果使用初级专用连接线，则不用3和4）

②有2个分电器的双点火电路（2ROV）的连接方法，如图2-31所示。

③无分电器的同时点火电路（DFS）的连接方法如图2-32所示，该点火电路由于点火线圈输出端有正极和负极之分，因此判定该点火电路点火线圈的极性，对于正确连接次级检测传感器，获得准确的点火信号很有必要。极性的判定方法如下：

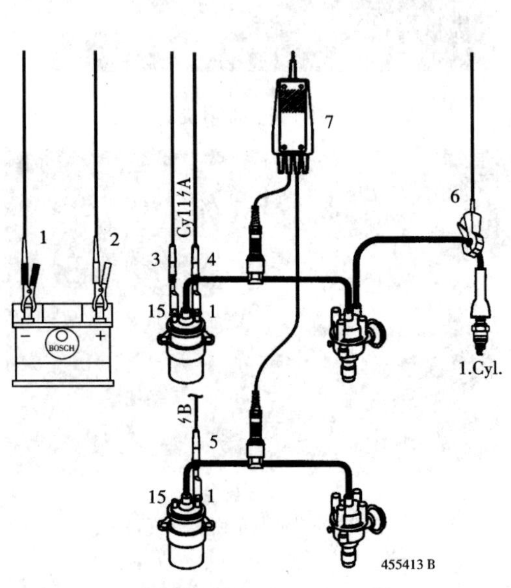

图2-31　有2个分电器的双点火电路（2ROV）的连接方法
1-蓄电池连接线：黑色夹钳接在车辆地线 B-/搭铁；2-蓄电池连接线：红色夹钳接在车辆蓄电池 B+；3-初级连接线：黄色夹接在点火线圈的接线端子15（+）/蓄电池+；4-初级连接线：标有“Cyl 1 ϟ A”绿色夹接在一缸点火线圈端子1（-）；5-初级连接线：标有“ϟ B”绿色夹接在非一缸点火线圈的接线端子1（-）；6-一缸触发器：夹钳接在1缸的高压分火线上；7-次级传感器：夹接在两中心高压线上

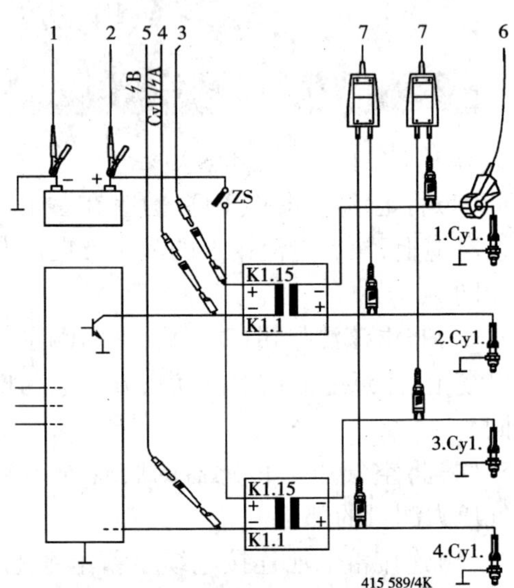

图2-32　无分电器的同时点火电路（DFS）的连接方法
1-蓄电池连接线：黑色夹钳接在车辆地线 B-/搭铁；2-蓄电池连接线：红色夹钳接在车辆蓄电池 B+；3-初级连接线：黄色夹接在点火线圈的接线端子15（+）/蓄电池+；4-初级连接线：标有“Cyl 1/ϟ A”绿色夹接在一缸点火线圈端子1（-）；5-初级连接线：标有“ϟ B”或标有“ϟ C”和“ϟ D”的绿色夹接在排列的汽缸的点火线圈接线端子1（-）上；6-一缸触发器：夹钳接在1缸的高压分火线上；7-次级传感器：根据点火线圈输出端的极性（正极=红/+，负极=黑/-），将次级检测传感器接在各缸高压线上

a. 关闭发动机；关闭点火开关。

b. 按照操作手册的说明调整测试系统。

c. 将一个红色的次级检测传感器夹在1缸高压分火线上。

d. 起动车辆。

e. 观察示波器，屏幕显示击穿电压向上或向下的点火波型。如果出现一个击穿电压向上的波形，那么一缸的点火线圈输出为正极，红色（正极）的次级检测传感器是安装正确的，不用取下；如果出现一个击穿电压向下的波形，那么一缸的点火线圈输出为负极，此时应关闭点火开关，接上另一组黑色（负极）的次级检测传感器。

f. 关闭发动机，关闭点火系统。

g. 如此类推，直到将所有的点火线圈输出为正极的高压分火线接上红色次级检测传感器，点火线圈输出为负极的高压分火线接上黑色次级检测传感器。

④带分火线的直接点火电路(EFS)的连接方法如图2-33所示。

⑤无分火线的直接点火电路(EFS)的连接方法如图2-34所示。

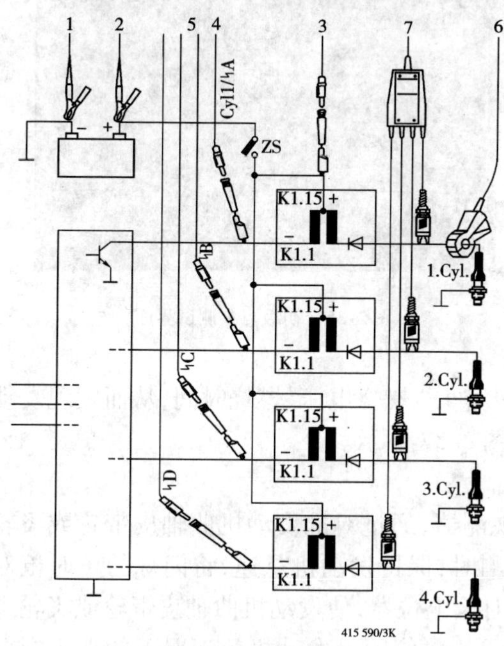

图2-33　带分火线的直接点火电路(EFS)的连接方法

1-蓄电池连接线:黑色夹钳接在车辆地线B－/搭铁;2-蓄电池连接线:红色夹钳接在车辆蓄电池B＋;3-初级连接线:黄色夹接在点火线圈的接线端子15(＋)/蓄电池＋;4-初级连接线:标有"Cyl 1/ϟ A"绿色夹接在一缸点火线圈端子1(－);5-初级连接线:标有"ϟ B"、"ϟ C"和"ϟ D"的绿色夹依次接在各汽缸的点火线圈接线端子1(－)上;6-一缸触发器:夹钳接在1缸的分火线上(如果此EFS装有凸轮轴位置传感器,则要设定点火系统由初级或次级触发);7-次级传感器:(可选用2个红色和2个黑色,或是4个红色,或4个黑色)接在各分缸线上

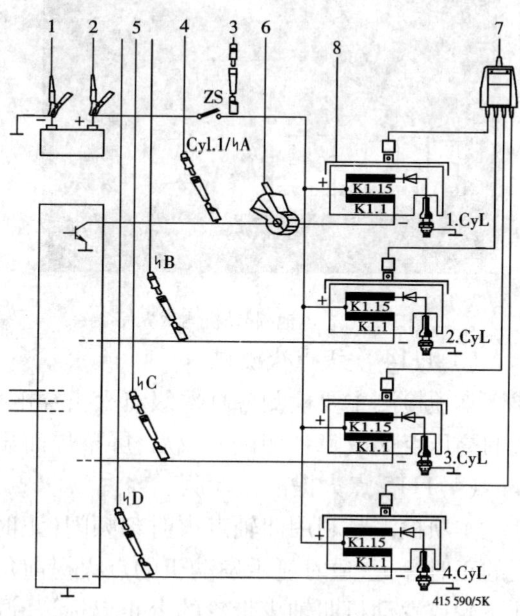

图2-34　无分火线的直接点火电路(EFS)的连接方法

1-蓄电池连接线:黑色夹钳接在车辆地线B－/搭铁;2-蓄电池连接线:红色夹钳接在车辆蓄电池B＋;3-初级连接线:黄色夹接在点火线圈的接线端子15(＋)/蓄电池＋;4-初级连接线:标有"Cyl 1/ϟ A"绿色夹接在一缸点火线圈端子1(－);5-初级连接线:标有"ϟ B"、"ϟ C"和"ϟ D"的绿色夹依次接在各汽缸的点火线圈接线端子1(－)上;6-一缸触发器:夹钳接在1缸的分火线上。或接在车辆专用的初级适配连接线标有"Cyl 1/ϟ A"的线夹上;7-次级传感器:将次级检测适配器1 687 023135与次级连接线1 684 463 274相连;8-次级传感器:将专用感应板紧固在点火线圈上

5. 以上工作完成后,按F10输入所需检测项目的代码(如输入1112,表示蓄电池/起动机测试,代码含义如图2-3所示),进行发动机测试。

(1)1112蓄电池/起动机测试(所处程序位置如图2-3所示)。

本项检测是通过程序控制点火系统短路或断油的方法阻止发动机不起动,利用起动机转动发动机,从而采集蓄电池供给起动机电流的大小,反映各缸相对压缩压力。利用起动机转动发动机时,汽缸密封性好的压缩阻力大,起动机耗用的电流也大;汽缸密封性差,耗用起动机电流就小。测试完成后,界面显示如图2-35所示。

(2)1113初级点火测试。

本项检测主要检测蓄电池电压、点火线圈"＋"极和"－"极电压、初级电流、闭合角等项目,还可观察初级波形,从而来判断初级点火电路的故障,测试完成后,界面显示如图2-36所示。

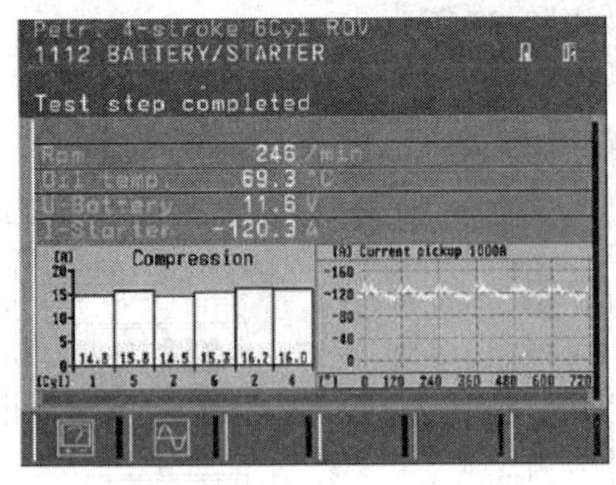

图 2-35 蓄电池/起动机测试界面

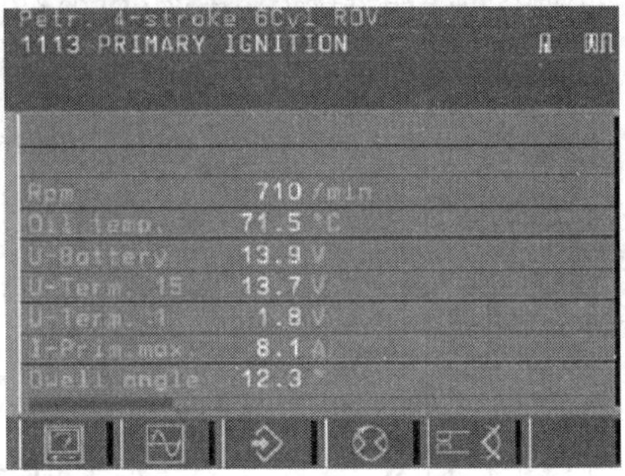

图 2-36 初级点火测试界面

(3)1114 次级点火测试。

本项检测主要检测各缸次级点火击穿电压、点火电压、燃烧电压、燃烧时间,从而发现发动机的高压点火故障。测试完成后,屏幕界面显示如图 2-37 所示。

(4)1115 点火提前角检测。

本项检测是利用曲轴点火时刻频闪(正时枪)观测器,通过对准发动机曲轴皮带轮或飞轮上的正时标记,适时显示发动机的点火提前角。检测时,保持发动机怠速,将闪烁的正时枪对准飞轮或发动机曲轴皮带轮的上止点标记,调整正时枪电位器,使发动机曲轴皮带轮或飞轮上的上止点活动标记与固定标记对齐,此时屏幕上显示的数值即为发动机此工况下的点火提前角,屏幕显示如图 2-38 所示。

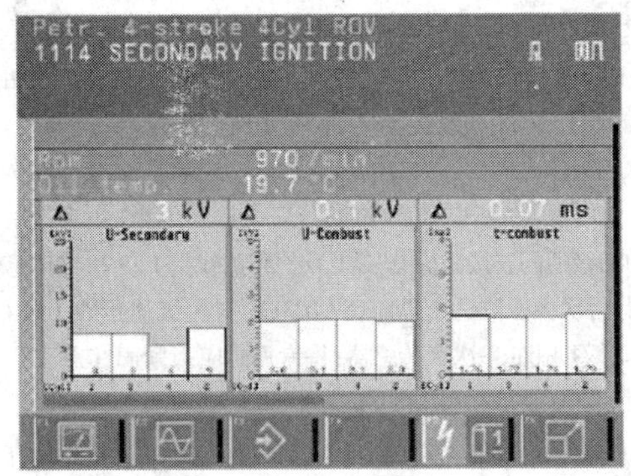

图 2-37 次级点火测试界面

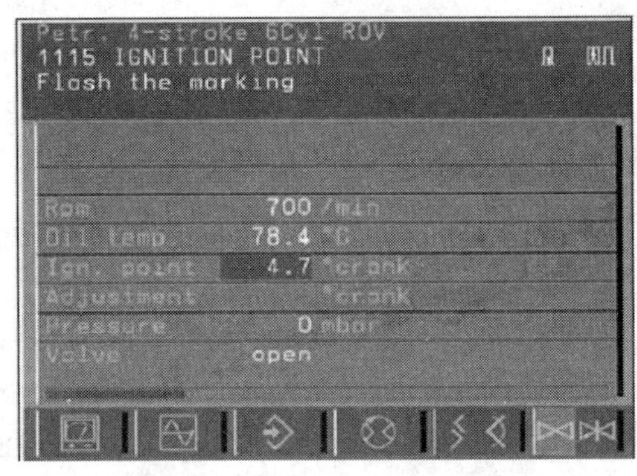

图 2-38 点火提前角检测界面

(5)1116 燃料喷射检测。

本项检测是检测喷油器的工作脉宽,同时可配合运用尾气分析仪的 CO 分析功能。检测前需连接通用测量电缆到喷油器上以提取信号,红色测量钳接喷油器 ECU 控制端,黑色测量钳搭铁。燃料喷射检测显示如图 2-39 所示。

(6)1117 废气检测。

本项检测是利用 FSA560 发动机综合性能分析仪检测发动机排出尾气中的 CO、HC、CO_2、O_2 的浓度,从而判断发动机工作的好坏。检测时需把废气分析仪的废气取样装置插入排气管中。

(7)1118 进气真空检测。

本项检测是利用空气压力传感器来测量发动机进气压力(含涡轮增压装置),以及其他真空源。测量时,需把压力传感器上的两根胶管连接到发动机上,进气真空检测显示如图 2-40 所示。

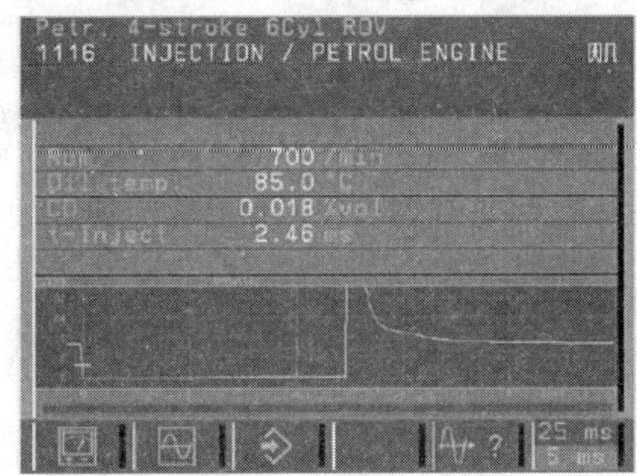

图 2-39　燃料喷射检测界面

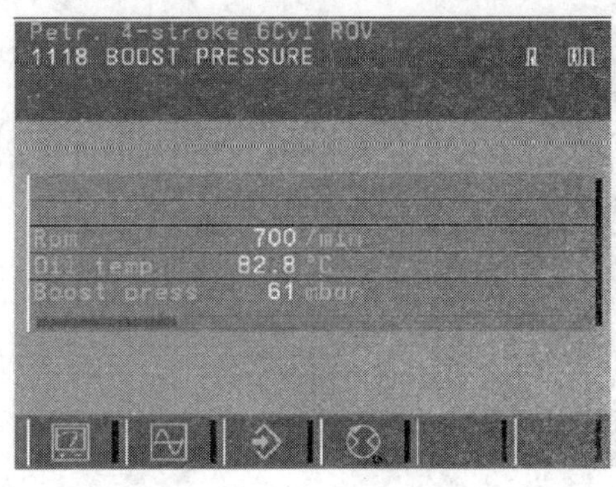

图 2-40　进气真空检测界面

(8)1119 发电机检测。

本项检测是在发电机免拆的情况下,检测发电机充电电压、充电电流以及发电机整流二极管和绕组的工作情况。检测时,1000A 电流测量钳夹于电瓶负极电缆上,通用测量电缆的红色测量钳连于发电机输出端,黑色测量钳搭铁。发动机检测显示如图 2-41 所示。

(9)1120 汽缸比较检测。

本项检测是通过程序控制发动机各缸依次断火,检测各缸断火后发动机转速的变化及 HC 的变化,以此来比较发动机各缸工作性能的好坏。某缸断火后,发动机转速下降越多,HC 增量越大,表明该缸对发动机的动力贡献量大,工作良好。检测时,应加上废气分析仪的 HC 分析功能,通过断火的方法进行各缸工作的比较对于有些车型难以控制,且易损坏三元催化器。汽缸比较检测显示如图 2-42 所示。

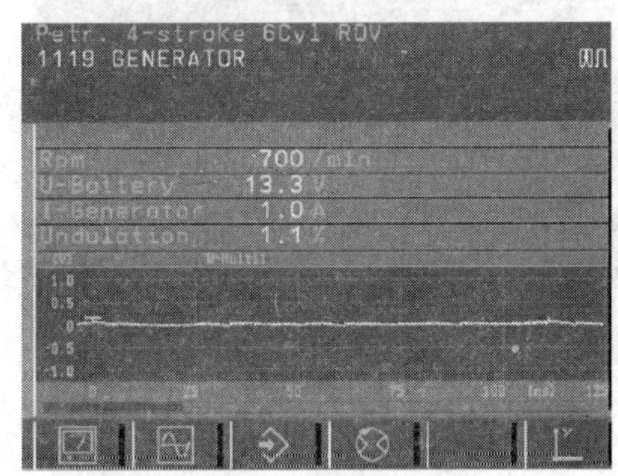

图 2-41　发电机检测界面

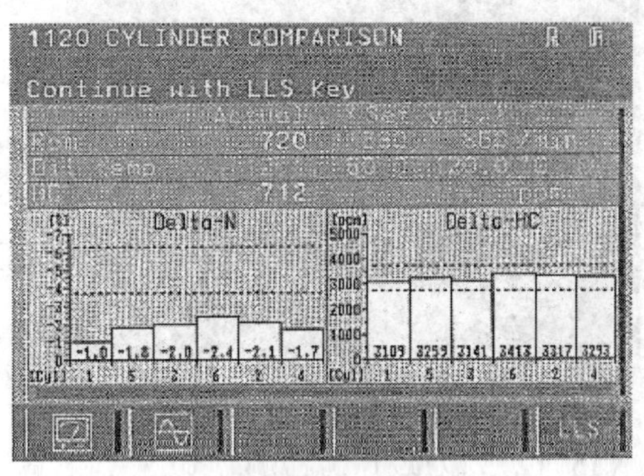

图 2-42　汽缸比较检测界面

(10)1121 转速分析检测。

本项检测是在不断缸的情况下,检测发动机的适时转速及适时转速曲线,从而比较发动机各缸的工作状况。该项检测随着汽缸数量的增加,测量的可靠性降低,转速分析检测显示如图 2-43所示。

(11)1122 汽缸诊断检测。

本项检测是把以上各项检测对于发动机故障诊断较重要的测量数值集中起来，以供技术人员进行综合分析诊断，汽缸诊断检测显示如图 2-44 所示。

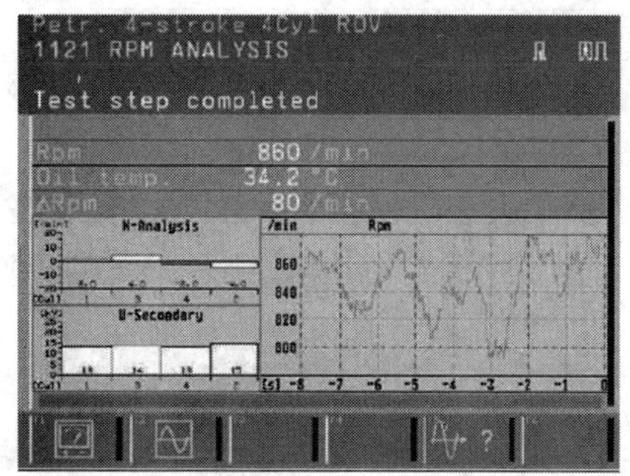

图 2-43　转速分析检测界面

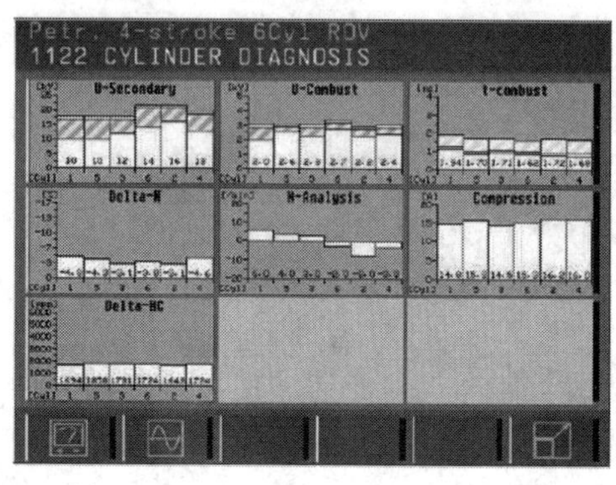

图 2-44　汽缸诊断检测界面

(12)1210 URI 测试检测。

本项检测是对导线、元件等的电压、电流、电阻进行检测分析，以供故障诊断所用。

(13)1211 电压分析检测。

本项检测是在汽车诊断中，对于周期性的传感器、执行器电压信号的波形和频率进行测量分析，以判断其工作性能的好坏，检测时需连接通用测量电缆的红色测量钳到待测传感器、执行器的线路上，黑色测量钳搭铁，电压分析检测显示如图 2-45 所示。

(14)1212 电流分析检测。

电流分析检测可参见电压分析检测，电流分析检测显示如图 2-46 所示。

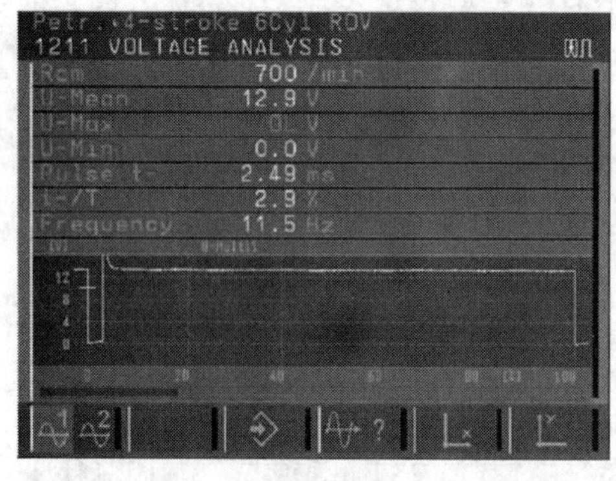

图 2-45　电压分析检测界面

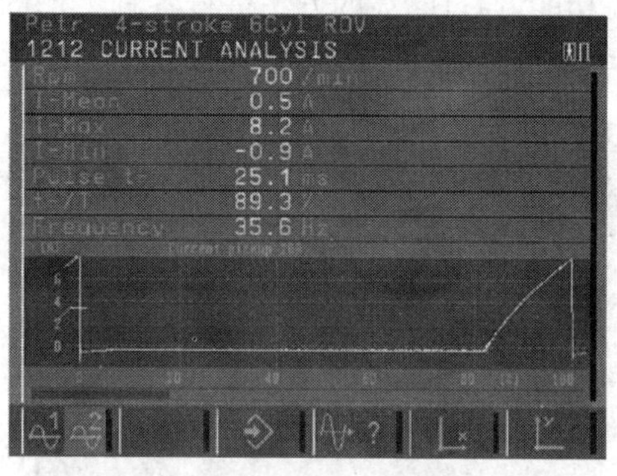

图 2-46　电流分析检测界面

(15)1213 温度/压力检测。

本项检测可监测气压、油压及温度。检测时需连接空气压力传感器、油压传感器及温度传感器至待测部件上。温度/压力检测显示如图 2-47 所示。

6. 根据所需检测项目，进行波形检测。

对于一般波形的检测，只需连接通用测量电缆到待测元件上，以提取信号即可，而对于点火波形，则需按不同的点火类型，连接初级连接电缆、次级检测传感器及 1 缸触发器等。

(1)初级行列波检测(2110)。

该项检测可以直观地观察到各缸的初级点火波形,点火波形按点火顺序排列,通过观察波形,可发现初级电路的短路、断路、接触不良等故障。初级行列波检测显示如图2-48所示。

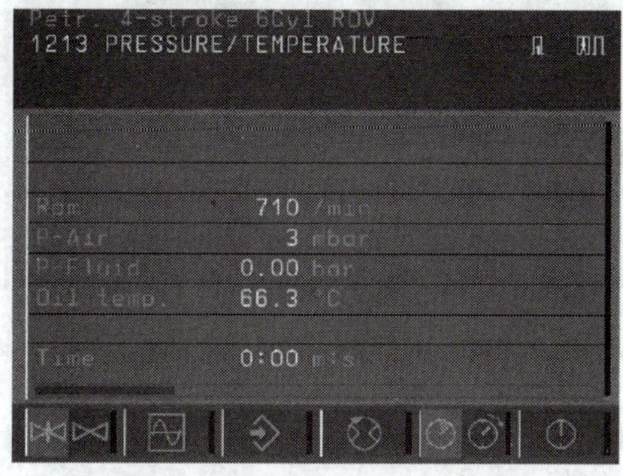

图2-47　温度/压力检测界面

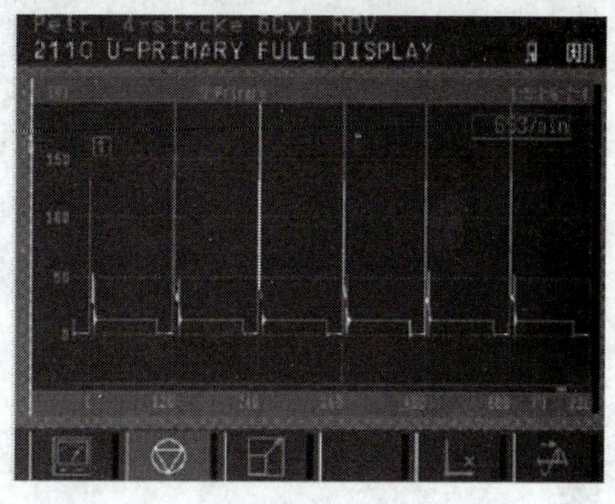

图2-48　初级行列波检测界面

(2)初级单波检测(2111)。

当故障不容易出现需要细微监控或故障已缩小到某一缸时,可用该项检测,精确地进行监控分析。初级单波检测显示如图2-49所示。

(3)2112 初级横列波检测

本项检测为初级横列波形,波形显示如图2-50所示。

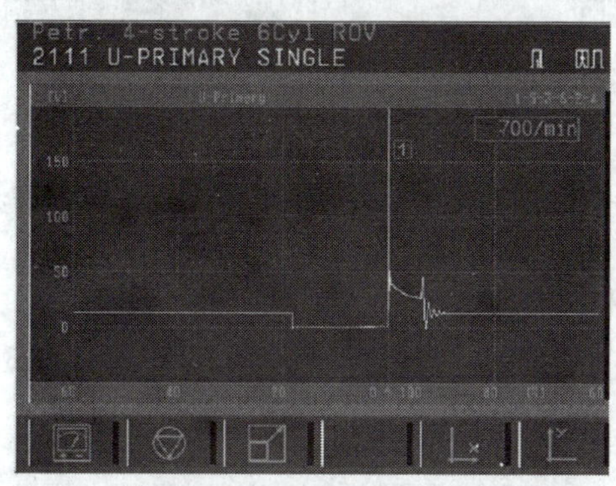

图2-49　初级单波检测界面

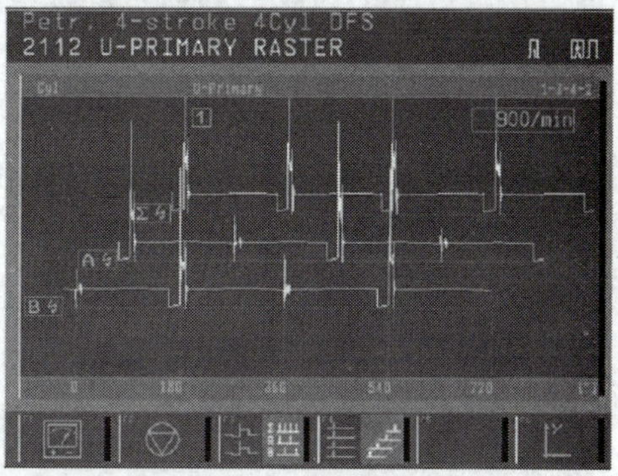

图2-50　初级横列波检测界面

(4)2113 次级行列波检测。

本项检测为次级点火的各缸行列波形,波形显示如图2-51所示。

(5)2114 次级单波检测。

本项检测为次级点火的单缸波形,波形显示如图2-52所示。

(6)2115 次级横列波检测。

本项检测为次级点火横列波形,波形显示如图2-53所示。

(7)2116 双通道行列波检测。

本项检测可任选两个点火示波信号在同一界面显示,以供分析比较。波形显示如图2-54所示。

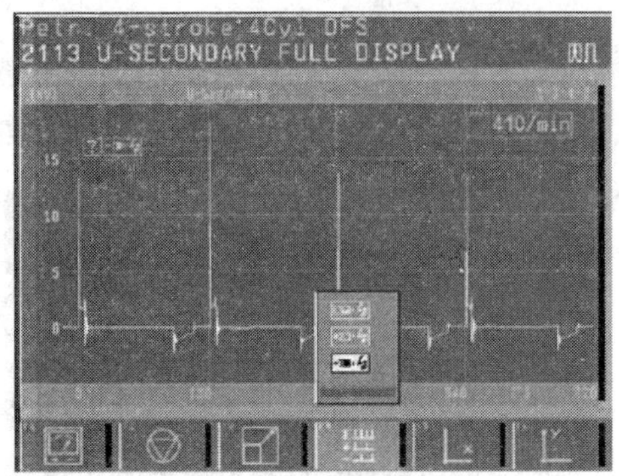

图 2-51　次级行列波检测界面

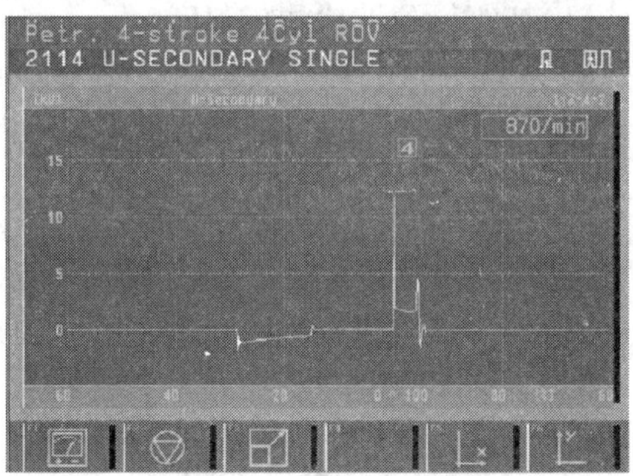

图 2-52　次级单波检测界面

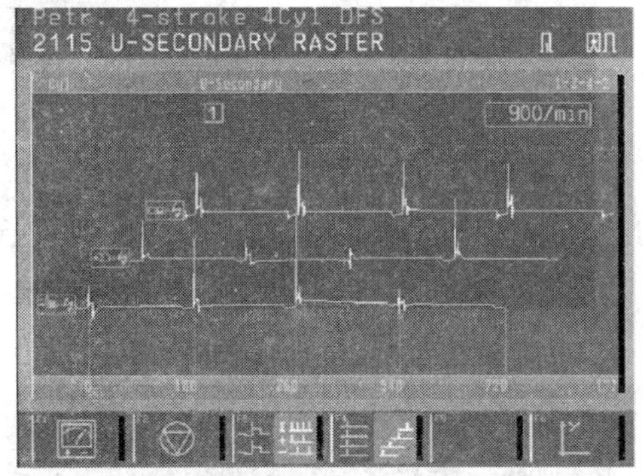

图 2-53　次级横列波检测界面

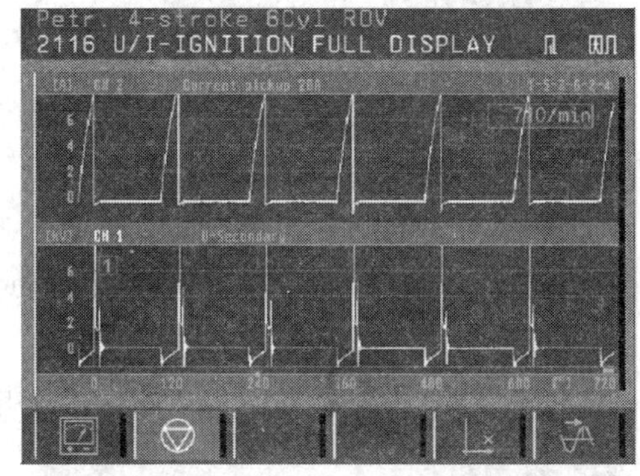

图 2-54　双通道行列波检测界面

(8)2117 双通道单波检测。

本项检测可显示某一信号的电压和电流波形,以供分析比较,波形显示如图 2-55 所示。

7. 利用 FSA560 的电控系统解码器功能,进行控制总成诊断。

(1)选择并启动解码程序“控制总成诊断”,如图 2-56 所示。

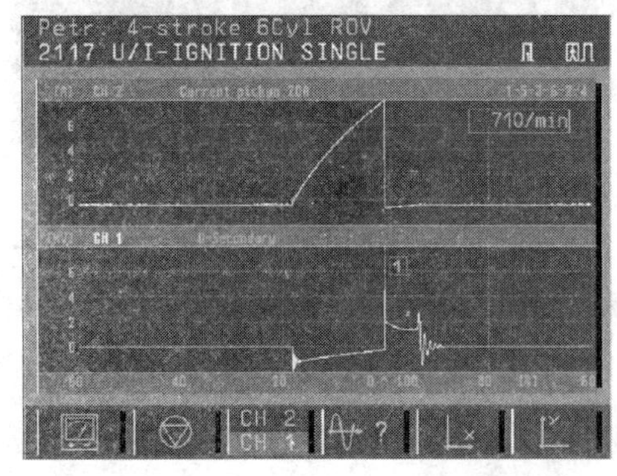

图 2-55　双通道单波检测界面

图 2-56　控制总成诊断界面

(2)程序启动完成后,屏幕显示如图 2-57 所示。

(3)按下 F12 键,进入车辆品牌及诊断控制系统 ECU 的选择界面,进行相应选择,如图 2-58所示。

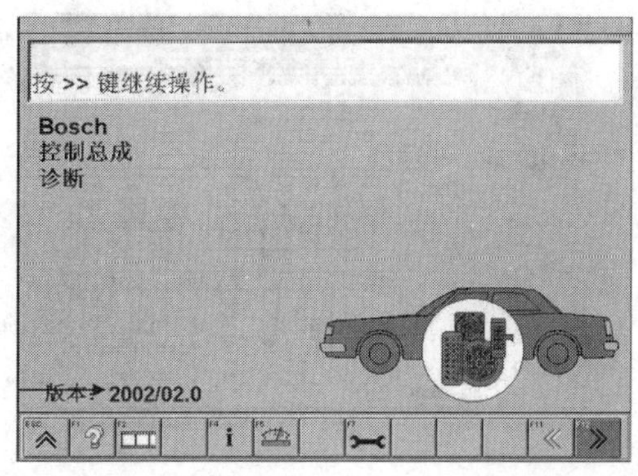

图 2-57　诊断版本界面

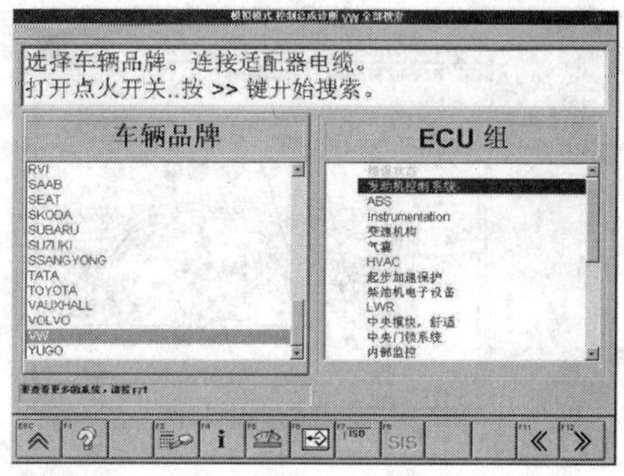

图 2-58　车辆品牌及诊断控制系统 ECU 的选择界面

(4)按下 F12,进入控制系统 ECU 的版本号选择界面,进行相应选择,如图 2-59 所示。

(5)把专用诊断连接线的一头连接至 FSA560 上,如图 2-60 所示。另一头连接到车辆的诊断插头口上。

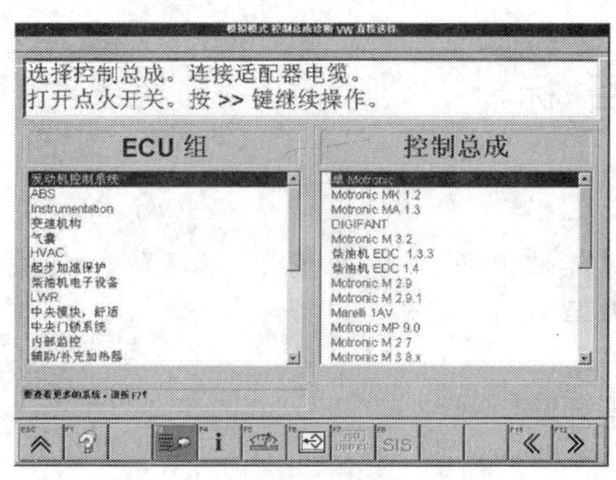

图 2-59　控制系统 ECU 的版本号选择界面

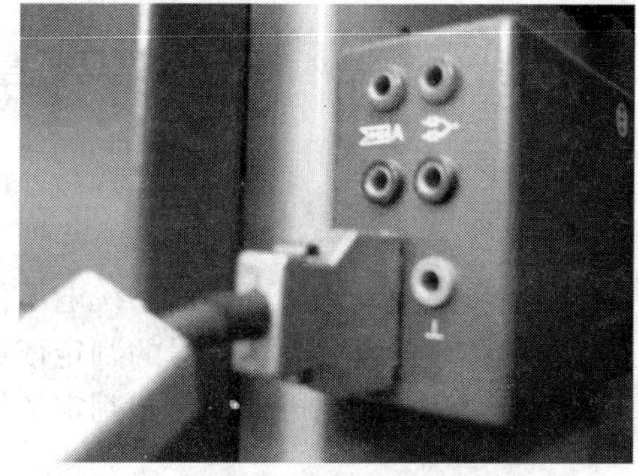

图 2-60　诊断连接线的连接

(6)打开点火开关或起动车辆,按下 F12 对所选择的控制总成进行诊断测试,界面显示如图 2-61 所示。通过此界面能够进一步读取汽车电脑型号(版本),读取和消除汽车故障码、读取动态数据流,执行元件测试,电脑基本设置等。

(7)进一步的操作,参见模块一的项目 3。

8. FSA560 有维修资料的查询功能,可进行以欧洲车型为主多种车型维修资料查询功能。

(1)选择并启动车型资料系统程序“ESI[tronic]”。

(2)输入车辆信息(包括汽车品牌、品牌型号,系列等级,发动机型号等)。

(3)按 F12,进入查询功能,可查询零件号、车辆线路图,维修技术资料、维修工时等,选择相应的查询内容进行查询帮助。图 2-62、图 2-63 为查出的车辆零件安装位置和车辆线路图的图例。

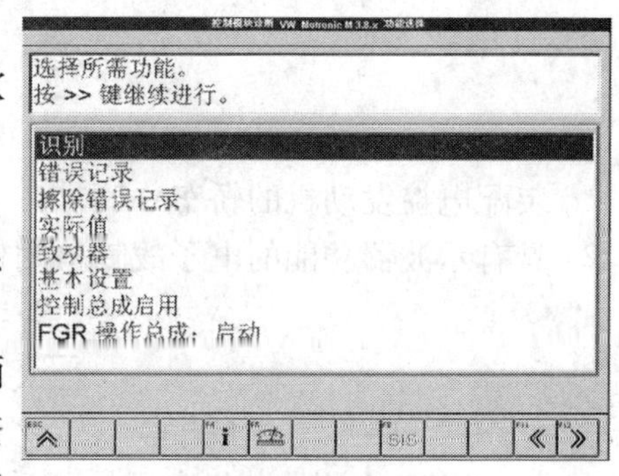

图 2-61　诊断功能显示界面

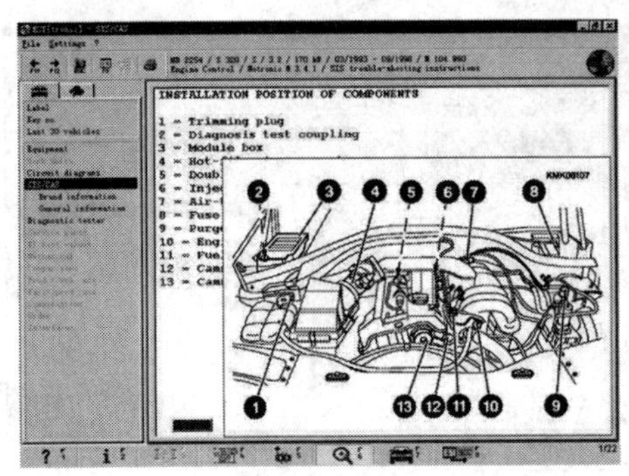

图 2-62　车辆零件安装位置图

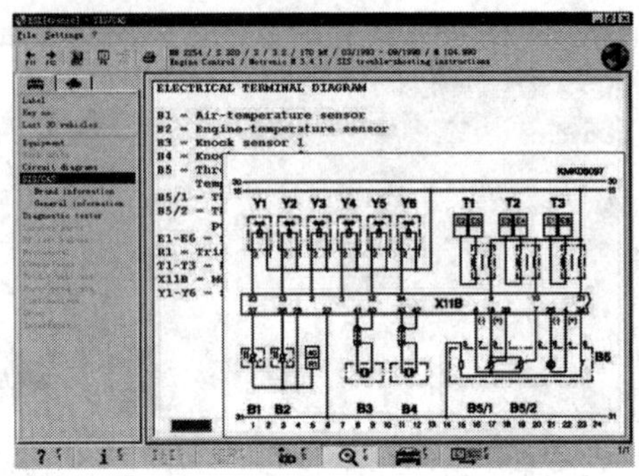

图 2-63　车辆线路图

项目 3　发动机电控系统波形的检测与分析

此项目每人学习课时数 4 个(180 分钟)

一、学 习 目 标

知识目标

1. 简单叙述发动机电子控制系统电子信号的类型。
2. 简单叙述发动机电子信号的判定依据。
3. 正确描述发动机电子信号与判定依据的关系。

技能目标

1. 会分析发动机电子控制系统电子信号波形。
2. 会操作使用汽车专用示波器。
3. 能使用汽车专用示波器对发动机电子控制信号的波形进行检测和分析。

二、实 训 器 材

1. 装配电控发动机的轿车一辆。
2. 具有示波器功能的电子故障检测仪或发动机综合分析仪,或汽车专用示波器一台。

三、仪 器 简 介

目前,可用于检测发动机电子控制系统波形的仪器设备有汽车专用示波器、电子故障检测仪和发动机分析仪等多种。它们通常都是以一台通用双通道数字存储示波器为基体,然后扩

展一些特殊功能而构成。

1. 示波器功能。

汽车示波器，通常具备以下几种基本功能：

(1)点火示波功能。

(2)电控系统示波功能。

(3)汽车万用表功能。

2. 波形的走向与含义。

示波器显示的波形，在垂直方向上表示电压，在水平方向上表示时间，走向从左至右，并且以基线为基准，向上为正电压，向下为负电压。

示波器显示的波形是信号的轨迹。当看到波形为一水平线时，它表示电压恒定；当波形为一斜线时，表示电压稳定地变化，变大或变小；当波形为一垂线时，表示电压突变。所有波形都有上升、下降、振幅和峰值。此外，还可能有干扰波形。

3. 示波器的使用控制方法。

示波器的控制，主要指对 Y 轴电压和 X 轴时间的控制。非微机控制的示波器，一般采用开关、按键和旋钮等实现对波形垂直幅度、水平幅度、垂直位置、水平位置和亮度等的调整。微机控制的示波器，多采用菜单式操作，省去不少操作机件，只须在各级菜单上选择测试项目，无须任何设定和调整，可以直接观测波形，使用起来十分方便。

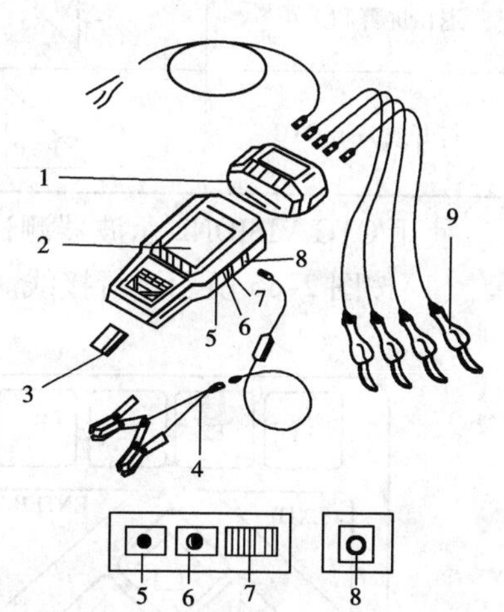

图 2-64　OTC 示波器的组成

1-诊断模块；2-测试主机；3-存储卡；4-外接电源线；5-热起动开关；6-主电源开关；7-串行数字接口；8-外部电源接口；9-测试线缆

下面以 OTC VISION2 示波器为例，介绍它的组成、使用情况。如图 2-64 所示，OTC VISION2 示波器主要由诊断模块、测试主机、存储卡、外接电源线、热启动开关、主电源开关、串行接口、外部电源接口，测试电缆等组成。OTC VISION2 示波器键盘使用说明如表2-23所示，图 2-65 为 OTC VISION2 的示波器键盘。

OTC VISION2 示波器键盘使用说明　　表 2-23

作　用	按　键	举　例
增加屏幕显示的对比度		按住并保持则可以看到屏幕会逐渐变黑变暗
减弱屏幕显示的对比度		按住并保持则可以看到屏幕会逐渐变清变淡
打开屏幕背光		同时压下这两个按键，则可以看到背光显示出来，有利于在光线较弱的条件下进行测试。
做出选择	ENT	按 ENTER 可使你进入选择的屏幕
显示在屏幕上的功能键	F1 F2 F3 F4	这四个功能主要根据屏幕上的说明来改变其属性，一般来讲 F1 代表帮助信息——HELP
向下移动屏幕，改变纵坐标的数值(向下变化)		当屏幕上出现该箭头时，移动光标到该处，然后再按“ENTER”，则坐标或屏幕向下变化

续上表

作　用	按　键	举　例
向上移动屏幕，改变纵坐标的数值（向上变化）	⇧	功能基本同上，但方向正好相反
向左移动屏幕，改变横坐标的数值（向左变化）	⇦	如改变数值，左为减小移动图像、光标到左边
向右移动屏幕，改变横坐标的数值（向右变化）	⇨	如改变数值，右为增大移动图像、光标到右边
退出屏幕和菜单	EXIT	从主菜单退到帮助信息最后到注册商标
打开或关闭 OTC	PWR	按“PWR”键使 OTC 在“ON”“OFF”间切换

使用 OTC VISION2 示波器测试喷油器波形范例：

（1）按图 2-66 所示进行接线。

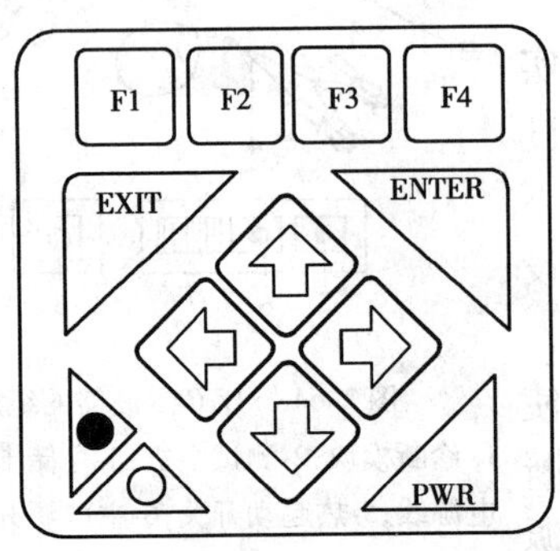

图 2-65　OTC VISION2 的示波器键盘

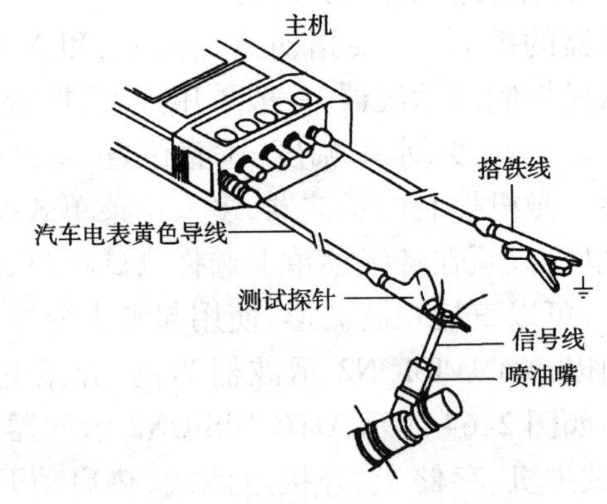

图 2-66　OTC VISION2 示波器的连接

（2）起动发动机，并进行预热。

（3）按下 PWR 键使示波器开机。

（4）在主菜单中选择 AUTO METERS（汽车电表）项。

（5）选择 INJECTOR 即可对喷油器进行测试。对喷油器测试时，屏幕显示内容如图 2-67 所示。其中上方显示为喷油脉宽最大值、最小值和现在值，中间值为占空比，同时显示出占空比的最大值与最小值，下方的波形为喷油器工作时的触发波形。横坐标为时间，纵坐标为电压。

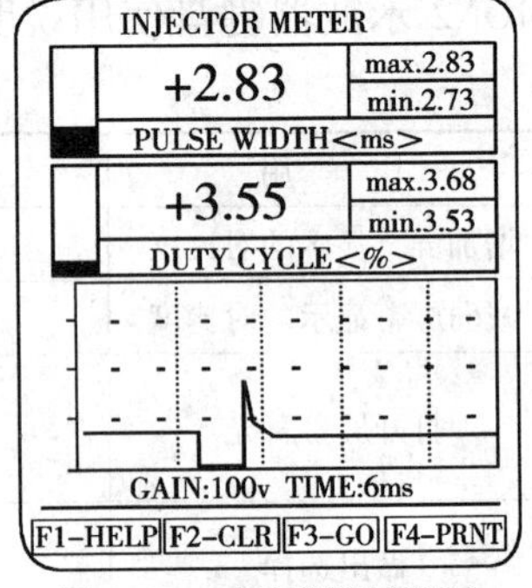

图 2-67　喷油器测试界面

四、实训内容

1. 发动机电子控制系统波形分析原理。

发动机电子控制系统在整个工作过程中都是以电子信号的形式进行数据传输的,因此只要能够检测出发动机电了控制系统在发动机运转过程中数据传输的波形,通过观察波形便可以得知发动机电子控制系统的工作是否正常,从而判断发动机电子控制系统的故障所在。

(1)发动机电子控制系统电子信号的类型。

对于发动机电子控制系统而言,其电子信号一般有以下五大类:

①直流信号,如图2-68所示。

在汽车发动机电子控制系统中产生直流(DC)信号的传感器或电源装置有:蓄电池电压或电控单元(ECU)输出的传感器参考电压;模拟传感器信号,如发动机冷却液温度传感器、燃油温度传感器、进气温度传感器、节气门位置传感器、废气再循环装置传感器、旋转翼片式或热线式空气流量传感器和节气门开关等。

②交流信号,如图2-69所示。

在汽车发动机电子控制系统中产生交流(AC)信号的传感器和装置有:车速传感器(VSS)、磁脉冲式曲轴位置(CKP)和凸轮轴位置(CMP)传感器、从模拟进气歧管绝对压力传感器(MAP)信号得到的发动机真空平衡波形和爆震传感器(KS)等。

③频率调制信号,如图2-70所示。

图2-68 直流信号

图2-69 交流信号

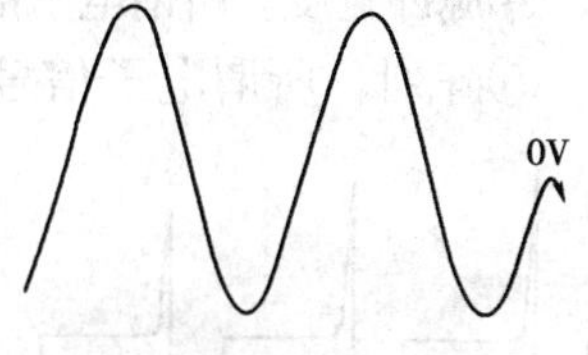

图2-70 频率调制信号

在汽车发动机电子控制系统中产生可变频率信号的传感器和装置有:数字式空气流量传感器、数字式进气歧管绝对压力传感器、光电式车速传感器(VSS)、霍尔式车速传感器(VSS)、光电式凸轮轴位置(CMP)和曲轴位置(CKP)传感器、霍尔式凸轮轴位置(CKP)和曲轴位置(CKP)传感器等。

④脉宽调制信号,如图2-71所示。

在汽车发动机电子控制系统中产生脉宽调制信号的电路或装置有:点火线圈一次侧、电子点火正时电路、废气再循环控制(EGR)阀、排气净化电磁阀、涡轮增压电磁阀和其他控制电磁阀,以及喷油器、怠速控制电动机和怠速控制电磁阀等。

⑤串行数据信号,如图2-72所示。

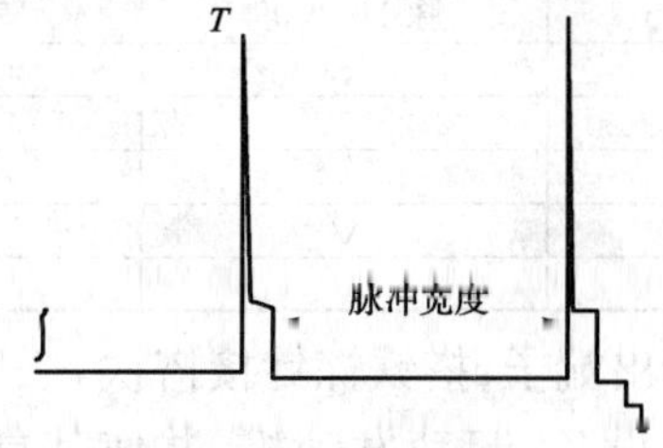

图2-71 脉宽调制信号

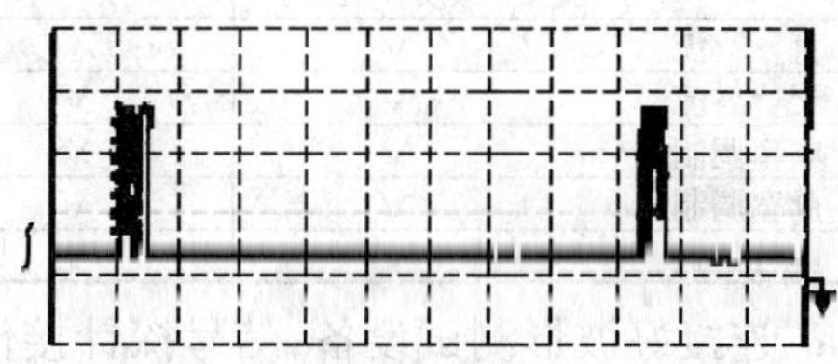

图2-72 串行数据信号

汽车发动机电子控制系统都具有故障自诊断功能和其他串行数据传输能力,串行数据信号则是由发动机控制模块(ECM)、车身控制模块(BCM)和制动防抱死系统控制模块(ABS

ECM)或其他控制模块产生的。

(2)汽车电子信号的判定依据。

任何一个汽车发动机控制系统电子信号都应该具有幅值、频率、形状、脉宽和阵列等5个可度量的参数指标,即发动机电子控制系统电子信号的5种判定依据。

①幅值。所谓电子信号的幅值就是指电子信号在一定点上的即时电压,也表示波形的最高和最低的差值,如图2-73所示。

②频率。所谓电子信号的频率就是信号的循环时间,即电子信号在两个事件或循环之间的时间,一般指每秒的循环数(Hz),也表示每秒的波形周期数,如图2-74所示。

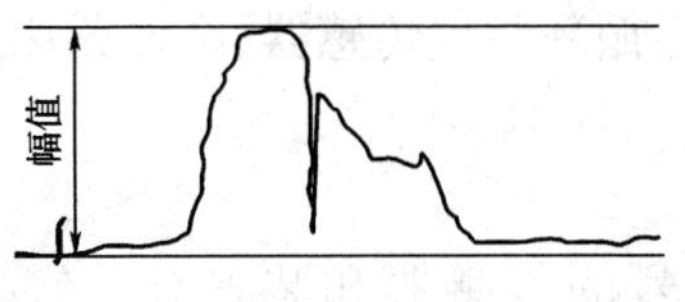

图2-73 幅值

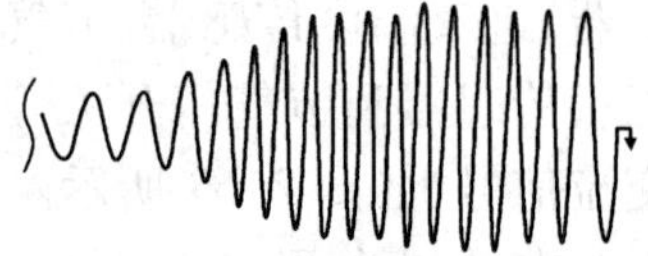
图2-74 频率

③形状。所谓电子信号的形状就是指电子信号的外形特征,即曲线的轮廓和上升沿、下降沿等,如图2-75所示。

④脉冲宽度。所谓电子信号的脉冲宽度就是指电子信号所占的时间或占空比,如图2-76所示。

⑤阵列。所谓电子信号的阵列就是指组成专门信息信号的重复方式,如图2-77所示。

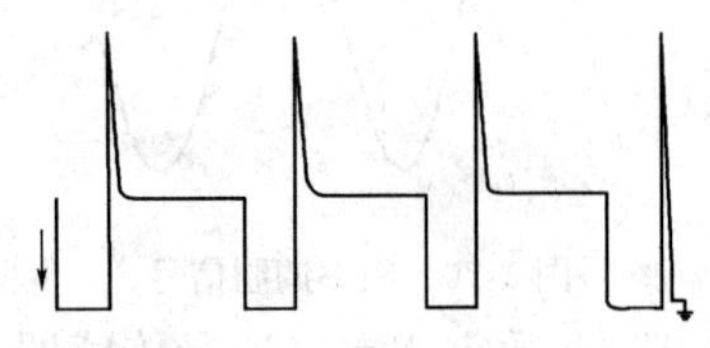
图2-75 形状

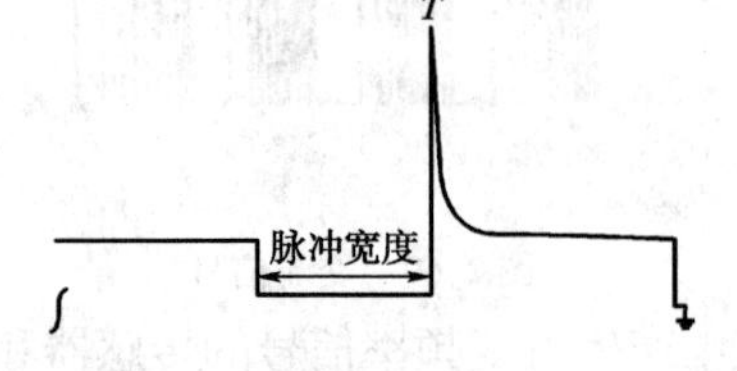

图2-76 脉冲宽度

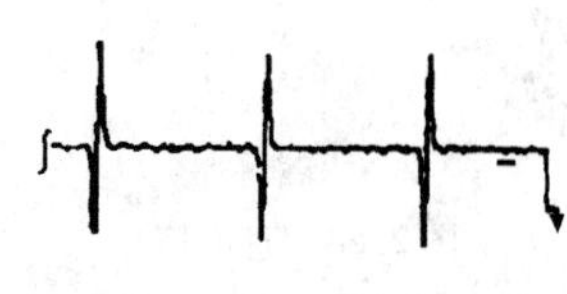
图2-77 阵列

(3)电子信号与判定依据的关系,如表2-24所示。

2. 空气流量传感器信号波形检测、分析。

(1)翼板式空气流量计信号波形检测、分析。

①波形测试方法:

电子信号与判定依据的关系 表2-24

信号类型	判定依据				
	幅度	频率	形状	脉冲宽度	阵列
直流	√				
交流	√	√	√		
频率调制	√	√	√		
脉宽调制	√	√	√	√	
串行数据	√	√	√	√	√

a. 连接好波形测试设备,信号探针接传感器信号输出端子,搭铁探针接搭铁。

b. 如图2-78所示,进行测试。关闭所有附属电气设备,起动发动机,并使其怠速运转。当怠速稳定后,检查怠速时输出信号电压。做加速和减速试验,应有类似图中波形出现。将发动机转速从怠速加速至油门全开(加速时不宜太急),油门全开后持续2s,但不要使发动机超速运转;再将发动机降至怠速运转并保持2s,再从怠速急加速使发动机油门全开,然后再收油

门使发动机怠速运转；定住波形。

②波形特点，如图 2-79 所示。

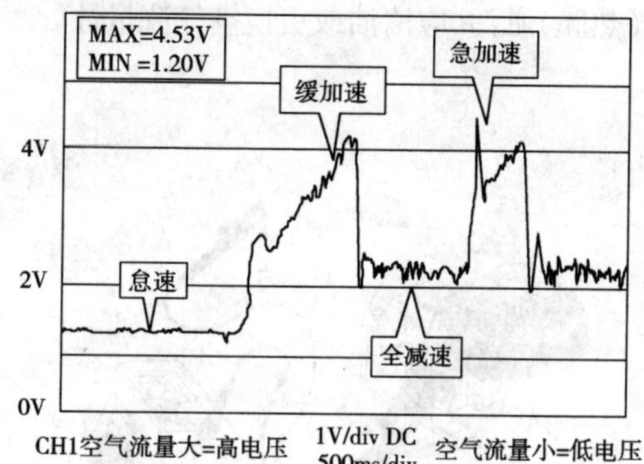

图 2-78　翼板式空气流量计波形测试

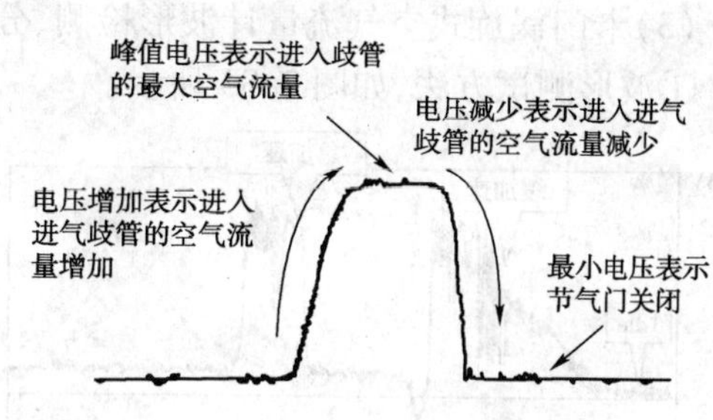

图 2-79　翼板式空气流量计波形特点

空气流量的大小与测量片的开度成正比；电压增加表示进入进气歧管的空气流量增加；峰值电压表示进入歧管的最大空气流量；电压减小表示进入进气歧管的空气流量减少；最小电压表示节气门关闭。

③波形分析：

a. 正常的翼板式空气流量计怠速时输出电压约为 1V，节气门全开时应超过 4V，通常输出电压随空气流量增加而升高。

b. 波形的幅值在气流不变时应保持稳定，一定的空气流量应有相对应的输出电压。

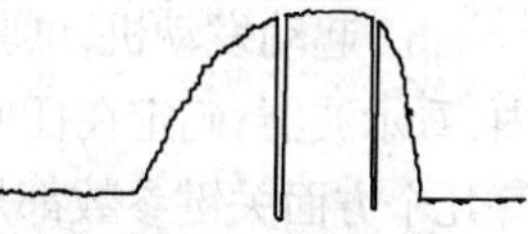

图 2-80　故障波形

c. 如果波形中出现向下的毛刺，表示出现间隙性开路或搭铁短路，如图 2-80 所示。

d. 急加速时，波形中的小尖锋，是由于翼片过量摆动造成的，这不是故障，是正常波形。

(2) 热线（热膜）式空气流量计波形检测、分析。

①波形测试方法，如图 2-81 所示。

图 2-81　热线式空气流量计波形测试方法

a. 连接波形测试设备，信号探针接传感器信号输出端子，搭铁探针搭铁。

b. 关闭所有附属电气设备，起动发动机，并使其怠速运转。当怠速稳定后，检查怠速时输出信号电压。做加速和减速试验：将发动机转速从怠速加到油门全开（加速过程中油门以缓中速打开），持续 2s，不宜超速；再减速回到怠速状况，持续约 2s；再从怠速加速至油门全开，然后再回到怠速；定住波形，仔细观察空气流量计波形。

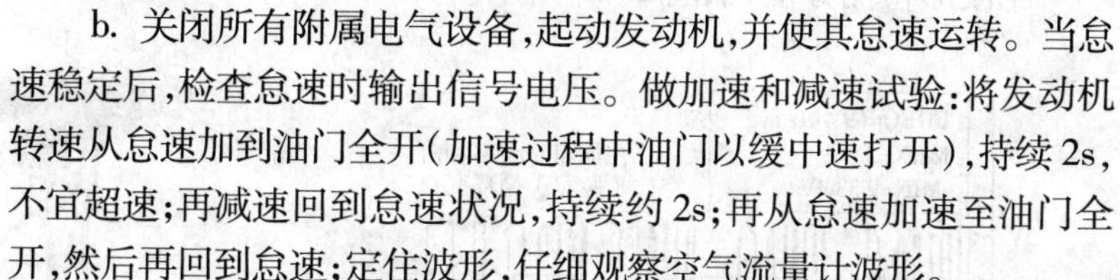
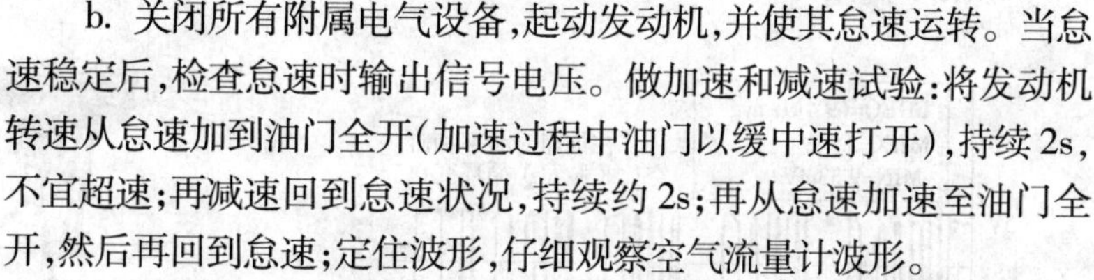

②波形特点如图 2-82 所示，通常热线式空气流量计输出电压范围是从怠速时超过 0.2V 变至油门全开时超过 4V，当全减速时输出电压比怠速时的电压稍低。

③波形分析：

a. 发动机运转时，波形的幅值在不断地波动，这是正常的，因为热线（热膜）式空气流量计中没有运动部件，因此没有惯性，所以它能快速地对空气流量的变化做出反应。

b. 不同的车型输出电压有很大的差异，在怠速时信号电压是否为 0.25V 左右是判断空气流量计好坏的方法之一。

c. 空气流量计在怠速时输出信号太高,而节气门全开时输出电压又达不到4V,则说明空气流量计损坏;如果在车辆急加速时,空气流量计输出信号电压波形上升缓慢,而在急减速时,空气流量计输出信号电压下降缓慢,则说明空气流量计的热线(热膜)脏污,应清洁或更换空气流量计。

(3)卡门涡旋式空气流量计波形检测、分析。

①波形测试方法,如图2-83所示。

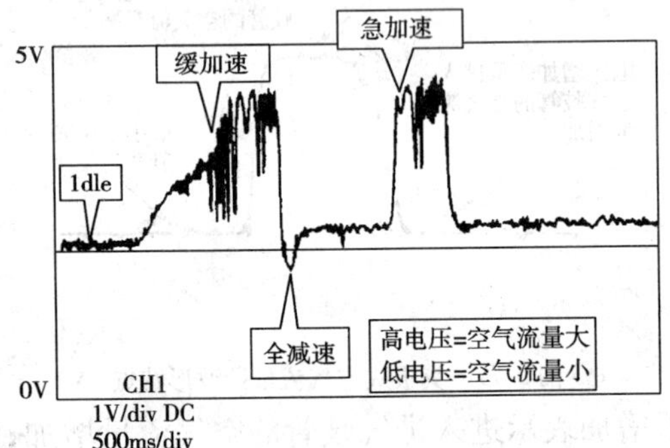

图2-82 热线式空气流量计波形特点

图2-83 卡门涡旋式空气流量计波形测试方法

a. 正确连接波形测试设备,信号探针接传感器信号输出端子,搭铁探针搭铁。

b. 起动发动机,试验不同转速时的情况,把较多的时间用在测试发动机性能有问题的转速段内,看示波器;确定在任何给定的运行方式下,波形的重复性和精确性在幅值、频率、形状、脉冲宽度等几个方面关键参数都是相同的;确定在稳定的空气流量的情况下,空气流量计能产生稳定频率。

②波形特点,如图2-84所示。

③波形分析:

a. 在大多数情况下,波形的上限应接近5V,下限应接近0V。

b. 在稳定的空气流量下,空气流量计产生的频率也应该是稳定的。

c. 在空气流量计工作正常时,脉冲宽度将随加速的变化而变化,波形无峰尖或圆角。

3. 进气歧管绝对压力传感器信号波形检测、分析。

(1)半导体压敏电阻(模拟输出)进气歧管绝对压力传感器信号检测、分析。

①波形检测方法,如图2-85所示。

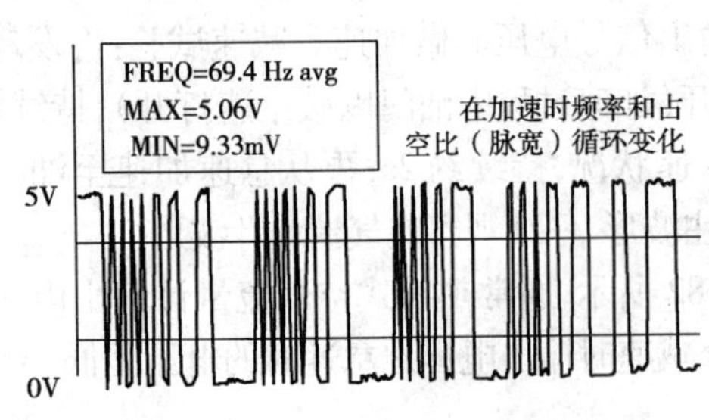

图2-84 卡门涡旋式空气流量计波形特点

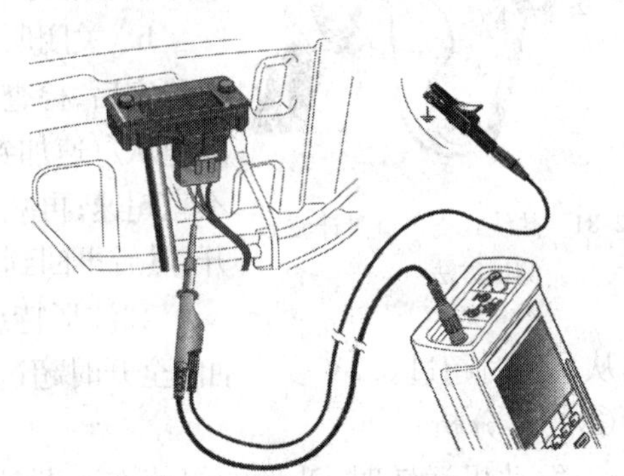

图2-85 歧管压力传感器信号波形检测方法

a. 连接好波形测试设备,信号探针接传感器信号输出端子,搭铁探针搭铁。

b. 关闭所有附属电气设备,起动发动机,并使其怠速运转,怠速稳定后,检查怠速输出信

号电压。做加速和减速试验。将发动机转速从怠速加到油门全开(加速过程中油门缓中速打开),并持续约2s,不宜超速;再减速回到怠速状况,持续约2s;急加速至油门全开,然后再回到怠速;将波形定位在屏幕上,观察波形并与波形图比较。

②波形特点,如图2-86所示。

③波形分析:

a. 通常进气压力传感器的输出电压在怠速时为1.25V,当节气门全开时略低于5V,全减速时接近0V。

b. 大多数进气压力传感器在进气歧管压力低时,产生对地的电压信号(接近0V),而进气歧管压力高时产生电压信号高(接近5V),如图2-87所示。但有些传感器设计成相反方式即进气歧管压力低时产生高电压,进气歧管压力高时产生低电压。

c. 当传感器输出电压不随发动机进气歧管压力变化时,表明传感器损坏。

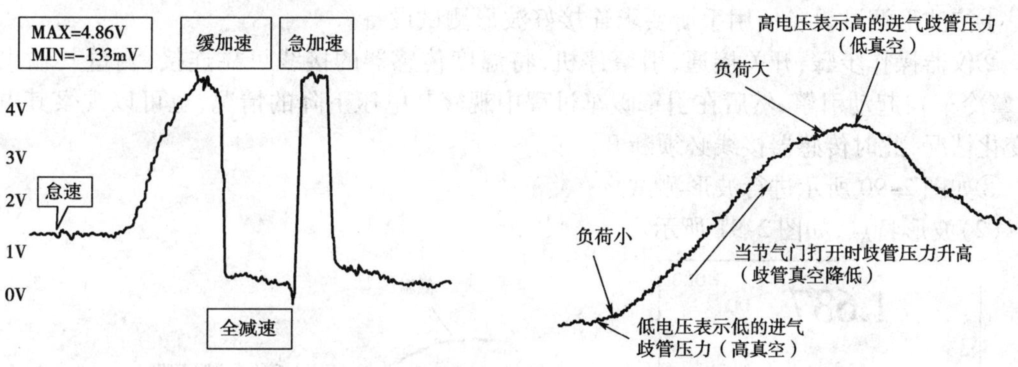

图2-86　歧管绝对压力传感器信号波形特点　　图2-87　歧管压力与电压的关系

(2)电容(数字输出)式进气歧管绝对压力传感器信号波形检测、分析。

①波形检测方法,如图2-88所示。

a. 连接好波形检测设备,信号探针接传感器信号输出端子,搭铁探针搭铁。

b. 发动机运转,怠速稳定后,检查怠速输出信号波形,然后做加速和减速试验。将发动机转速从怠速缓缓地加速到油门全开,并保持约2s,不宜太快;再减速回到怠速状况,持续约2s;急加速至油门全开,然后再回到怠速。

②波形特点,如图2-89所示。

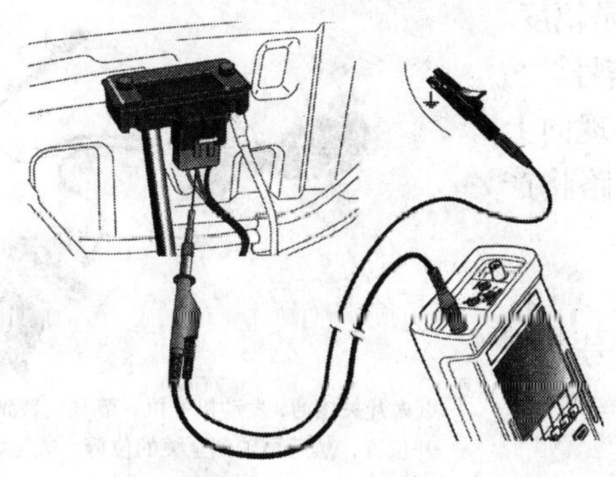

图2-88　波形检测方法

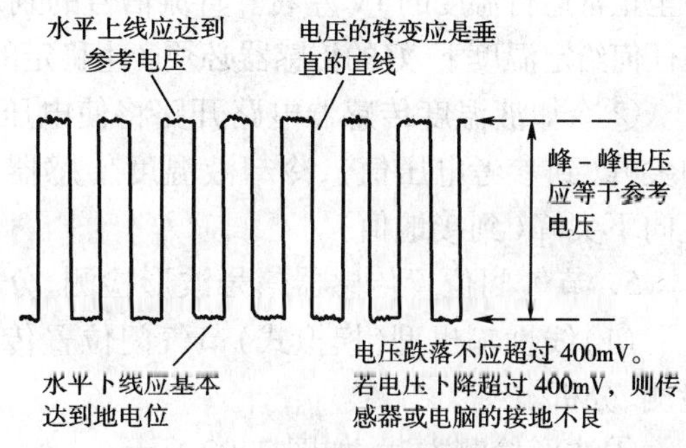

图2-89　歧管绝对压力传感器信号波形特点

③波形分析：

a. 传感器信号的频率随进气的改变而改变，当处于大气压时，输出信号频率为160Hz，在怠速时进气歧管压力为36kPa，产生的频率约为105Hz。

b. 确定判定参数：幅值、频率和形状是相同的，精确性和重复性好，幅值接近5V，频率随进气歧管压力变化，形状保持不变，即表明传感器性能良好。

c. 可能的缺陷和参数值的偏差主要是频率值不正确，脉冲宽度变短和不正常尖峰等。

4. 温度传感器信号波形检测、分析。

冷却液温度传感器和进气温度传感器的检测方法和波形基本相同，通常有正温度系数和负温度系数两种，一般采用负温度系数。下面以负温度系数热敏电阻发动机冷却液温度传感器为例介绍波形检测、分析。

(1)波形检测方法。

①按波形测试设备使用手册要求连接好波形测试设备。

②仪器操作步骤：开关接通，引擎停机，将温度传感器的接线可靠连接，测量其输出电压(引擎冷车)：起动引擎，然后在引擎暖车过程中观察其电压下降的情况，也可以观察其电阻值的变化情况，此时传感器接线必须断开。

③如图2-90所示进行波形测试。

(2)波形特点，如图2-91所示。

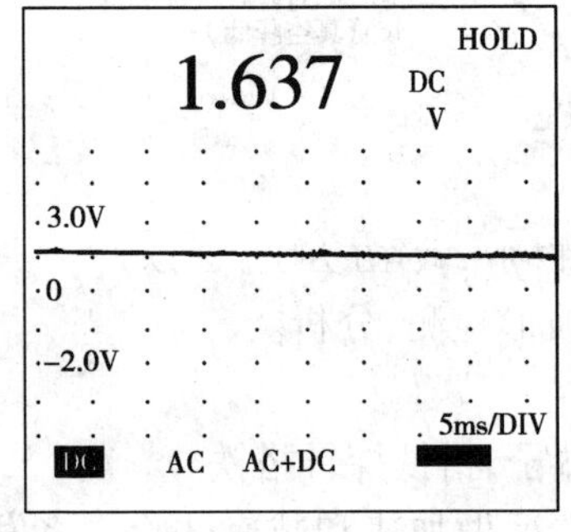

图2-90　温度传感器波形检测方法

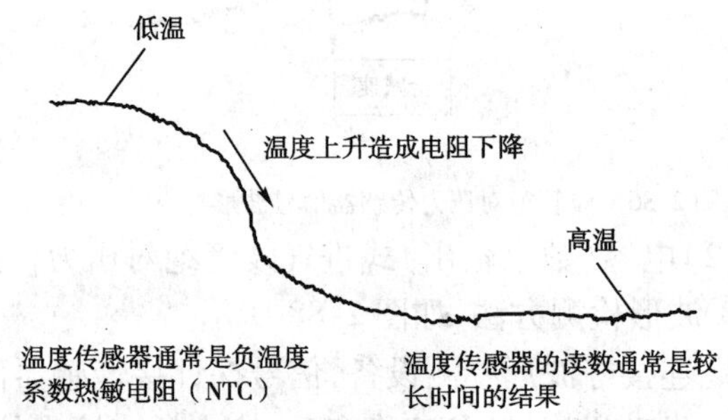

图2-91　温度传感器波形特点

(3)波形分析：

①通常汽车上温度传感器的反馈电压应为3～5V(全冷态)，然后随着温度的升高反馈电压减少至正常运行温度的1V左右。直流信号的判定依据是幅度。在任何给定温度下，好的传感器必须产生稳定的反馈信号。

②冷却液温度传感器电路开路将使电压波形出现向上的尖峰(到参考电压值)，冷却液温度传感器电路短路将产生向下尖峰(到接地值)。

5. 节气门位置传感器信号波形检测、分析。

(1)线性输出型(模拟式)节气门位置传感器信号波形检测、分析。

①波形检测方法，如图2-92所示。

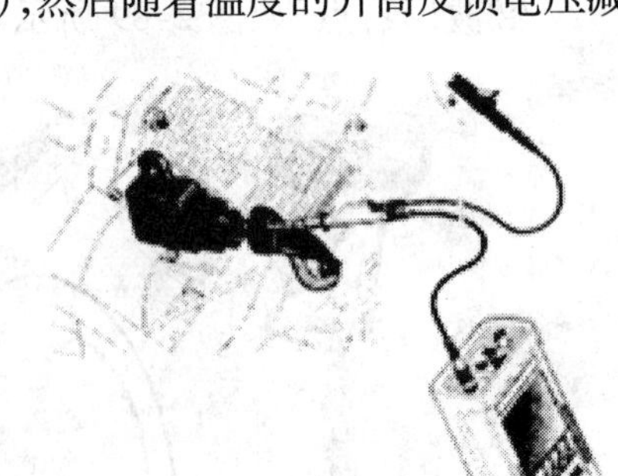

点火开关接通，发动机停机，节气门转到全开位置，然后再转到全关的位置，或是相反。

图2-92　节气门位置传感器波形检测方法

a. 连接好波形测试设备，信号探针接传感器信号输出

端子,搭铁探针搭铁。

b. 打开点火开关,发动机不运转,慢慢地让节气门从关闭位置到全开位置,并重新返回至关闭位置。慢慢地反复这个过程几次。

②波形特点,如图 2-93 所示。

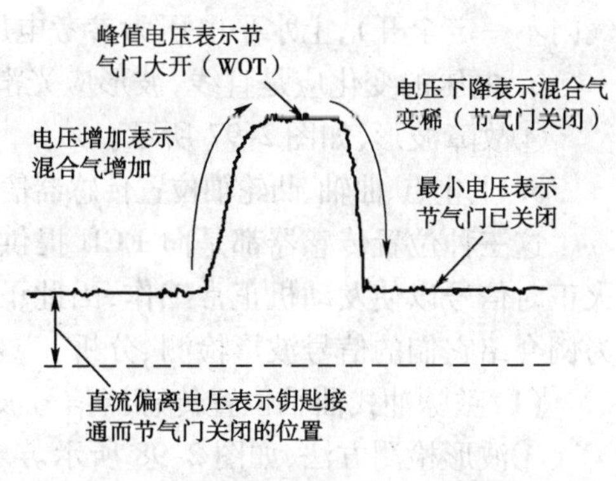

图 2-93　节气门位置传感器波形特点

③波形分析:

a. 通常传感器的电压应从怠速时的低于 1V 到节气门全开时的低于 5V,波形上不应有任何断裂、对地尖峰或大跌落。

b. 应注意在前 1/4 节气门开度中的波形,此开度是节气门传感器在汽车运行中最常用的碳膜部分,传感器的前 1/8 至 1/3 的碳膜通常首先磨损。

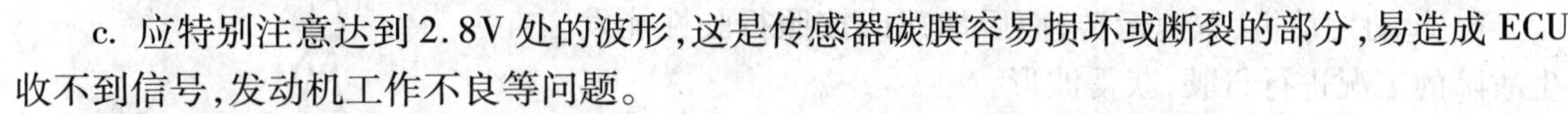

c. 应特别注意达到 2.8V 处的波形,这是传感器碳膜容易损坏或断裂的部分,易造成 ECU 收不到信号,发动机工作不良等问题。

④故障波形,如图 2-94 所示。

波形不平滑,向下有毛刺。毛刺说明传感器电压信号有间断,电位器有短路或间隙性开路。

(2)开关量输出型节气门位置传感器信号波形检测、分析。

①波形检测方法,如图 2-95 所示。

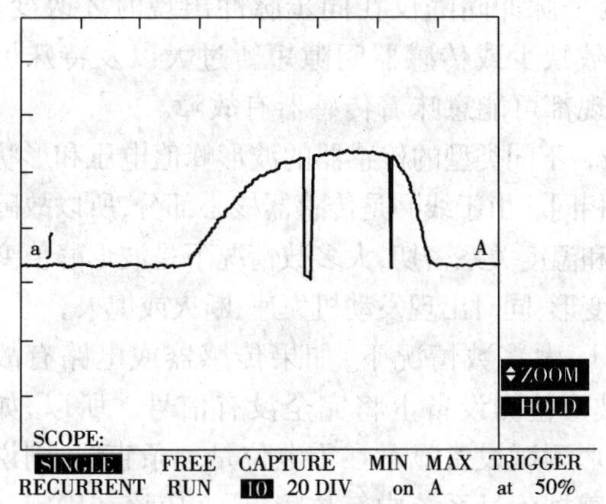

图 2-94　节气门位置传感器故障波形

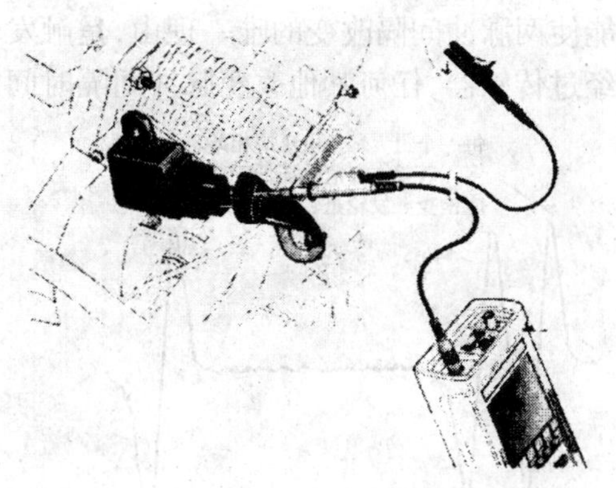
图 2-95　节气门位置传感器波形检测方法

a. 连接好波形测试设备,信号探针接传感器信号输出端子,搭铁探针搭铁。

b. 打开点火开关,发动机不运转,慢慢地让节气门从关闭位置到全开位置,并重新返回至关闭位置。慢慢地反复这个过程几次。

②波形特点,如图 2-96 所示。

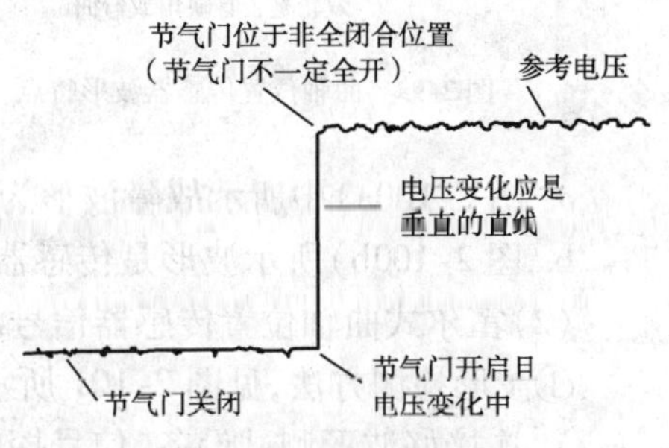

图 2-96　节气门位置传感器波形特点

③波形分析:

a. 下水平电压表示节气门关闭,下水平电压在零位;上水平电压表示节气门位于非完全闭合位置(节气门不一定全开),上水平电压为参考电压。

b. 电压的变化应是直线,波形应光滑无毛刺、无波动。

④故障波形,如图 2-97 所示。

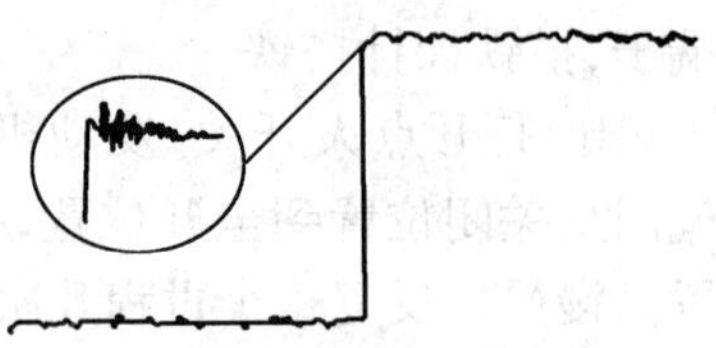

波形不平滑，有微小的波动。故障原因：可能是接触不良或节气门回拉弹簧松弛

图 2-97　节气门位置传感器故障波形

6. 上止点、曲轴、凸轮轴位置传感器信号波形检测与分析。

这三种位置传感器都是向 ECU 提供一个准确而有效的点火正时信号以使发动机正常工作,因此下面以曲轴位置传感器为例介绍它们的信号波形检测、分析。

(1)磁脉冲式曲轴位置传感器信号波形检测、分析。

①波形检测方法,如图 2-98 所示。

a. 连接波形测试设备,信号探针接传感器信号端子,搭铁探针搭铁。

b. 起动发动机,怠速运转,而后加速或按照行驶性能发生故障的工况进行行驶,获得波形。

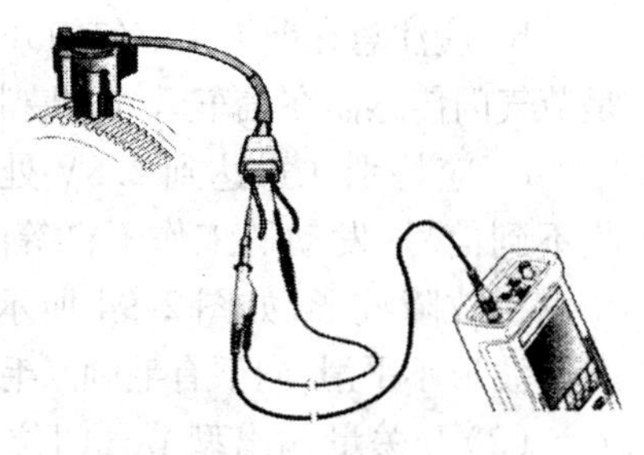

图 2-98　曲轴位置传感器波形检测方法

②波形特点,如图 2-99 所示。

③波形分析:

a. 波形的幅值、频率和形状在确定的条件下(如相同转速)应是一致的、可重复的、有规律的和可预测的。

b. 脉冲的频率应同发动机的转速同步变化,两个脉冲间隔仅在同步脉冲出现时才改变。能使两脉冲间隔改变的唯一理由,是触发轮上的齿数缺少或传感器间隙短暂过大以及特殊齿经过传感器,任何其他改变脉冲间隔时间的波形出现都可能意味着传感器有故障。

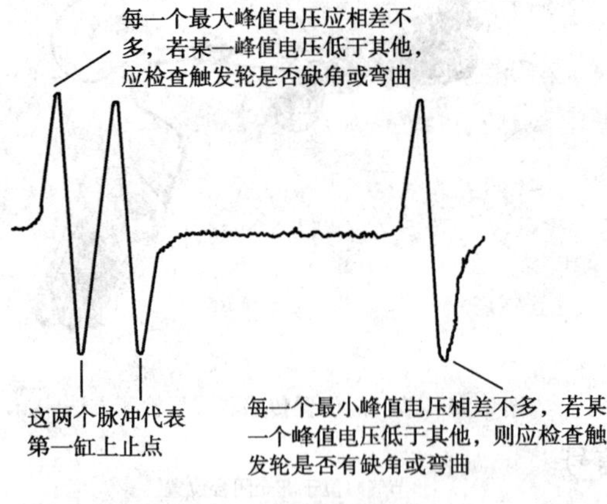

图 2-99　曲轴位置传感器波形特点

c. 不同类型的传感器的波形峰值电压和形状并不相同。由于线圈是传感器核心部分,所以故障往往和温度关系密切,大多数情况下是波形峰值变小或变形,同时出现发动机失速、断火或熄火。

d. 大多数情况下,如果传感器或电路有故障,波形检测设备上将完全没有信号。所以,如果波形测试设备显示在零电位是一条直线,则说明传感器信号系统中有故障,那么应该在确定波形测试设备到传感器的连接正常后,进一步检查相关的零件(分电器轴、曲轴、凸轮轴)是否旋转,传感器间隙是否合适和传感器有无故障。

④故障波形,见图 2-100 所示。

a. 图 2-100a)中所示故障波形为齿槽中填有异物造成的。

b. 图 2-100b)所示波形是传感器触发轮安装不当造成的。

(2)霍尔式曲轴位置传感器信号波形检测、分析。

①波形检测方法,见图 2-101 所示。

a. 连接好波形测试设备,信号探针接传感器信号输出端子,搭铁探针搭铁。

b. 起动发动机,观察霍尔传感器的输出信号。

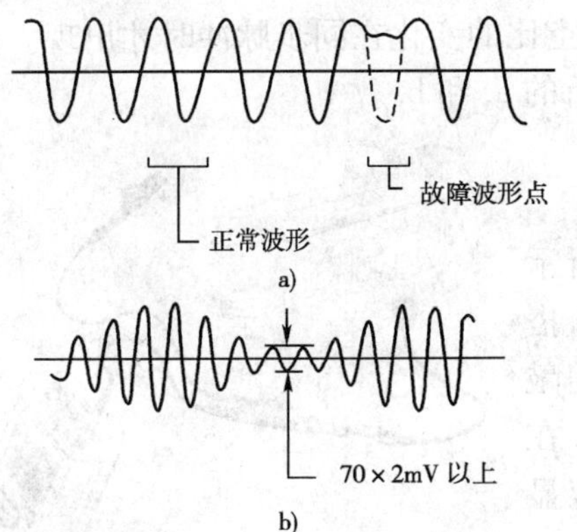

图 2-100　磁脉冲式曲轴位置传感器故障波形

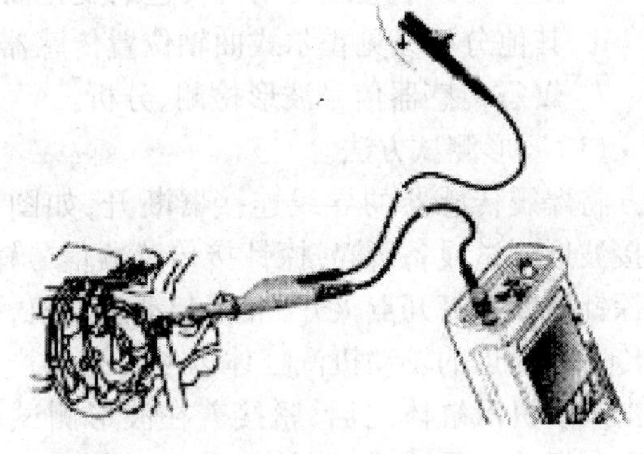

图 2-101　波形检测方法

②波形特点，见图 2-102 所示。

③波形分析：

a. 波形频率应与发动机转速相对应，当同步脉冲出现时，占空比才改变，能使占空比改变的唯一理由是不同宽度的转子叶片经过传感器，否则意味着有故障。

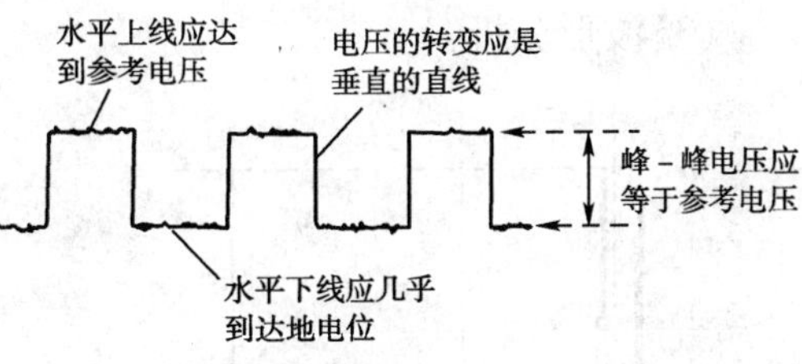

图 2-102　霍尔式曲轴位置传感器波形特点

b. 如果在波形测试设备 0V 电压处显示一条直线，则应确认波形测试设备和传感器连接良好；确认相关零件（分电器、曲轴、凸轮轴）都在转动；检查电源电压和传感器参考电压。

c. 如果有脉冲信号存在，应确认从一个脉冲到另一个脉冲的幅度、频率和形状等判定性依据。

（3）光电式曲轴位置传感器信号波形检测、分析。

①波形检测方法，如图 2-103 所示。

a. 连接好波形测试设备，信号探针接传感器信号输出端子，搭铁探针搭铁。

b. 起动发动机，怠速运转，而后加速或按照行驶性能发生故障的需要进行驾驶，获得波形。

②波形特点，如图 2-104 所示。

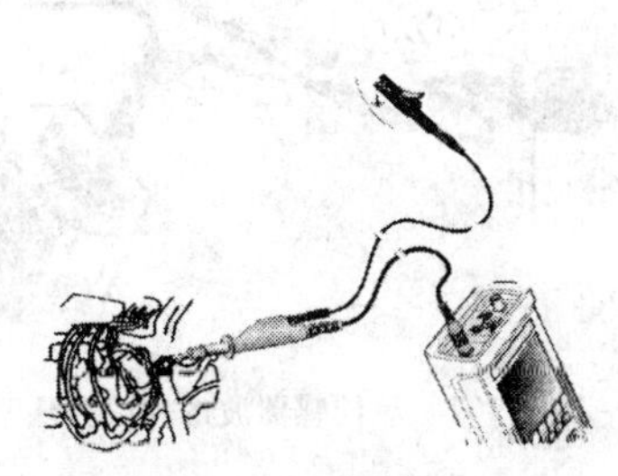

图 2-103　波形检测方法

图 2-104　光电式曲轴位置传感器信号波形

③波形分析：

a. 检查波形幅值的一致性，由于传感器供电电压不变，因此所有波形的高度均应相等。

b. 检查波形形状的一致性，观察波形上下部的拐角。

c. 波形的频率应随发动机转速的变化而变化,占空比的变化在同步脉冲时才出现。

d. 其他分析参见霍尔式曲轴位置传感器波形分析的 a. 和 b. 。

7. 爆震传感器信号波形检测、分析。

(1)波形测试方法。

将爆震传感器的导线连接器断开,如图 2-105 所示连接波形测试设备,信号探针接传感器信号输出端子,搭铁探针搭铁。打开点火开关,不起动发动机,使用木槌敲击传感器附近的发动机汽缸体以使传感器产生信号。在敲击发动机汽缸体之后,紧接着在波形测试设备上应显示有一振动信号波形,敲击越重,振动幅度就越大。

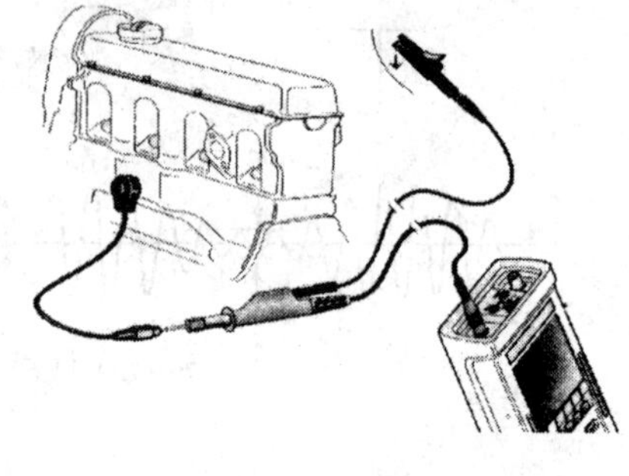

图 2-105　爆震传感器信号波形检测方法

(2)波形特点,如图 2-106 所示。

(3)波形分析:

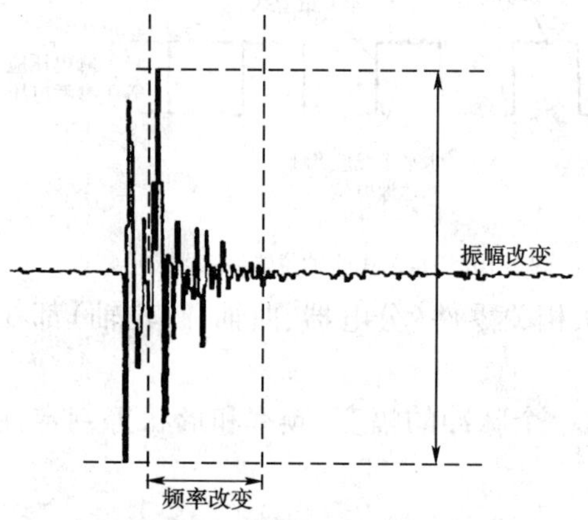

图 2-106　爆震传感器波形特点

①敲击发动机机体后显示的振动波形与敲击程度有关,敲击越重,振动幅度越大。

②如果敲击传感器时的波形是一条水平直线,应检查传感器和示波器的连接是否良好,然后检查线路有无问题,最后判断是否传感器出了问题。

8. 氧传感器波形检测、分析。

目前,氧传感器主要有二氧化锆和二氧化钛两类。现在一般电控汽车上的氧传感器都是二氧化锆型的,其输出信号电压范围为 0 ~ 1V,而二氧化钛型的氧传感器输出信号为 5V 或 1V 的可变电压信号,下面主要以二氧化锆型为例介绍其波形检测、分析。

(1)波形测试方法。

①如图 2-107 连接波形检测设备,信号探针接传感器信号输出端,搭铁探针搭铁。

②以 2500r/min 的转速预热发动机和氧传感器 2 ~ 6min,然后再让发动机怠速运转 20s。

③在 2s 内将发动机节气门从全闭(怠速)至全开 1 次,重复进行 5 ~ 6 次。不要使发动机空转转速超过 4000r/min。

④定住波形。

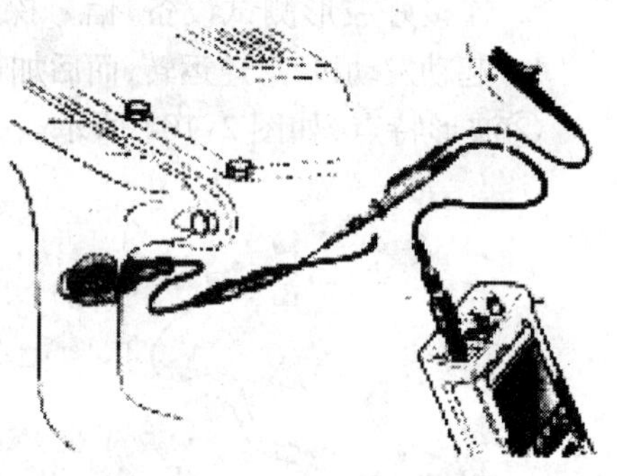

图 2-107　氧传感器波形检测方法

(2)波形特点,如图 2-108 所示。

(3)波形分析:

①一个好的氧传感器输出的信号电压波形,应符合表 2-25 所列的值。

②对安装双氧传感器的汽车,安装在三元催化转化器后的氧传感器信号电压的波动应比装在三元催化转化器前的电压波形小得多。当三元催化转化器失效后,这是前后两氧传感器

的信号电压波形就趋于相同，并且电压波动也趋于一致，出现此情况，应更换三元催化转化器。波形如图2-109所示。

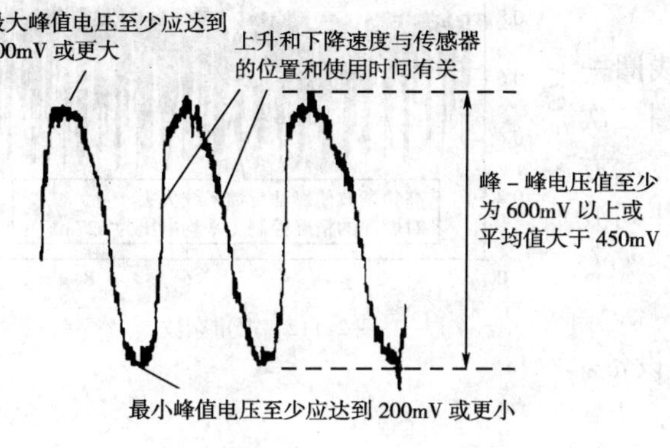

图2-108　氧传感器波形特点

氧传感器输出信号电压值　表2-25

要　素	测量参数描述	允许范围
1	最高电压	大于850 mV
2	最低电压	75 mV ~175mV
3	从浓到稀的允许响应时间（允许中间的下降沿）	少于100ms（波形在300 ~ 600ms应该垂直下降）

③杂波。

a. 增幅杂波如图2-110所示，指在氧传感器的信号电压波形中经常出现300 ~ 600mV的一些不重要的杂波。增幅杂波大多是由氧传感器自身化学特性引起，因此称为无关性杂波。

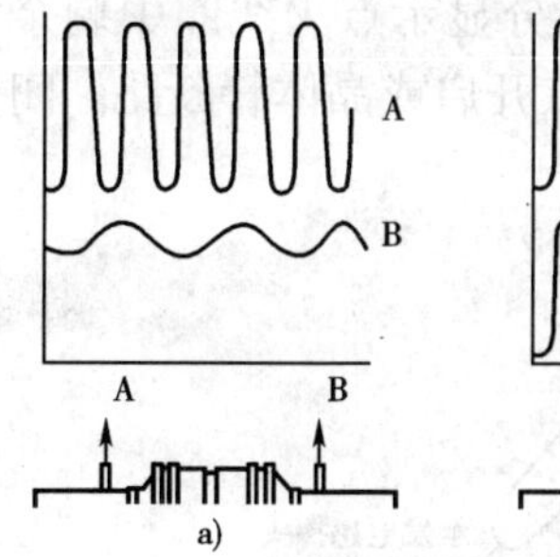

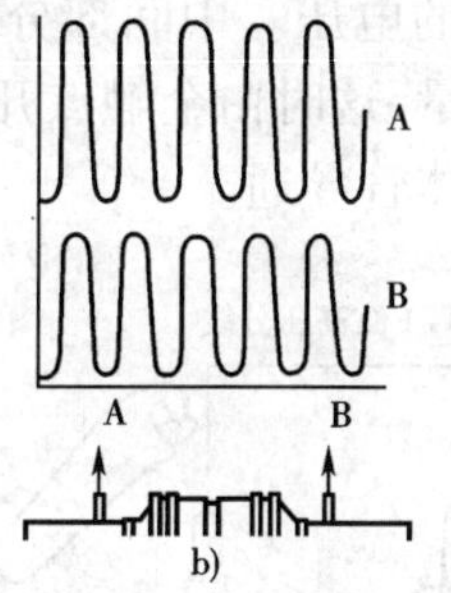

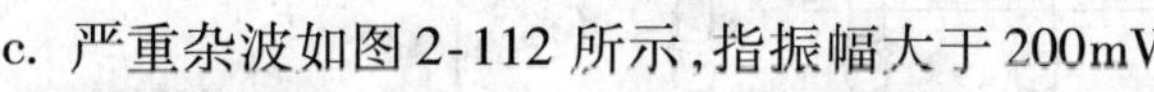

图2-109　双氧传感器信号电压波形分析图

a）三元催化转化器正常；b）三元催化转化器不正常

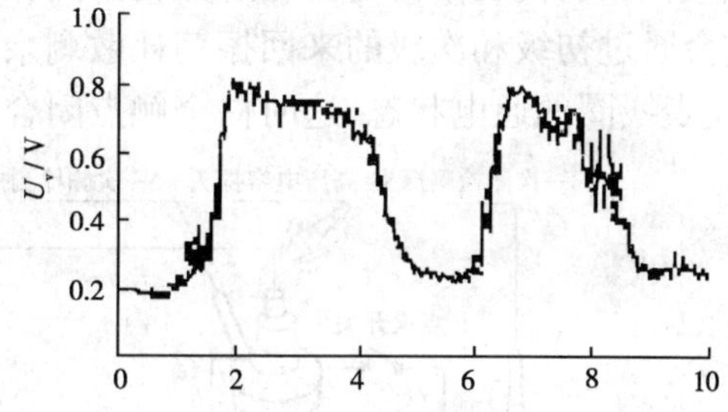

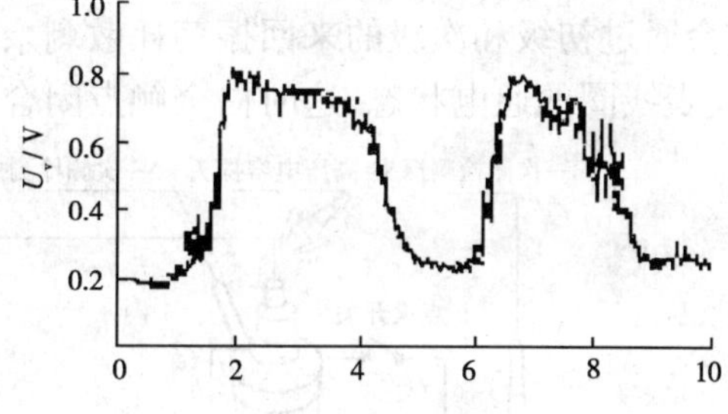

图2-110　增幅杂波

b. 中等杂波如图2-111所示，指在信号电压波形的高压段部分向下的尖峰。中等杂波尖峰幅值不大于150mV，当氧传感器的波形超过450mV时，中等杂波会达到200mV。中等杂波对特定的故障诊断可能有用，它与燃油反馈系统的类型、发动机的运行方式（如在发动机怠速运转时氧传感器信号电压波形上的杂波较多）、发动机的系列、氧传感器的类型有很大关系。

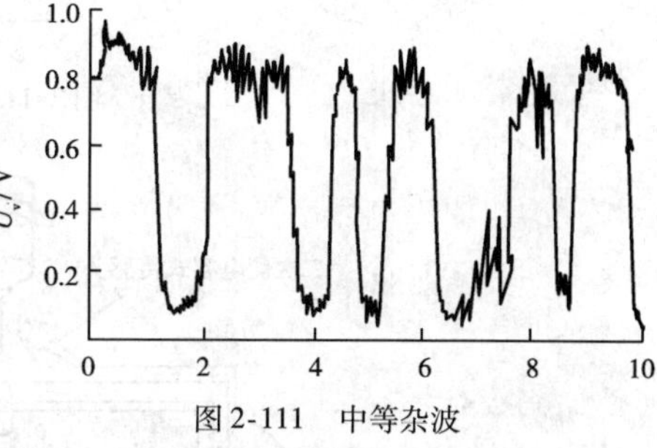

图2-111　中等杂波

c. 严重杂波如图2-112所示，指振幅大于200mV的杂波，在示波器上表现为从氧传感器的信号电压波形顶部向下冲（冲过200mV或达到信号电压波形的底部）的尖峰，并且在发动机持续运转期间它会覆盖氧传感器的整个信号电压范围。发动机处在稳定的运行方式时，例如稳定在2500r/min时，如果严重杂波能持续几秒，则意味着发动机有故障，通常是点火不良或各缸喷油量不一致。因此，这类杂波必须予以排除。

d. 杂波的产生通常是由发动机点火不良、燃油雾化不好（如喷油器堵塞）、结构原因（如各缸的进气管长度不同)、零件老化及其他各种故障(如进气管堵塞、进气门卡滞等)引起的。

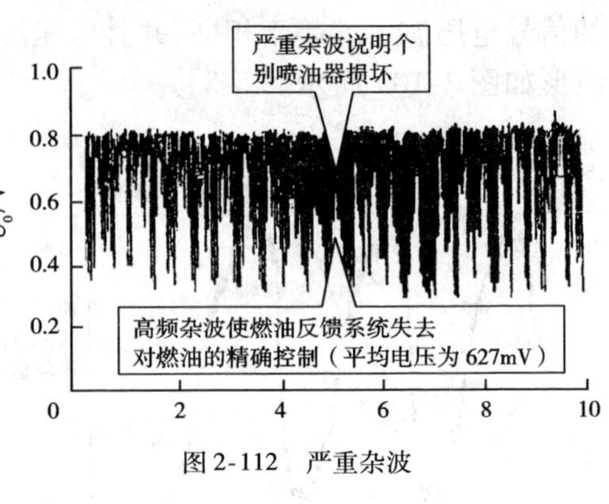

图 2-112　严重杂波

9. 发动机点火波形检测、分析。

点火波形按电路的测试点可分成点火线圈一次波形(也称点火初级低压波形)和点火线圈二次侧波形(也称点火次级高压波形)两种,其显示方式可分为单缸波形,平列波形,重叠波形和并列波形四种。下面以二次侧波形介绍为主要内容。

(1)波形测试方法。

①如图 2-113 和图 2-114 连接波形检测设备。

②选择相应测试项目和波形显示方式。

③发动车辆,使汽车行驶性能故障或点火不良等情况出现,定住波形。

(2)波形分析:

①次级点火单缸标准波形分成三个部分,如图 2-115 所示。点火部分有一条点火线和一条火花线,点火线是一条垂直的线,它代表克服火花塞空气间隙所需的电压。火花线则是一条近似水平的线,代表维持电流通过火花塞间隙所需的电压。中间部分显示点火线圈中剩余能量,它会通过初级和次级的来回振荡耗散剩余的能量,这时白金触点开启或晶体管断路。闭合部分代表线圈的通电状态,这时白金触点闭合或晶体管导通。

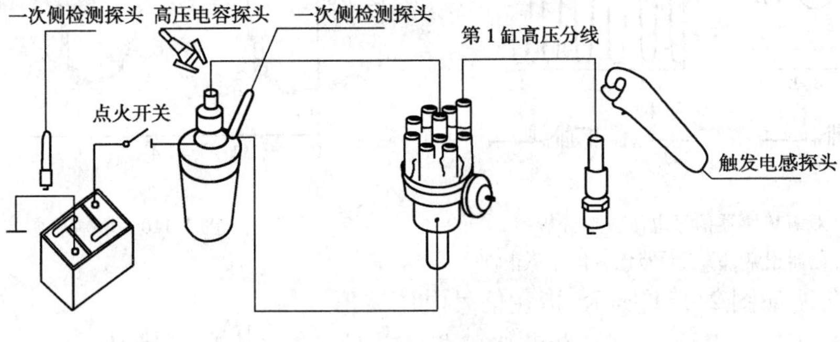

一次侧检测探头　高压电容探头　一次侧检测探头

第 1 缸高压分线

点火开关

触发电感探头

图 2-113　点火性能检测的连接方式

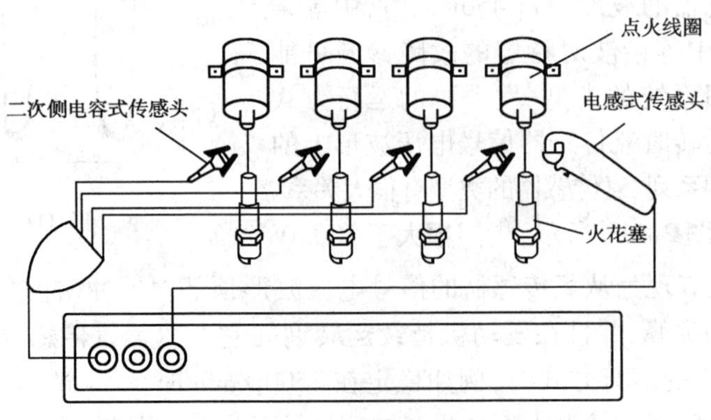

图 2-114　直接点火系统的连接方式

②分析次级点火波形的要点。

a. 看闭合部分,如图2-116所示。观察点火线圈在开始充电时是否保持相对一致的波形的下降沿,下降沿一致,表明各缸闭合角一致,点火正时正确。

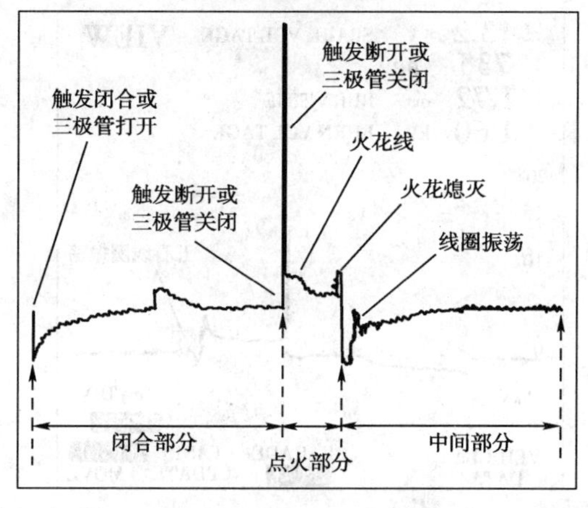

图2-115　次级点火单缸标准波形

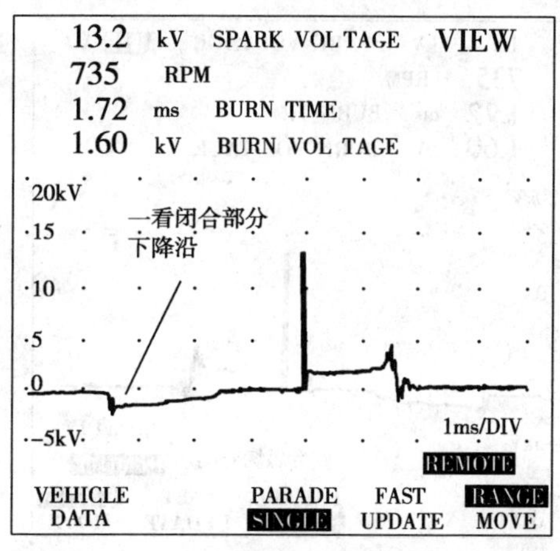

图2-116　闭合部分

b. 看点火线,如图2-117所示。观察各缸点火电压高度是否一致,是否符合该车技术参数,点火线的中后段是否有杂讯。怠速时,次级点火电压通常为10~15kV,在急加速或高负荷时,点火电压相应增加。点火电压太高,表明在次级线路中存在高电阻(如火花塞、高压线开路或损坏;火花塞间隙过大)。点火电压太低,表明点火次级电路电阻低于正常值(如火花塞间隙小、高压线漏电等)。点火线中后段有特别粗的杂讯,表明可能喷油嘴或进气阀上积炭严重。

c. 看火花线,如图2-118所示。观察火花线或燃烧电压的相对一致性,它说明火花塞工作和各缸空燃比正常与否,如果混合气太稀,燃烧电压就比正常值低些。火花线上有过多杂波表明汽缸点火不良或点火过早等。

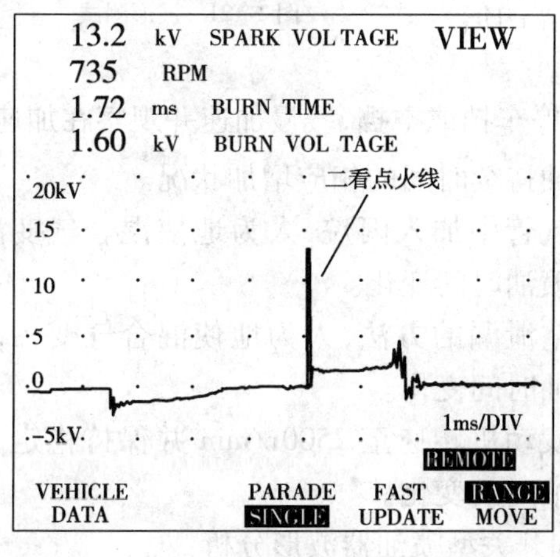

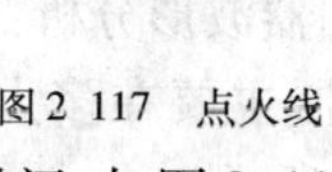

图2 117　点火线

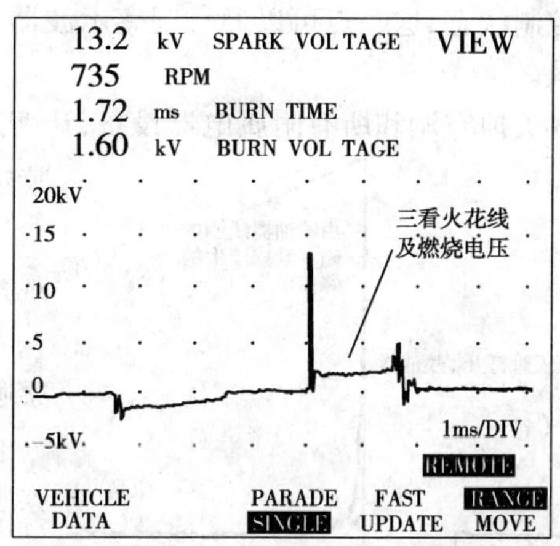

图2-118　火花线

d. 看燃烧时间,如图2-119所示。看燃烧时间是否符合该车技术参数,燃烧时间长短表明汽缸内的混合气的浓与稀。燃烧时间过长(通常超过2ms)表示混合气过浓。燃烧时间过短

（通常少于 0.75ms），表示混合气过稀。

e. 看线圈振荡情况，如图 2-120 所示。点火线圈的振荡波最少 2 个，最好多于 3 个，这表明点火线圈和传统点火系中的电容器是好的。

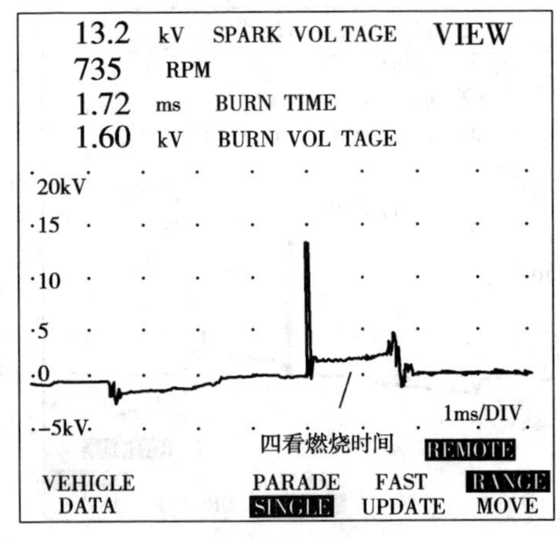

图 2-119 燃烧时间

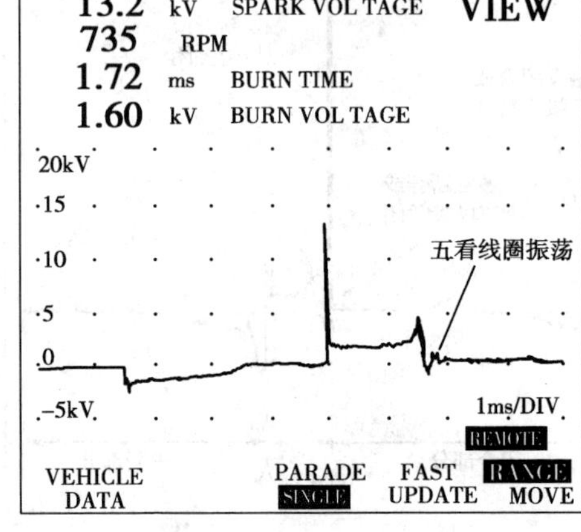

图 2-120 线圈振荡

10. 喷油器波形检测、分析。

喷油器的控制有饱和开关型、峰值保持型、脉冲宽度调制型类型的喷油器产生的波形不同，但其测试步骤及方法基本相同。

（1）波形测试方法。

①如图 2-121 所示，连接示波器的信号探针到喷油器的负极线，搭铁探针搭铁。

②起动发动机，以 2500r/min 的转速保持加速踏板 2～3min，直至发动机完全热机，同时使燃油反馈控制系统进入闭环控制状态，这一点可以通过观察示波器上氧传感器的信号来确认。

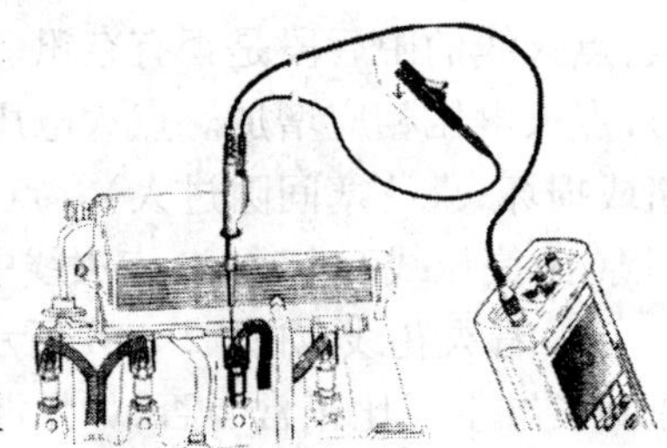

图 2-121 波形测试

③关掉空调和所有附属电器设备，让变速杆置于停车挡或空挡，缓慢加速并观察在加速时喷油器的喷油持续时间的相应增加状况。

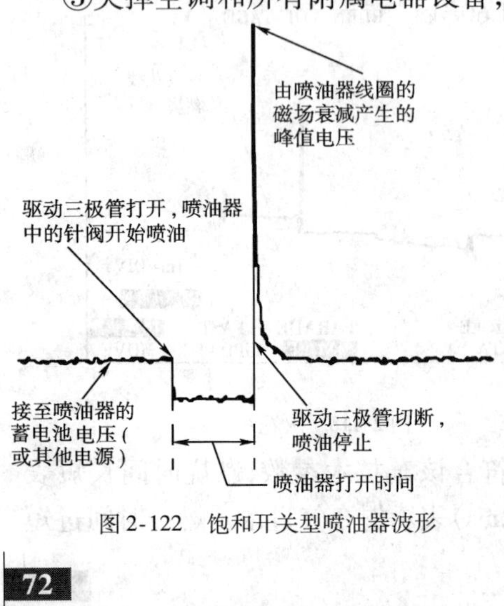

④从进气管中加入丙烷，人为地使混合气变浓，观察喷油器喷油时间变化。

⑤用真空泄漏的方法，人为地使混合气变稀，观察喷油器喷油时间变化。

⑥提高发动机转速至 2500r/min 并保持稳定，观察喷油器喷油时间变化。

（2）饱和开关型喷油器波形分析：

①饱和开关型喷油器主要在多点燃油喷射系统中使用，波形如图 2-122 所示。

由喷油器线圈的磁场衰减产生的峰值电压

驱动三极管打开，喷油器中的针阀开始喷油

接至喷油器的蓄电池电压（或其他电源）

驱动三极管切断，喷油停止

喷油器打开时间

图 2-122 饱和开关型喷油器波形

②从进气管中加入丙烷，使混合气变浓，如果系

统正常，喷油器喷油持续时间将缩短，这是它试图对浓混合气修正的结果。

③人为造成真空泄漏，使混合气变稀，如果系统正常，喷油器喷油持续时间将增加，这是它试图对稀混合气进行补偿的结果。

④发动机转速升至2500r/min，并保持稳定时，许多燃油喷射系统进入空燃比闭环控制，喷油器的喷油持续时间能被调节得稍长至稍短。通常喷油器喷油持续时间在正常全浓至全稀范围内在0.25～0.5ms变化。

⑤当加入丙烷或人为造成真空泄漏时，如果发现喷油器喷油持续时间不发生变化，则可能是系统运行在怠速开环状态或氧传感器坏了。

⑥当燃油反馈控制系统工作正常时，喷油器喷油持续时间会随着驾驶条件和氧传感器输出的信号的变化而变化（增加或减少）。通常喷油器的喷油持续时间大约在怠速时1～6ms到冷起动或节气门全开时大约6～35ms之间变化。

⑦匝数较少的喷油器线圈通常产生较短的关断峰值电压，甚至不出现尖峰。关断尖峰电压随不同汽车制造商和发动机系列而不同，正常的范围大约是从30～100V，有些喷油器的峰值被钳位二极管限制在大约30～60V。

(3)峰值保持型（电流控制型TBI）喷油器波形分析。

①峰值保持型喷油器应用在节门体（TBI）燃油喷射系统，波形如图2-123所示。电控单元用4A电流打开喷油器针阀，而后只用1A的电流使它保持在开启的状态。

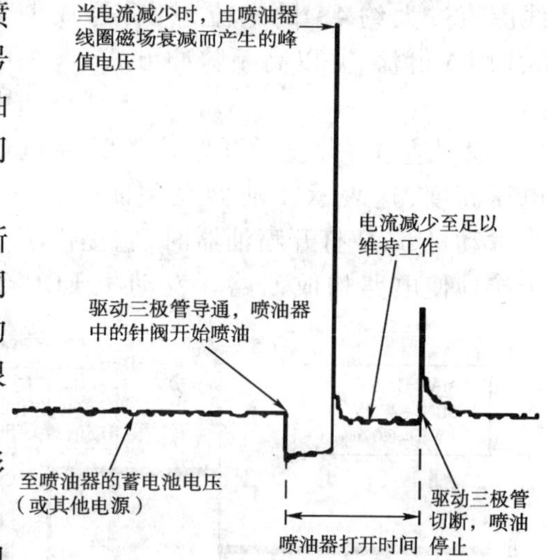

图2-123　峰值保持型喷油器波形

②从左至右，波形轨迹从蓄电池电压开始，这表示喷油器关闭。当发动机ECU控制喷油器工作时，它对整个电路提供接地。发动机ECU续继将电路接地直到流过喷油器的电流达到4A时，发动机ECU将电流切换到1A，这个电流减少引起喷油器中磁场突变，产生第1个峰值电压。喷油器在1A的电流下续继保持工作，当发动机ECU断开接地电路而关闭喷油器时，在波形右侧产生了第2个峰值电压。

③用手工加入丙烷或真空泄漏，观察喷油器喷油时间的变化，应和饱和开关型喷油器一样发生相应变化。

④波形的保持部分是发动机ECU控制增加或减少开启时间的部分，峰值保持型喷油器可能引起下列波形结果：加速时，将看到第2个峰尖向右移动，第1个峰尖保持不动；如果发动机在极浓的混合气下运转，能看到2个峰尖顶部靠得很近，如图2-124所示。

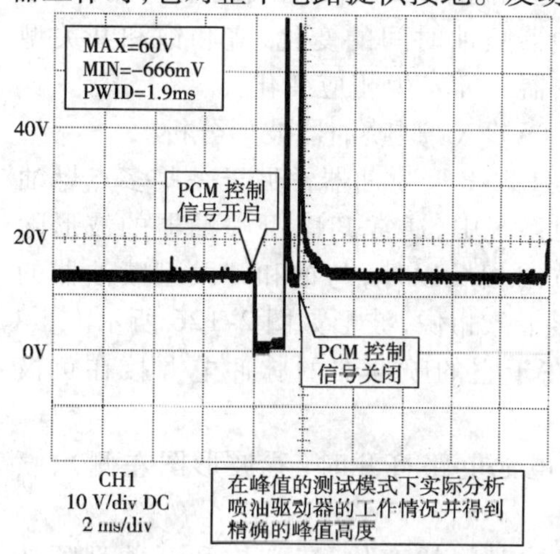

图2-124　2个峰尖靠近的波形

⑤在有些双节气门体燃油喷射系统中,在波形的峰值之间出现许多特殊的振幅式杂波,可能表示发动机 ECU 中的喷油驱动器有故障。

(4)脉冲宽度调制型喷油器波形分析。

①脉冲宽度调制喷油器用在一些欧洲车型和早期亚洲汽车的多点燃油喷射系统中,波形如图 2-125 所示。脉冲宽度调制型喷油驱动器被设计成允许喷油器线圈流过大约 4A 的电流,然后再减少至大约 1A 电流,并以高频脉冲方式开、关电路。

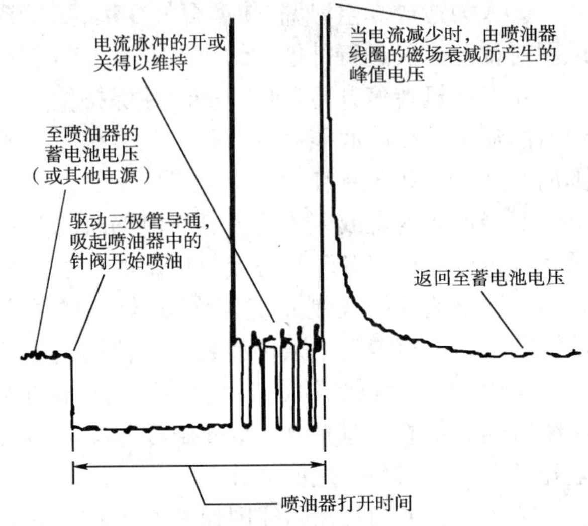

图 2-125 脉冲宽度调制型喷油器波形

②从左至右,波形开始位置为蓄电池电压高度,这表示喷油器在关闭状态下。当发动机 ECU 打开喷油器时,它提供了一个接地使电路构成回路。发动机 ECU 继续接地,直到电流大约 4A 左右时,发动机 ECU 靠高速脉冲电路减少电流,电流减少引起磁场突变,产生第一个峰值电压。被减小至 1A 的电流以高速脉冲信号使喷油器继续开启。停止脉冲工作,完全断开接地电路使喷油器关闭,这就产生了第二个峰值电压。发动机 ECU 接地电路打开时,喷油开始。发动机 ECU 完全断开控制接地电路时,喷油结束。

③用手工加入丙烷或真空泄漏,观察喷油器喷油时间的变化,应和饱和开关型喷油器一样发生相应变化。

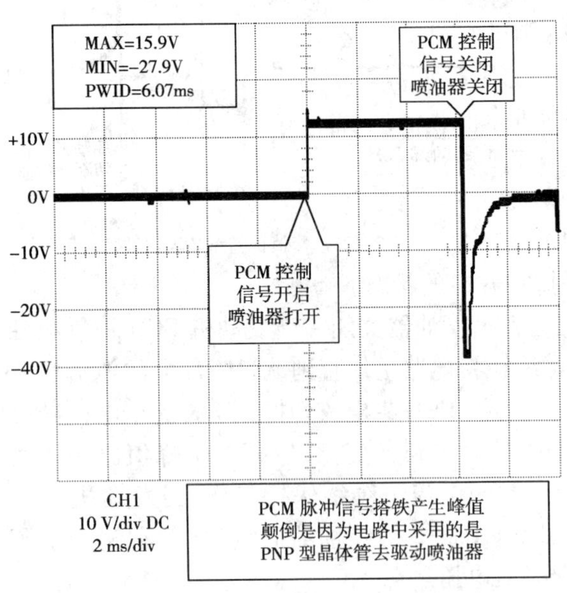

图 2-126 PNP 型喷油器波形

(5)PNP 型喷油器波形分析。

①PNP 型喷油器常见于一些多点燃油喷射系统中,通常 PNP 型喷油器的波形除了方向相反以外,与饱和开关型喷油器的波形十分相像,波形如图 2-126 所示。

②PNP 的驱动器与其他系统驱动器的区别就在于它的喷油器的脉冲电源接在负极上。

③喷油时间开始于发动机 ECU 电源开关将蓄电池电路打开时(看波形图左侧),喷油时间结束于发动机 ECU 完全断开控制电路时。

④用手工加入丙烷或真空泄漏,观察喷油器喷油时间的变化,应和饱和开关型喷油器一样发生相应变化。

项目 4　车轮侧滑量、悬架装置工作性能、制动性能的检测

此项目每人学习课时数 1 个(45 分钟)

一、学习目标

知识目标

1. 简单叙述侧滑试验台、悬架装置工作性能试验台、制动性能试验台的组成与分类。
2. 简单叙述车轮侧滑量、悬架装置工作性能、制动性能的检测原理。
3. 正确描述车轮侧滑量、悬架装置工作性能、制动性能的检测方法。

技能目标

1. 会分析侧滑数据、车轮接地性指数和制动性能数据。
2. 会操作使用侧滑试验台、悬架装置工作性能试验台、制动性能试验台。
3. 能使用侧滑试验台、悬架装置工作性能试验台、制动性能试验台对车轮侧滑量、悬架装置工作性能、制动性能进行检测分析。

二、实训器材

1. 轿车一辆。
2. 底盘检测仪一套。

三、仪器简介

1. 侧滑试验台。

侧滑试验台是测量汽车车轮横向滑动量并判断是否合格的一种检测设备,有滑板式和滚筒式之分,其中滑板式侧滑试验台在我国获得广泛运用,滑板式侧滑试验台又分为单板式和双板式。检测车轮侧滑量的目的是为了确知车轮前束与车轮外倾的配合是否恰当,当二者不恰当时,车轮通过侧滑试验台的滑动板时,滑动板就会受到侧向力,侧滑试验台就是利用滑动板在侧向力作用下,能够横向移动的原理来测量车轮的侧滑量的。

2. 悬架装置工作性能试验台。

汽车悬架装置最易发生故障的部件是减振器。减振器对汽车行驶平顺性,操纵稳定性和舒适性的影响很大。在高速行驶状态下,汽车的操纵稳定性和安全性尤为重要,并与悬架装置有着直接的关系。所以,悬架装置工作性能检测是十分重要的。

目前,对前悬架装置的检测多采用试验台检测。根据激振方式不同,悬架装置检测台可分为跌落式和共振式两种。我国运用较多的是共振式悬架装置检测台。它通过检测台的电动机、偏心轮、蓄能飞轮和弹簧组成的激振器,迫使检测台台面及其上被检汽车悬架产生振动。检测激振后振动衰减过程中力或位移的振动曲线,求出频率的衰减特性,便可判断悬架装置减振器的工作性能。

3．制动性能试验台。

制动试验台按不同的分类方法,可以分为不同的类型,其中测制动力的反力式滚筒制动试验台获得了广泛应用,特别是单轴反力式滚筒制动试验台应用最为普遍。

单轴反力式滚筒制动试验台由框架、驱动装置、滚筒装置、测量装置、举升装置和指示与控制装置等组成。

汽车开上反力式滚筒制动试验台,使被检车轴左右车轮处于每对滚筒之间,放下举升器,启动电机,通过减速器,链传动使主从动滚筒带动车轮低速旋转,然后用力踩下制动踏板。此时车轮制动器产生的摩擦力矩作用在滚筒上,与滚筒的转动方向相反,因而产生一反作用力矩。减速器壳体在这一反作用力矩作用下,其前端发生绕其输出轴向下的偏转,迫使测力杠杆位移,通过测力传感器转换成反映制动力大小的电信号,由微机采集、处理后,指令电机停转,并由显示装置指示出检测到的制动力数值。

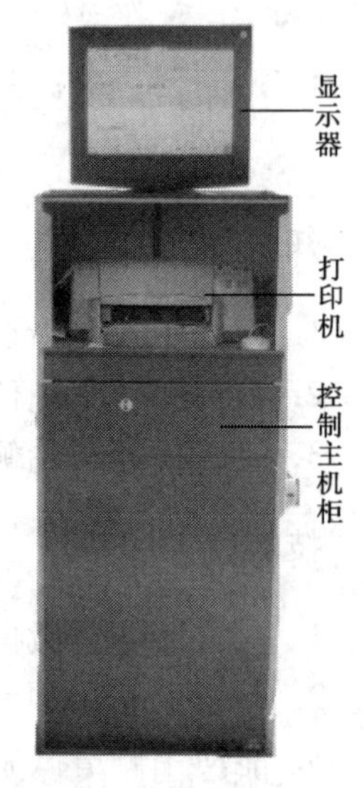

图 2-127　显示与控制装置图

4．博世 SDL260 检测线。

本项目所介绍的实训器材 SDL260 检测线是集单板式车轮侧滑试验台、悬架装置性能试验台、轴重仪、反力式滚筒制动试验台为一体的综合性能检测设备,其显示与控制装置为微机式的,并配有打印机,其外形简图如图 2-127 和图 2-128 所示。

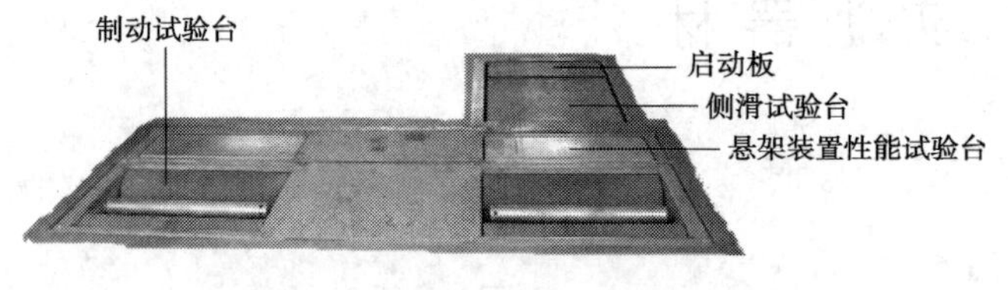

图 2-128　测量装置图

四、实 训 内 容

1．检测前准备工作。

(1)检查汽车轮胎气压是否符合汽车制造厂之规定,否则应充气至规定气压。

(2)检查轮胎上是否粘有油污、泥土、水或花纹沟槽内是否有石子,如有应清理干净。

(3)检查侧滑试验台、悬架性能试验台、制动试验台上面及周围的清洁情况,如有油污、泥土、砂石及水等应予以清除。

(4)打开仪器电源开关,下载检测诊断程序,如图 2-129 所示。

(5)仪器校订。

①按“F7”键进入设备设置,如图 2-130 所示。

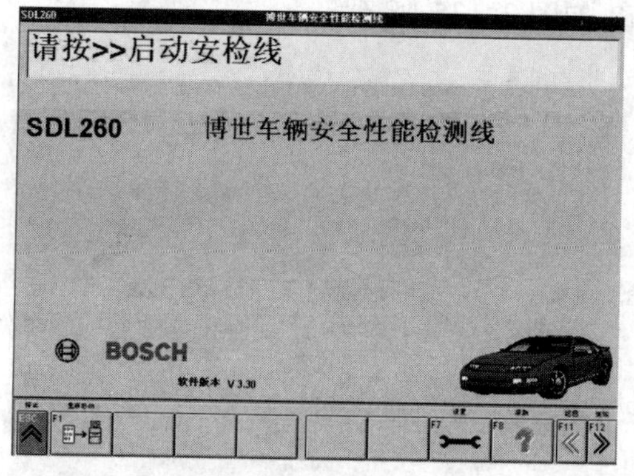

图 2-129　检测诊断程序界面

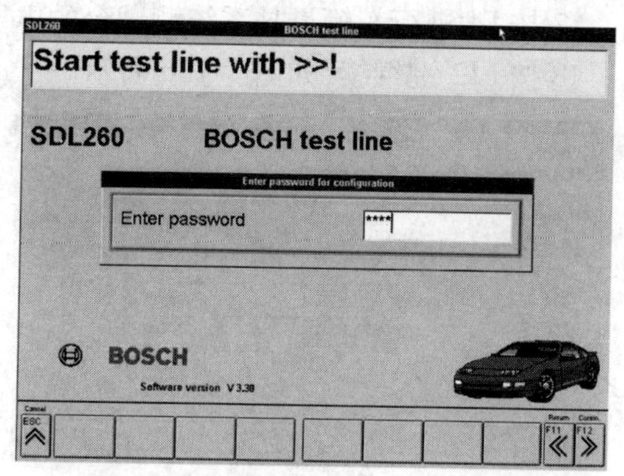

图 2-130　设备设置界面

②在对话框中输入密码“1958”，按“F12”键确认，如图 2-131 所示。

③输入密码进入设置后，在“设置调整”中选择“设备校订”，然后再选择“侧滑试验台”，按 F12 键进入下一界面，如图 2-132 所示。

④按 F4 回零，然后用工具把侧滑台的侧滑板向右移动 5mm 并保持，在参考值中输入 5，按 F3 进行侧滑试验台电子标定后，松开工具使侧滑板回位，按 F12 继续。

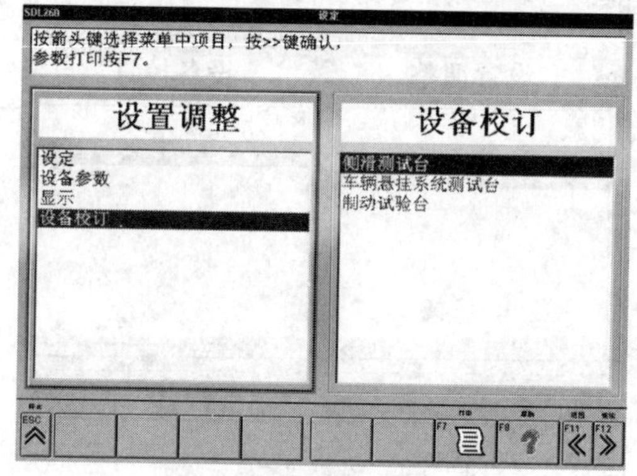

图 2-131　设置调整显示界面

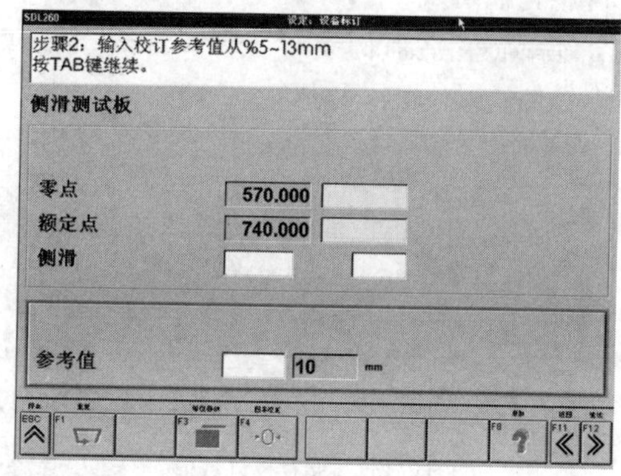

图 2-132　侧滑试验台校定界面

⑤按 F4 回答“是”，储存校订数值，按 F12 确认，如图 2-133 所示。

⑥选择“车辆悬挂系统测试台”按 F12 键进入，如图 2-134 所示。

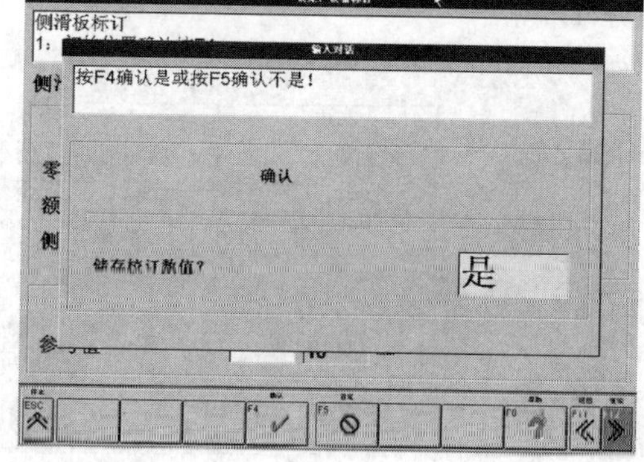

图 2-133　储存校订数值

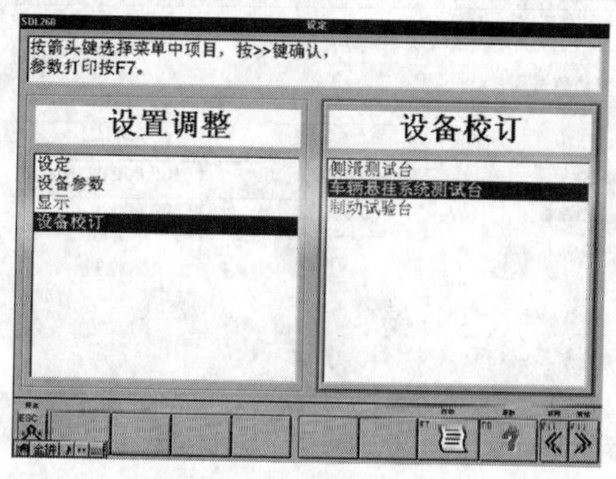

图 2-134　设置调整显示界面

⑦按 F4 进行车辆悬挂系统测试台的电子标定，如图 2-135 所示。

⑧按 F12 键继续，如图 2-136 所示。

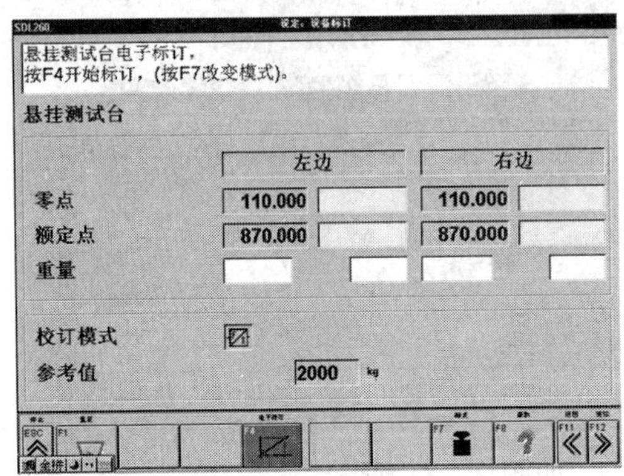

图 2-135　车辆悬挂系统测试台校定界面

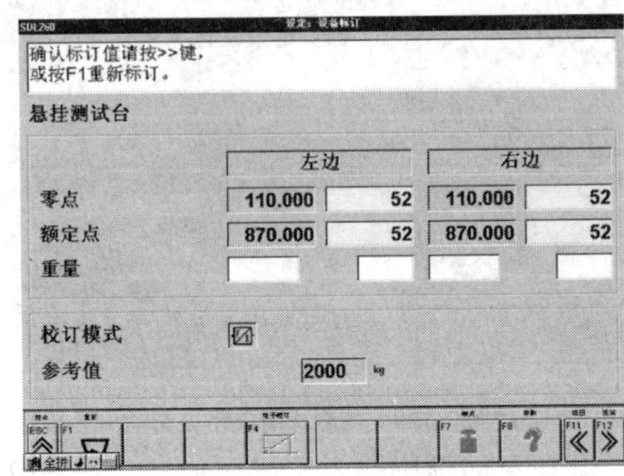

图 2-136　确认校定值

⑨按 F4 回答“是”，储存校订数值，按 F12 确认，如图 2-137 所示。

⑩选择“制动试验台”，按 F12 键进入，如图 2-138 所示。

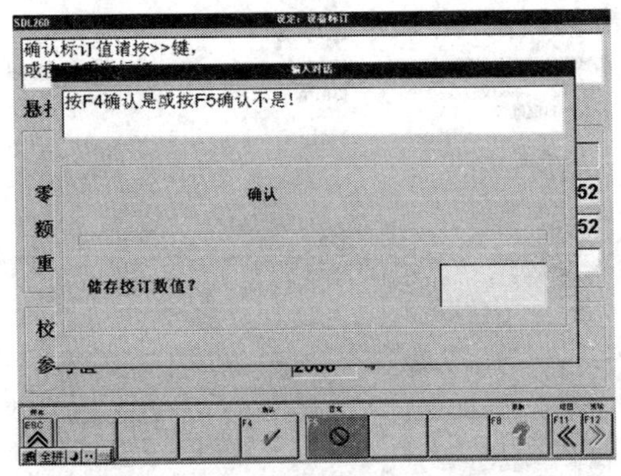

图 2-137　储存校订数值

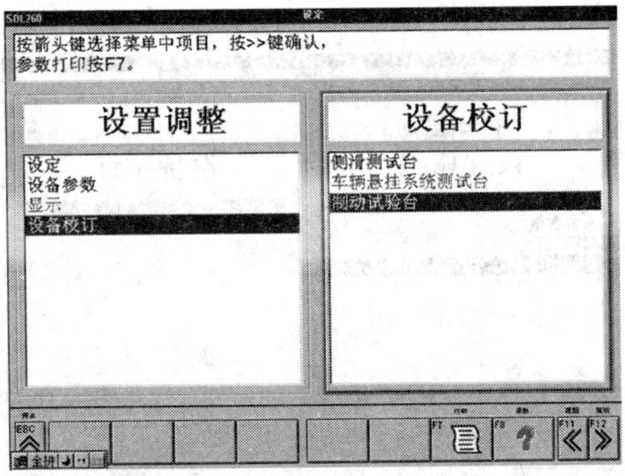

图 2-138　设置调整显示界面

⑪按 F4 进行制动试验台电子标定，如图 2-139 所示。

⑫按 F12 继续，如图 2-140 所示。

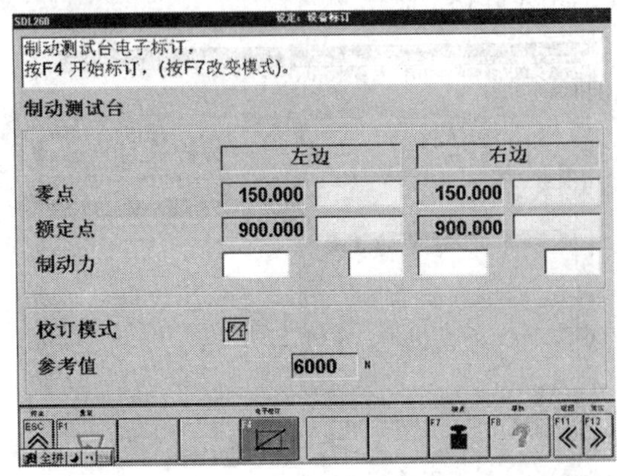

图 2-139　制动试验台校定界面

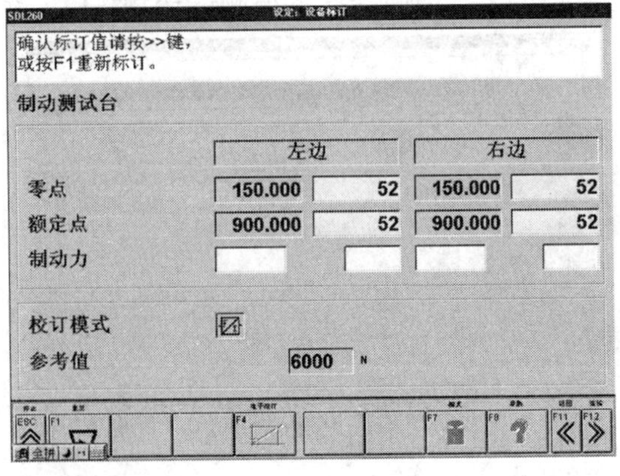

图 2-140　确认校定值

⑬按 F4 回答“是”，储存校订数值，按 F12 确认，如图 2-141 所示。

⑭按“ESC”退出，退至检测诊断程序初始界面。

2. 检测方法。

(1)按下 F6 键，输入客户资料及车辆资料，按 F12 确认，显示如图 2-142 所示。

(2)按 F1 回零，清除上一次测量数值。

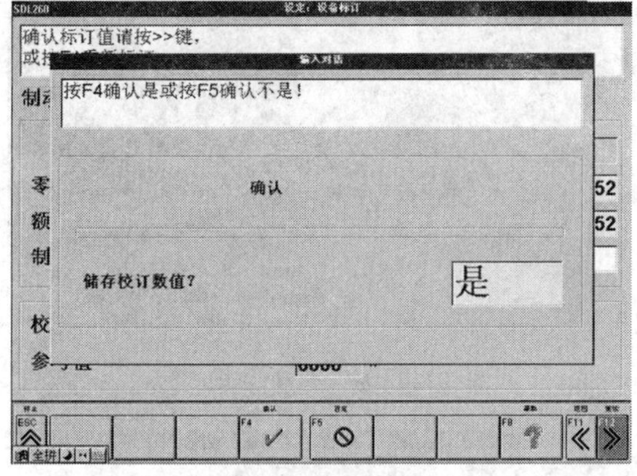

图 2-141　储存校订数值

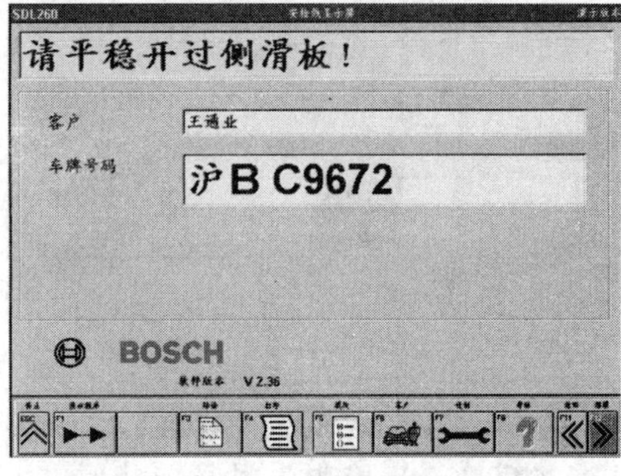

图 2-142　客户及车辆资料显示界面

(3)汽车以 3 ~ 5 km/h 的速度垂直驶向侧滑试验台，当车轮压下启动板(如图 2-143 所示)后，仪器自动启动。

(4)不要制动和摆动方向，平稳地驶过侧滑板，如图 2-144 所示。

图 2-143　车轮压下启动板

图 2-144　车轮驶过侧滑板

(5)显示器显示检测结果，如图 2-145 所示。

(6) 两前轮驶上悬架性能试验台，置于振动板中央，如图 2-146 所示，拉紧驻车制动，变速杆置于空挡位置。

(7)内藏式轴重仪测量出前轴轴重并显示结果，如图 2-147 所示。

(8)悬架性能试验台左振动板自动启动，检测左前轮悬架性能，紧接着右振动板自动启动，检测右前轮悬架性能，显示器显示检测结果，如图 2-148 所示。

(9)两前轮慢慢驶上制动试验台，如图 2-149 所示。

(10)汽车停稳后，变速杆置于空挡位置，行车制动器和驻车制动器处于完全放松状态，制动试验台自动启动，滚筒带动车轮旋转，检测车轮阻滞力，显示器显示检测结果，如图 2-150 所示。

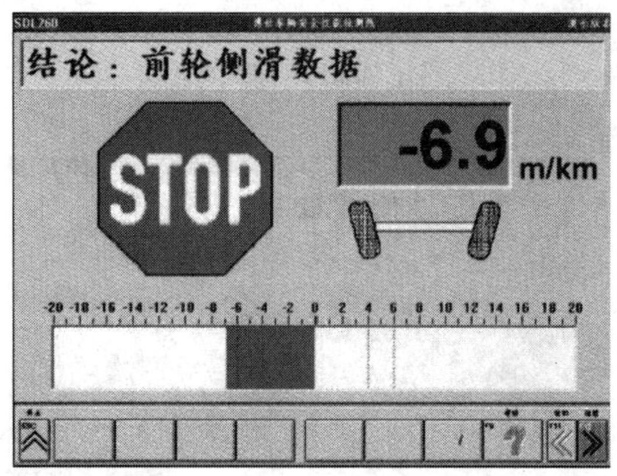

图 2-145　显示前轮侧滑结果

图 2-146　驶上悬架性能试验台

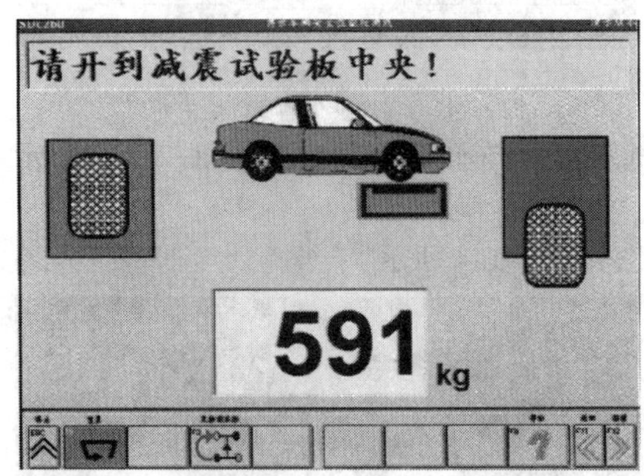

图 2-147　显示前轴轴重

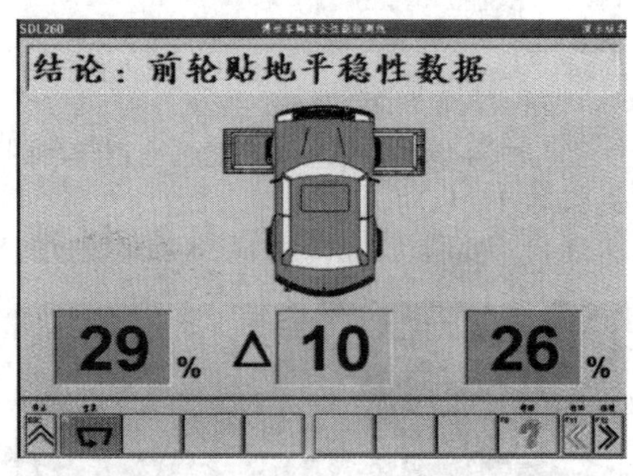

图 2-148　显示前悬架性能检测结果

图 2-149　驶上制动试验台

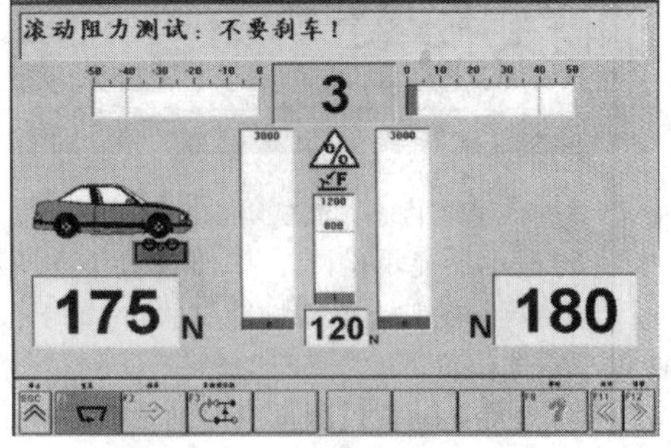

图 2-150　显示车轮阻滞力检测结果

（11）根据显示提示，如图 2-151 所示，慢慢踩下制动踏板，使制动力大于 300N，保持此制动力，检测前轮制动盘或制动鼓失圆度。

（12）根据显示器提示，慢慢将制动踏板踩到底，检测前轴制动力，制动试验台滚筒停转后

显示器显示如图 2-152 所示。

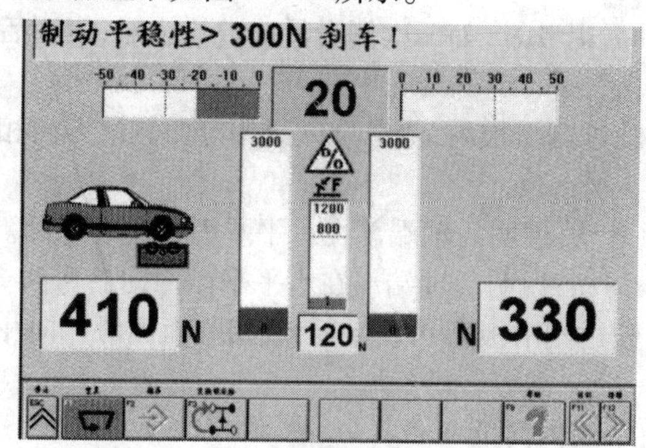

图 2-151　检测制动盘或制动鼓失圆度

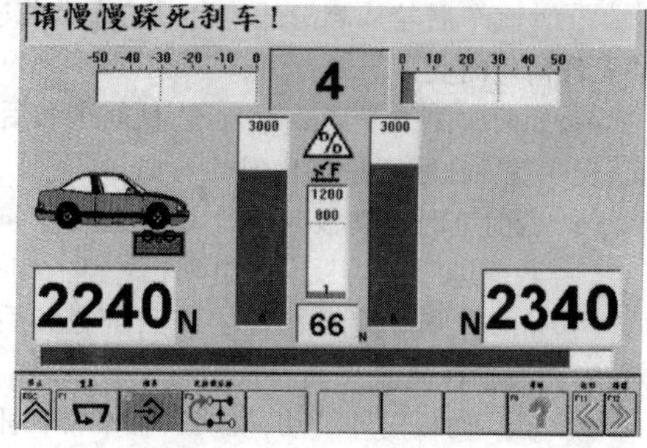

图 2-152　显示前轴制动力

(13)两前轮慢慢驶出制动试验台,重复步骤(3)~(12),检测后轴侧滑,悬架性能和制动性能。

(14)检测完后轴行车制动性能后,制动试验台滚筒重新启动。根据显示器提示,在行车制动器完全放松的情况下,慢慢拉紧或踩下驻车制动器,检测驻车制动性能。

(15)检测完毕后,汽车开出制动试验台。

(16)按下“ESC”键退出,按 F3 读取检测数据,按 F4 选择打印检测数据。检测结果如图 2-153 所示。

注:检测结果有单项的、综合的、曲线的多种形式,可根据需要调取或打印。

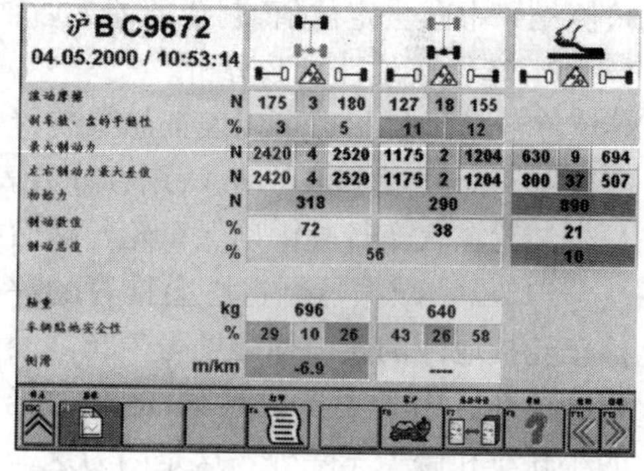

图 2-153　车辆检测结果

(17)关闭检测程序,关闭仪器电源。

五、检测结果分析

1. 侧滑数据分析。

(1)按国家标准 GB 7258—2004《机动车运行安全技术条件》的规定,用侧滑试验台检测前轮侧滑量,其值应不超过 5m/km。

①若其值超过 5m/km,表明车辆可能车轮定位不正确,悬挂系统、车轮松动等。

②检测中若侧滑板向外移动,其值超过 5m/km,在悬挂、车轮正常的情况下,表明前束太大或前轮负外倾太大。

③检测中若侧滑板向内移动,其值超过 -5m/km,在悬挂、车轮正常的情况下,表明前轮外倾太大或负前束太大。

④检测中若侧滑板不移动,其值显示 0m/km 左右,表明前轮没有侧滑量,前束与外侧配合恰到好处。

(2)对于后轮没有车轮定位的汽车,可用侧滑试验台按下列方法检测后轴是否弯曲变形和轮毂轴承是否松旷。

①使汽车后轮从侧滑试验台滑动板上前进和后退驶过，如两次侧滑量读数均为零，表明后轴无任何弯曲变形。

②如两次侧滑量读数不为零，且前进和后退驶过侧滑板后，侧滑量读数相等而侧滑方向相反，表明后轴在水平平面内发生弯曲。

a. 若前进时滑动板向外滑动，后退时又向内滑动，说明后轴端部在水平平面内向前弯曲。

b. 若前进时滑动板向内滑动，后退时又向外滑动，说明后轴端部在水平平面内向后弯曲。

③如两次侧滑量读数不为零，且前进和后退驶过侧滑板后，侧滑量读数相等而侧滑方向相同，表明后轴在垂直平面内发生弯曲。

a. 若滑动板向外滑动，说明后轴端部在垂直平面内向上弯曲。

b. 若滑动板向内滑动，说明后轴端部在垂直平面内向下弯曲。

④后轮多次驶过侧滑试验台滑动板，每次读数不相等，说明轮毂轴承松旷。

对于后轮有定位的汽车，仍可按上述方法检测后轴是否变形和轮毂轴承是否松旷，只是在检测结果中减去定位值，剩余值即为后轴弯曲变形造成的。

2. 车轮接地性指数分析。

车轮接地性指数可以表征悬架装置的工作性能。车轮接地性指数的定义是指汽车行驶中车轮与路面间最小相对动载，用百分数表示，在0～100%范围内变化，车轮接地性指数表明了悬架装置在汽车行驶中确保车轮与路面接触的最小能力。

(1)欧洲减振器制造协会推荐的评价车轮接地性的参考标准见表2-26。表中的标准适用于大多数汽车；但非常轻的小轿车和微型车除外。这是因为这一类汽车中的一轴（一般为后轴）的两个车轮接地性指数非常低，而它们的悬架装置是正常的。

车轮接地性参考标准 表2-26

车轮接地性指数/%	车轮接地状态	车轮接地性指数/%	车轮接地状态
60～100	优	20～30	差
45～60	良	1～20	很差
30～45	一般	0	车轮与路面脱离

(2)轮胎气压对接地性指数有影响。当气压偏低时，检测出的接地性指数高，当气压偏高时，则相反。

(3)当轮胎气压正常的情况下，同一轴上的两个车轮接地性指数相差很大时，表明接地性指数低的车轮减振器有故障或性能下降，需检查、修理。

3. 制动性能数据分析。

(1)行车制动性能数据分析。

①在制动台上测出的制动力应符合表2-27所示。

②在制动增长全过程中，左右轮制动力差与该轴左右轮中制动力大者之比对前轴不得大于20%，对后轴不得大于24%。

③车辆各轮的阻滞力均不得大于该轴轴荷的

车辆制动力标准 表2-27

车辆类型	制动力总和与整车重量的百分比		轴制动力与轴荷的百分比	
	空载	满载	前轴	后 轴
汽车、汽车列车、无轨电车和车轮农用运输车	≥60	≥50	≥60	—
三轮农用运输车	—	—	—	≥

5%,否则应检查车轮轴承,检查是否制动拖滞等。

④车辆各轮的失圆度应小于15%,否则容易引起车辆制动不灵,制动时踏板、方向、车身振动等故障。

⑤各车轮制动力均偏低,主要原因为制动踏板自由行程太大,制动液中有空气或变质,制动主缸故障,增压器或助力器效能不佳或失效。

⑥个别车轮制动力偏小,主要原因是该车轮制动器故障,若同一制动回路两车轮制动力均偏小,则应检查该制动回路中有空气或不密封处。

⑦同轴左右轮制动力最大值差值过大故障原因同⑥;若在制动力上升阶段左右轮差值过大应检查制动间隙是否适当,若在制动释放阶段左右轮差值过大则应检查制动轮缸及制动蹄回位弹簧。

⑧各车轮阻滞力都超限主要原因是制动主缸故障或制动踏板无自由行程;若个别车轮阻滞力超限则主要是该车轮制动间隙过小、制动轮缸故障、制动蹄回位弹簧故障或轮毂轴承松旷。

(2)驻车制动性能数据分析

驻车制动力总和应不小于该车在测试状态下整车重量的20%;对总质量为整备质量1.2倍以下的车辆,此值为15%。驻车制动力偏低,应检查与驻车制动力有关的车轮制动器、驻车制动拉线、驻车制动手柄等的技术状况。

项目5　车轮动平衡的检测

此项目每人学习课时数1个(45分钟)

一、学习目标

知识目标

1. 简单叙述车轮的静不平衡和动不平衡。
2. 简单叙述离车式车轮动平衡机的检测原理。
3. 正确描述车轮动不平衡的检测方法。

技能目标

1. 会分析车轮动平衡对车辆的影响。
2. 会操作使用离车式车轮动平衡机。
3. 能使用离车式车轮动平衡机对车轮进行不平衡检测和校正。

二、实训器材

1. 离车式车轮平衡机一台及附件。
2. 车轮一条及相应的平衡块。

3. 气压表一支。

三、离车式车轮平衡机简介

如果车轮不平衡，其在高速旋转时，不平衡质量将引起车轮上下跳动和横向振摆。这不仅影响了汽车行驶的安全性。此外，还加剧了轮胎及有关机件的磨损和冲击，缩短了汽车使用寿命，因此，车轮平衡问题愈来愈引起人们的重视，车轮平衡度已成为汽车检测项目之一。

车轮的不平衡分为静不平衡和动不平衡，车轮静不平衡与动不平衡之间的关系如图 2-154 所示。图 2-154a）中的 a 点位置表示车轮静不平衡的状态，同时也存在动不平衡的状态。图 2-154b）中由于在 a、b 两个相对方面的不平衡点互相抵消，因而车轮是静平衡的，然而当车轮在旋转时，由于两个相对的不平衡点不在一个平面内，因而车轮上部有向左的趋势，车轮下部有向右趋势，从而造成车轮在旋转过程中有左右摇摆的现象，而车轮动平衡就是要解决这一问题。图 2-154c）中由于在同一平面内的相对方向上，即 a 点对 c 点，b 点对 d 点能相互抵消，因而车轮不论是静态还是在动态都是平衡的。

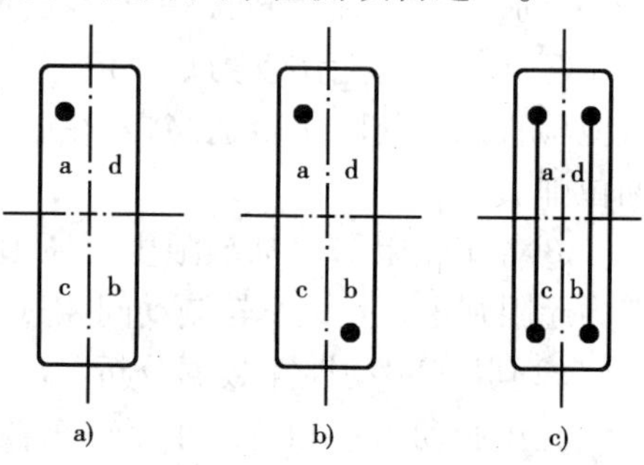

图 2-154　轮胎平衡之间的关系

动平衡的车轮肯定是静平衡的，因此对车轮主要应进行动平衡检测，车轮动平衡检测目前应用最多的是微机控制式二面测定车轮动平衡机。该动平衡机一般由驱动装置、转轴与支承装置、显示与控制装置、制动装置、机箱和车轮防护罩组成。离车式车轮平衡机 S625 型外形图如图 2-155 所示。该车轮平衡机的显示与控制装置为电脑式，具有自动诊断与调校系统，能将传感器送来的电信号通过电脑运算、分析、判断后显示出不平衡量及其位置。为显示的不平衡量恰是轮辋边缘处平衡块的质量，还必须测量轮毂的直径 d（也可由胎侧读出），用专用卡尺（如图 2-156）测量轮辋宽度 b，用平衡机上的标尺测量轮辋边缘至平衡机箱的距离 a，然后通过按钮将其输入电脑，a、b、d 三尺寸如图 2-157 所示。

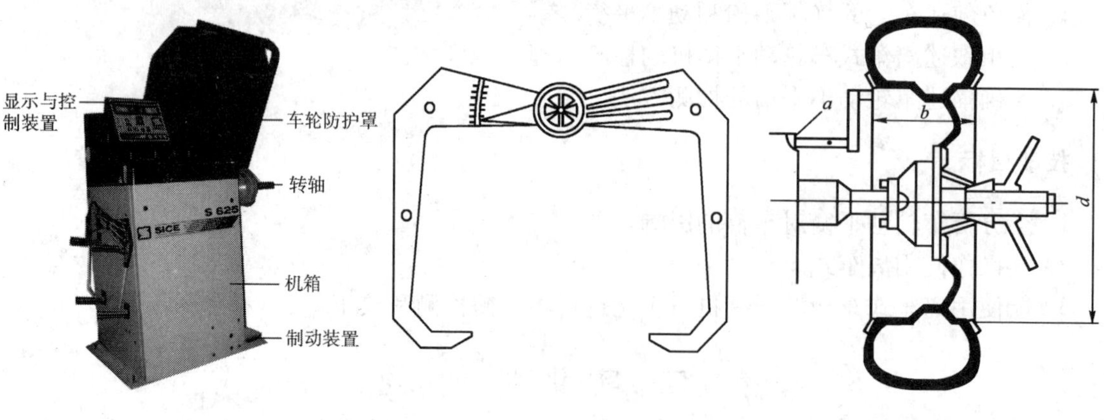

图 2-155　车轮平衡机

图 2-156　卡尺

图 2-157　测量尺寸示意图
a-轮辋边缘至机箱距离；b-轮辋宽度；d-轮辋直径

四、实 训 内 容

由于离车式车轮动平衡机类型众多，使用方法也不一样，因此下面以图 2-155 所示的 S625 型动平衡机为例，介绍车轮动平衡的检测及仪器使用方法。

1. 从车上拆下车轮，清除被测车轮上的泥土、石子和旧平衡块。

2. 检查轮胎气压，视必要充至规定值。

3. 根据轮辋中心孔的大小选择锥体（如图 2-158 所示），仔细地装上车轮，用大螺距螺母拧紧（如图 2-159 所示）。

图 2-158　选择中心孔锥体

图 2-159　固定车轮

4. 打开电源开关，检查显示与控制装置面板是否指示正确，如图 2-160 所示。

5. 用卡尺测量轮辋宽度 b，如图 2-161 所示；用显示与控制装置的相应按钮把测量值输入到显示与控制装置中去，如图 2-162 所示。

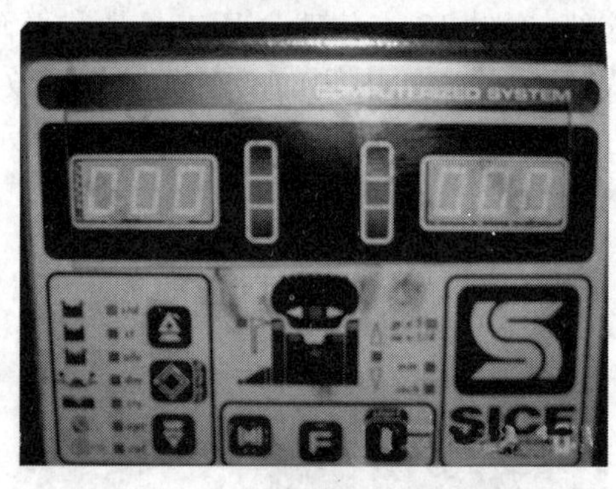

图 2-160　显示与控制装置面板

图 2-161　测量轮辋宽度 b

6. 根据轮胎型号显示的轮辋直径 d，把其值输入到显示与控制装置中去，如图 2-163 所示。

7. 使用仪器上的测量尺，测出轮辋边缘至平衡机机箱的距离 a，如图 2-164 所示，把测量值输入到显示与控制装置中去。

8. 放下车轮防护罩，按下启动键，车轮旋转，车轮平衡测试开始，仪器自动采集数据，如图 2-165 所示。

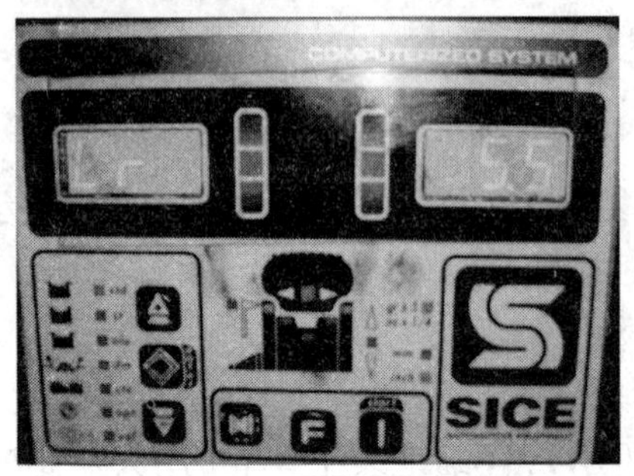

图 2-162　输入轮辋宽度测量值

图 2-163　输入轮辋直径 d

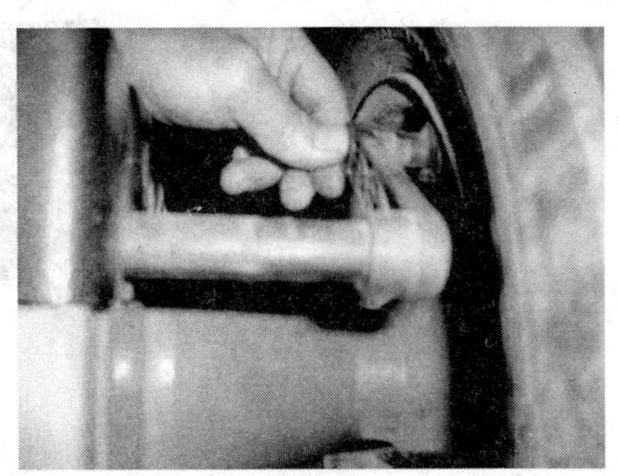

图 2-164　测量轮辋边缘至机箱的距离 a

图 2-165　车轮平衡测试

9. 当听到"笛"声后,操纵制动装置使车轮停转,从指示装置上读取车轮外侧、内侧不平衡量,如图 2-166 所示。

10. 抬起车轮防护罩,用手慢慢转动车轮。当指示装置的内侧中间指示灯亮时,停止转动,并操纵制动装置防止车轮转动,在轮辋边缘的内侧上部(时钟 12 点位置),用工具加装平衡块(如图 2-167 所示),该平衡块的质量必须与指示装置显示的车轮内侧的不平衡量相一致,同时平衡块必须安装牢固。用同样方法,对车轮外侧进行平衡量检测与校正,如图 2-168 所示。

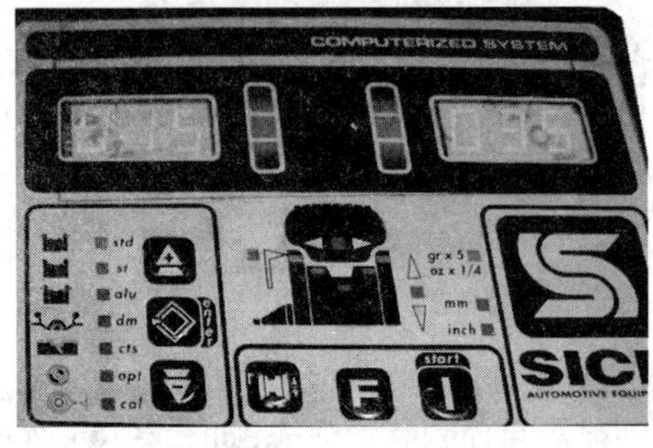

图 2-166　显示检测结果

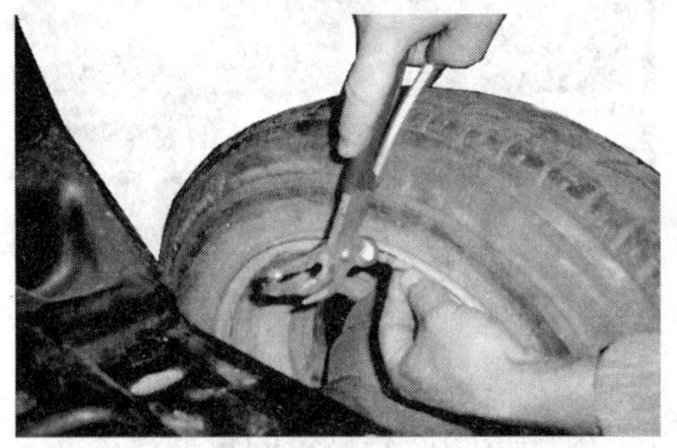

图 2-167　车轮内侧平衡量校正

11. 安装平衡块后,车轮可能产生新的不平衡,应重新进行平衡度检测,直至内外侧的不平衡小于 5g,指示装置显示"00"或"OK"时,才能满意。

12. 测试结束,关闭电源,旋松大螺距螺母,取下锥体与车轮。

五、数 据 分 析

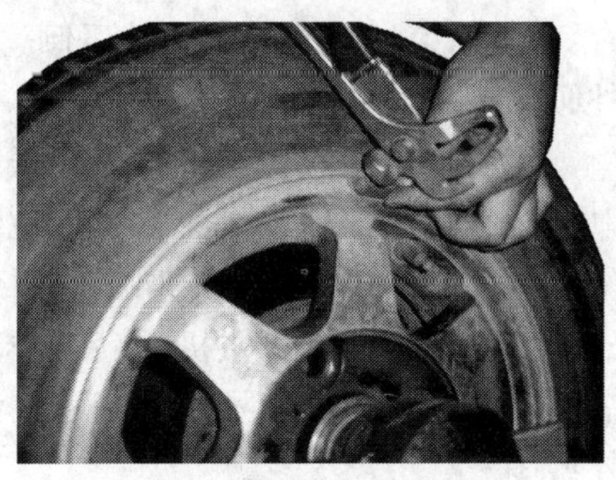

图 2-168　车轮外侧平衡量校正

车轮的动不平衡，内外侧不平衡必须小于 5g，否则，汽车在高速行驶时，车轮的不平衡量将引起车轮上下跳动和横向振摆。车轮的不平衡引起的车轮上下跳动和横向振摆，往往在某一车速范围较明显，高于或低于这车速范围，故障现象消失或减弱。

项目 6　车轮定位的检测

此项目每人学习课时数 2 个(90 分钟)

一、学 习 目 标

知识目标

1. 简单叙述车轮定位的主要内容。
2. 简单叙述车轮定位静态检测方法和动态检测方法。
3. 正确描述车轮定位静态检测方法的基本原理。

技能目标

1. 会分析车轮定位参数对车辆行驶性能的影响。
2. 会操作使用四轮定位仪。
3. 能使用四轮定位仪对车辆车轮定位进行检测和调整。

二、实 训 器 材

1. 轿车一辆。
2. 四轮定位仪一套及相应附件。

三、仪 器 简 介

用四轮定位仪检测车轮定位具有重要意义。这是因为，由于磨损、损伤、变形、换件修理等原因，致使车轮定位发生变化，出现轮胎磨损异常、自动跑偏、转向发飘、发抖、前轮摆头，使汽车行驶平顺性和操纵稳定性受到严重影响，并影响了汽车的动力性、经济性和行车的安全性。汽车发生碰撞后，车体变形，车桥与转向机构受损，汽车技术状况遭受到破坏，比上述现象更加严重。因此，用四轮定位仪检测各个车轮的定位状况，十分必要。车轮定位检测的内容主要有:前轮前束、前轮外倾、主销后倾、主销内倾、后轮前束和后轮外倾。

目前常用的四轮定位仪有拉线式、光学式、电脑拉线式和电脑激光式等多种。下面以电脑拉线式 JBC 美国战车四轮定位仪为例介绍该仪器组成和工作原理。

该四轮定位仪有主机、前后轮检测传感器、传感器支架、转盘、制动锁、转向盘锁及导线等零部件构成,图 2-169 为其主机外型图。

图 2-169　四轮定位仪主机

该仪器的工作原理是利用机头的测量头上的红外线发射源与接收源,将被测车体用红外线包围起来。以红外线作为"光尺"测量各定位参数,信号通过各机头中的光敏芯片(或单片)进行数模转换,并通过传感器接口及信号线传入主机,经过处理后,检测员可通过屏幕上的界面清楚地看到各定位参数的显示,从而对车况进行诊断,对照电脑屏幕上显示的定位数据调整各相应部件,使定位数据符合标准。

为了保证检测数据可靠及便于检测和调整,汽车需放在举升平台上(举升平台必须处于水平状态)。

四、实 训 内 容

在检测汽车的四轮定位时,被检车辆应满足以下要求:前后轮胎气压及胎面磨损基本一致;前后悬架系统的零部件完好、不松旷;转向系统正常、不松旷;前后减振器性能良好,不漏油;汽车前后高度与标准的差值不大于 5mm;制动系统正常。

1. 把汽车开上举升平台,两前轮压在举升平台上的转盘中央,如图 2-170 所示,变速杆处于空挡位置,拉紧驻车制动器。

2. 接通空气压缩机电源,打开举升平台控制电源,操纵控制面板的一次举升上升开关,如图 2-171 所示,托起四个车轮,把汽车举升 0.5m(第一次举升,如图2-172所示),按下锁止开关锁止。

图 2-170　前轮压在转盘中央

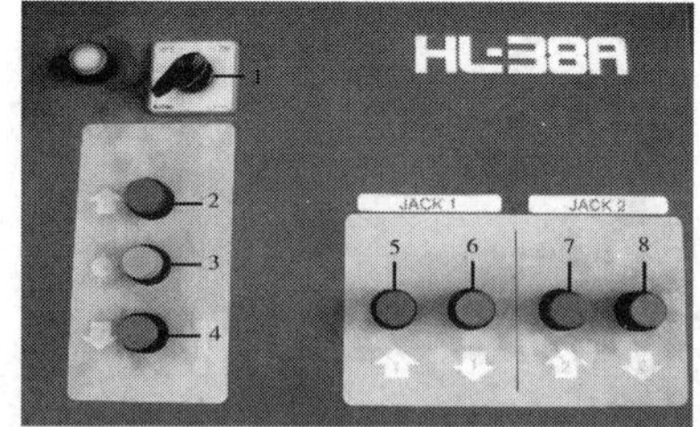

图 2-171　举升平台控制面板

1-电源开关;2-一次举升上升开关;3-一次举升锁止开关;4-一次举升下降开关;5-车辆前部二次举升上升开关;6-车辆前部二次举升下降开关;7-车辆后部二次举升上升开关;8-车辆后部二次举升下降开关

3. 在车身下找到适当的托起部位,操纵举升平台的二次举升开关,把汽车举升至车轮离开举升平台,如图 2-173 所示,放松驻车制动器,使四轮能自由转动。

4. 拆下各车轮,检查轮胎磨损情况。

图 2-172　车辆一次举升

图 2-173　车辆二次举升

5. 检查各车轮轮胎气压，使之符合标准。

6. 做车轮的动平衡检测校正（参见本模块项目 4），动平衡完成后，把车轮装好。

7. 检查车身高度，检查车身 4 个角的高度和减振器技术状况，如车身不平应先调平，同时检查转向系统和悬架是否松旷，如松旷则应先紧固或更换相应零件。

8. 把传感器支架及传感器安装到四个轮辋上，前轮传感器如图 2-174 所示，后轮传感器如图 2-175 所示，前后轮传感器不一样，注意区分，且注意安装牢固。

图 2-174　安装前轮传感器

图 2-175　安装后轮传感器

9. 连接四个车轮传感器的导线，导线一端接传感器插孔内，如图 2-176 所示，另一端连接在主机后面的相应插孔内，如图 2-177 所示。

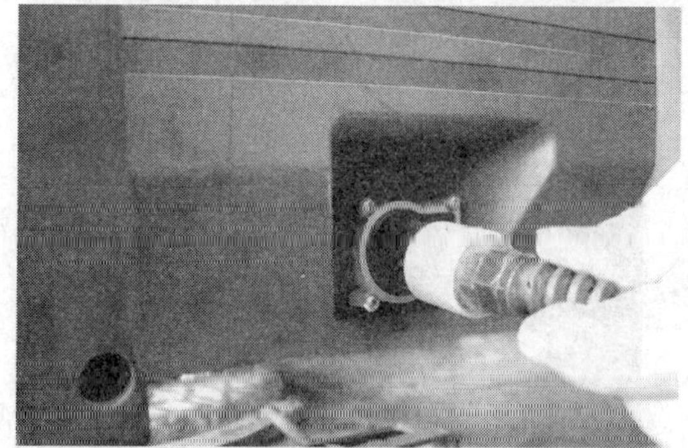

图 2-176　连接导线至传感器插孔

图 2-177　连接导线至主机插孔

10. 接通主机电源,开机进入四轮定位仪主界面,如图2-178所示。

11. 通过光标选择"开始定位操作",并按回车键确认。

12. 在下一界面中,选择"高级四轮定位",按回车键确认。

13. 进入顾客登记,输入顾客相关资料,按回车键确认。

14. 进入车辆详细资料界面,选择相应车辆制造商,按回车键进入汽车款选项,按回车键确定后,车辆有关技术资料出现于显示器上。

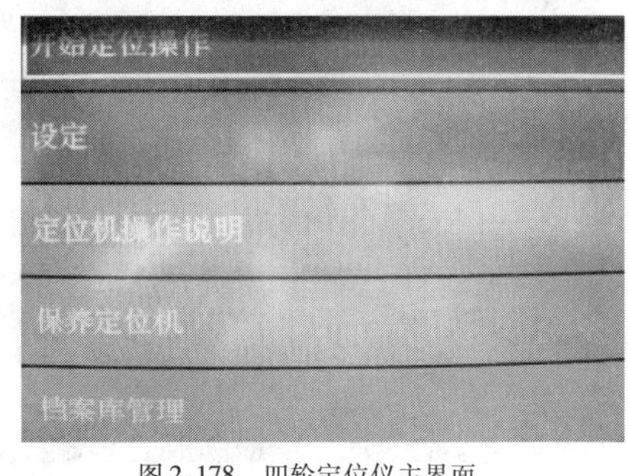

图2-178 四轮定位仪主界面

15. 记录车辆数据,按回车键确认,进入下一界面。

16. 根据仪器显示,依次对四个车轮进行轮辋变形补偿。轮辋变形补偿时,需操作机头上的轮辋补偿按钮8,机头上的操作按钮如图2-179所示。一只手扶住传感器机头,一只手转动传感器支架及车轮,当支架转到与举升平台水平、垂直位置时,按下机头上的轮辋补偿键盘,如图2-180所示。

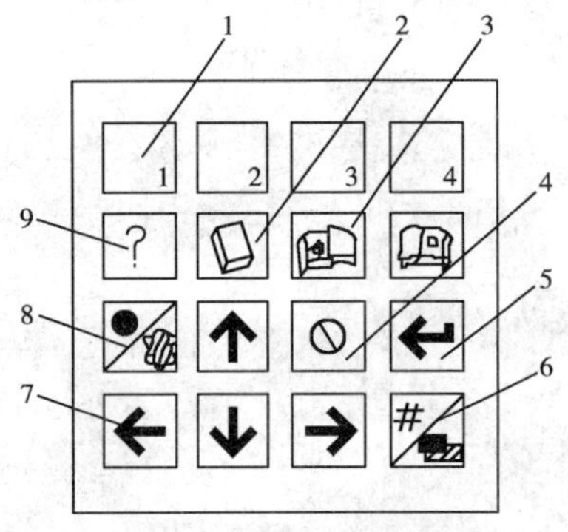

图2-179 机头上的操作按钮

1-数字键;2-主菜单键;3-转页键;4-暂停键;5-Enter键;6-#键/功能窗切换键;7-光标键;8-星键/轮辋补偿键;9-帮助键

图2-180 轮辋变形补偿操作

17. 拉紧驻车制动器,拔下举升平台上的转盘销子(如图2-181所示)和滑板销子(如图2-182所示)。

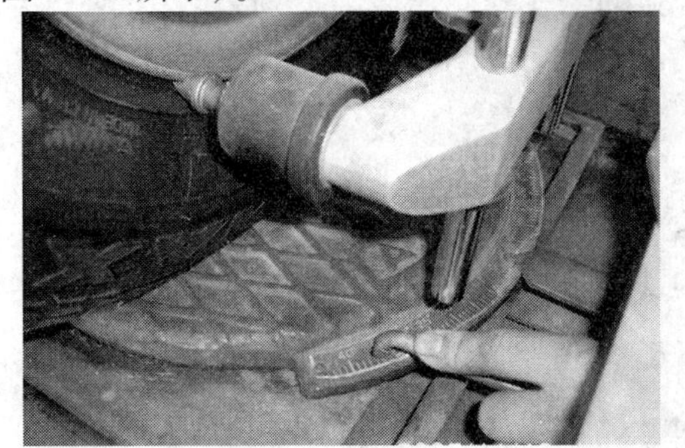

图2-181 拔下转盘销子

图2-182 拔下滑板销子

18. 操纵车辆二次举升开关,使车轮落到举升平台上。

19. 把汽车前部和后部向下压动 4 ~ 5 次,如图 2-183 所示,使其作压力弹跳。

20. 用踏板抵压器顶住制动踏板,如图 2-184 所示。

图 2-183　车身压力弹跳

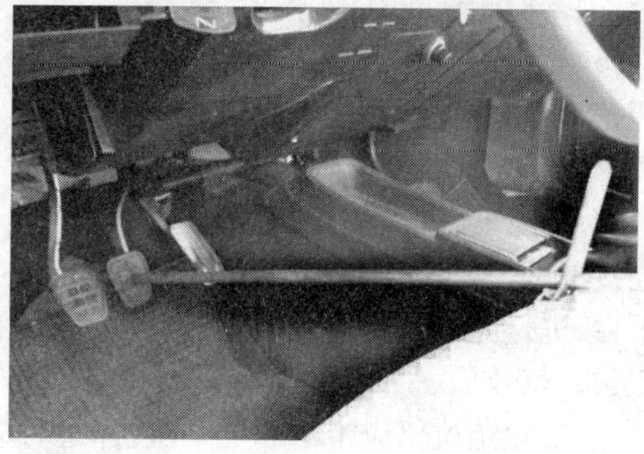

图 2-184　固定制动踏板

21. 调节四个车轮的机头水平仪使之完全水平,如图 2-185 所示。用锁紧螺钉紧固,如图 2-186 所示。

图 2-185　调整机头水平仪

图 2-186　锁紧机头

22. 根据仪器显示提示,左右转动转向轮,如图 2-187 所示,直至电脑发出"OK"声。

23. 把转向轮回正,调正转向盘,并用转向盘锁锁住转向盘,如图 2-188 所示,使之不能转动。

图 2-187　左右转动转向轮

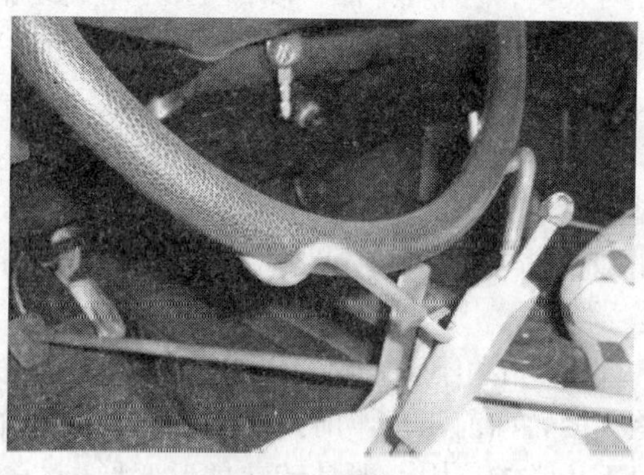

图 2-188　锁住转向盘

24. 按下回车键依次进入前轮数据和后轮数据测读，图 2-189 为前轮数据图例。

25. 根据屏幕显示各定位参数，对照制造厂家规定，进行检测诊断，打印输出结果。

26. 若定位参数不符合规定，可按仪器提示进行调整，若调整后仍不能解决问题，则应更换有关零件。

27. 将所有紧固件拧紧后，检测完毕。拆下所有连接测试件，关闭所有电源设备，将车辆驶离举升平台，进行路试或在侧滑试验台上试验，检查四轮定位调整效果。

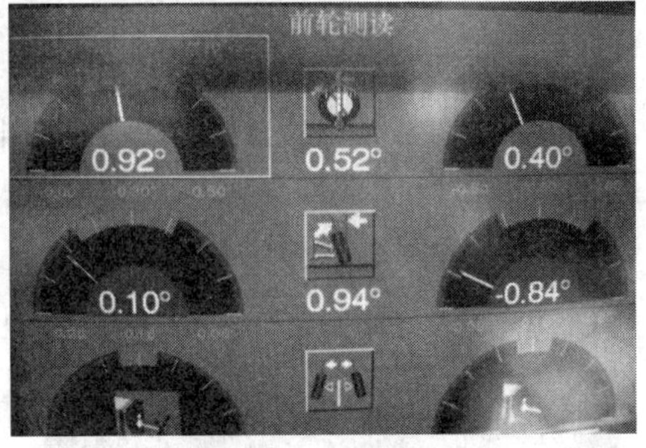

图 2-189　前轮检测数据

注：四轮定位仪应半年标定一次，标定时应使用专用的标定器具，并由专业人员按规定程序进行标定。

五、检测结果分析

1. 常见车型定位值，如表 2-28 所示。

2. 四轮定位故障的原因分析：

(1) 前轮前束不正常：前轮前束不正常往往会引起轮胎异常磨损，前束太小磨损轮胎内侧，前束太大磨损轮胎外侧。前束不正常的原因通常是由于横拉杆调整（车轮外倾角正确的条件下）不当引起的，因此，前束不正常应通过调整横拉杆来使其恢复到规定值。

(2) 前轮外倾不正常：前轮外倾不正常会引起车辆行驶时方向偏向一边，同时还会引起轮胎单边磨损，前轮外倾不正常通常是由调整不当或相关部件松旷以及车架变形引起的。对于有上下悬挂臂的车辆，一般通过直接调整即可恢复正常，而对于滑柱式悬架结构的车辆，则需使用专用调整垫片。对于由松旷引起的前轮外倾不正常，往往需要更换相关部件。如果车架变形，应进行校正。

(3) 主销内倾和主销后倾不正常：主销内倾和主销后倾不正常的车辆在行驶中往往会出现转向太重，转向后不能自动回正，方向始终偏向一边等情况。主销内倾和主销后倾不正常的原因一般是调整不当或车架变形，如果属于调整不当应进行调整，如果属于车架变形，则应进行校正。

(4) 后轮前束和后轮外倾不正常：后轮前束和后轮外倾不正常往往会引起轮胎异常磨损，同时还会造成车辆偏驶。不正常的原因通常是拉杆调整不当、悬架变形、轴头变形、胶套变形。因此，如果是拉杆调整不当，应通过调整拉杆来使其恢复到规定值；如果是悬架变形，应进行校正。

(5) 前张角不正常：汽车转向时，内侧车轮转向角度总是大于外侧车轮的转向角度，二者之差称为转向前张角。前张角不正常会引起车辆不能适度转向，同时还会加速轮胎磨损。前张角不正常的原因一般是转向梯形变形，通常情况下它不能调整，只能进行校正。

(6) 后轮推进角不正常：后轮推进角也叫推力角，它是后轮推力线与汽车几何中心线形成

的夹角，其大小是两后轮前束差值的1/2。后轮推进角不正常会使车辆在行驶中，方向偏向一边，并且加速轮胎磨损。它的出现，一般是由后悬架调整不当或后悬架相关部件变形所致。要恢复正常，应进行调整或校正。

（7）如果车轮定位不正确，汽车在使用过程中往往会出现一些如表2-29所示的现象。

常见车型车轮定位值与最大转角值　　表2-28

车轮定位参数 厂牌车型	前轮前束/mm	前轮外倾	主销后倾	主销内倾	前轮最大转角	后轮前束	后轮外倾
上海桑塔纳（JV发动机）	空载 -1 ~ -3（-20′±10′）重载 -30′±10′左右允差15′	-1°40′±20′左右允差20′	30′空载，不可调		向左40°18′向右35°36′	25′±15′左右允差20′	-1°40′±20′左右允差15′不可调
一汽奥迪100	0.5 ~ 1	-0°30′±30′	50′±40′	14°20′			
一汽捷达	0° ~ ±10′	-30°±20′	1°30′±30′	14°			
北京切诺基	0左右允差 -0.79 ~ +0.79	0°±15′	7°30′±30′				
天津夏利TJ 7100	-1 ~ +3	0°20′±10′	2°55′±1°	12°±30′	向左39°55′±2°向右35°±2°	+4 ~ +8	

3．车轮定位值及侧滑量检测标准。

国家标准GB 7258—2004《机动车运行安全技术条件》对车轮定位及侧滑量的要求如下：

（1）机动车定位值应符合该车整车有关技术条件的规定。

（2）用侧滑试验台检验转向轮的横向侧滑量其值应≤5m/km。

四轮定位故障现象及原因分析　　表2-29

故障现象	原因分析
转向沉重	主销后倾角过大
转向盘不正	后轮前束不良，造成推进线转向系统不正
轮胎块状磨损	车轮静态不平衡，后轮前束不正确
轮胎块状、羽毛状磨损	前束或外倾角不正确
轮胎凸凹状磨损	车轮动态不平衡，后轮前束不正确
车辆行驶时往一边拉	左右车轮后倾角或外倾角不相等，车身高度左右不等。左右轮胎尺寸或气压不等，转向系统的故障或一边制动片卡住
直行时转向盘摇摆不定，转向后转向盘不能自动回正	主销后倾角太小
轮胎内缘磨损，悬架零件不正常磨损	车轮外倾角太小
轮胎外缘羽毛状磨损，轮胎内缘快速磨损，方向发飘不稳定	前束太大
轮胎内缘羽毛状磨损，轮胎外缘快速磨损，方向飘浮不稳定	前束过小

项目 7　前照灯的检测

此项目每人学习课时数 1 个(45 分钟)

一、学 习 目 标

知识目标

1. 简单叙述前照灯检测的内容及标准。
2. 简单叙述前照灯检测的基本原理。
3. 正确描述前照灯检测仪的组成及分类。

技能目标

1. 会分析前照灯发光强度偏低和照射位置偏斜的原因。
2. 会操作使用灯光分析仪。
3. 能使用灯光分析仪对前照灯进行检测和调整。

二、实 训 器 材

1. 轿车一辆。
2. 灯光分析仪一套。

三、检测仪器简介

汽车前照灯是保证汽车在夜间或在能见度较低的情况下安全行车并保持较高车速的重要装置。前照灯的技术状况主要是指发光强度的变化和光束照射位置是否偏斜。当发光强度不足或光束照射位置偏斜时,汽车驾驶员不易辩清前方的障碍物或对对方来车驾驶员造成眩目,因而导致交通事故,前照灯的技术状况,可用屏幕检测法和前照灯检测仪检测。

屏幕检测是指在距汽车前照灯 10m 处设一专用屏幕,观察前照灯光束照射到屏幕上的位置来检测光束照射位置的偏斜量。用屏幕法检测前照灯,其方法简单易行,有一定实用价值,但这种方法只能检测出光束的偏斜量和偏斜方向,不能检测发光强度。而且,为适应不同车型的检测,需经常更换屏幕,检测效率低。同时需要占用较大场地。

前照灯检测仪是按一定测量距离放在被检车辆的对面,用来检测前照灯发光强度与光轴偏斜量的专用设备,目前按照前照灯检测仪的结构特征与测量方式不同,可将前照灯检测仪分为聚光式、屏幕式、投影式和自动追踪光轴式 4 种类型。这些不同类型的前照灯检测仪均由接受前照灯光束的受光器,使受光器与汽车前照灯对正的照准器、车辆摆正找准器、指示发光强

度的光度计、指示光轴偏斜方向和偏斜量的偏斜指示计、支柱、底座和导轨等组成。

各种型号前照灯检测仪的检测原理基本相同，都是采用能把吸收的光能变成电流的硅光电池或硒电池作为传感器，按照前照灯光轴照射光电池产生电流的大小或比例，来测量前照灯发光强度和光轴偏斜量的。

图 2-190 和图 2-191 为本项目介绍使用的投影式前照灯检测仪外形图。

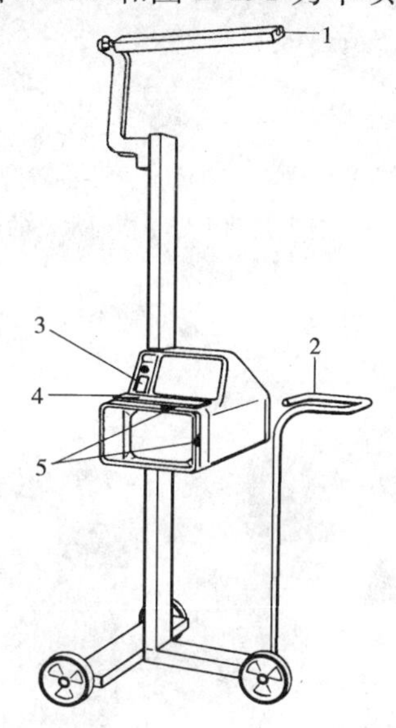

图 2-190　投影式前照灯检测仪
1-车辆校准镜；2-移动手柄；3-光度计；4-观察反射镜；5-前照灯照准器

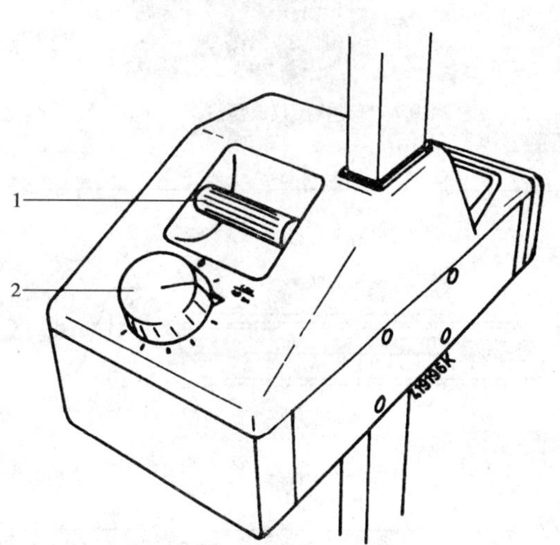

图 2-191　投影式前照灯检测仪
1-高度调整手柄；2-投影屏调整旋钮

四、实 训 内 容

1. 检查聚光透镜和反射镜面上有无污物，若有，擦拭干净。
2. 检查光度计在不受光情况下，指示指针是否处在机械零点上。
3. 检查被测汽车轮胎气压，视需要充至规定值。
4. 清除前照灯上的污垢。
5. 如图 2-192 所示将灯光检测仪推至被测汽车的正前方，尽可能地使灯光检测仪的聚光透镜与车辆横向方向平行，且保证汽车前照灯与聚光透镜相距 30cm。
6. 如图 2-193 所示在汽车车身找到两个处于横向水平的点（例如前挡风玻璃清洗液喷嘴），前后移动灯光分析仪，利用灯光分析仪的车辆校准镜使灯光分析仪与被测汽车对正。当车辆校准镜上的直线与车身所找的两点对齐重合时，如图 2-194 所示，表明已对正。
7. 水平推移灯光分析仪至左前大灯正前方，如图 2-195 所示。
8. 操纵高度调整手柄，使聚光镜与左前照灯基本等高，如图 2-196 所示。
9. 操纵前照灯照准器使灯光分析仪与前照灯对正，如图 2-197 所示。
10. 如图 2-198 所示，转动投影屏调整旋钮，调整至 10cm/10m 的位置，如图 2-199 所示。
11. 起动车辆，使电源系统处于充电状态，开亮前照灯近光。

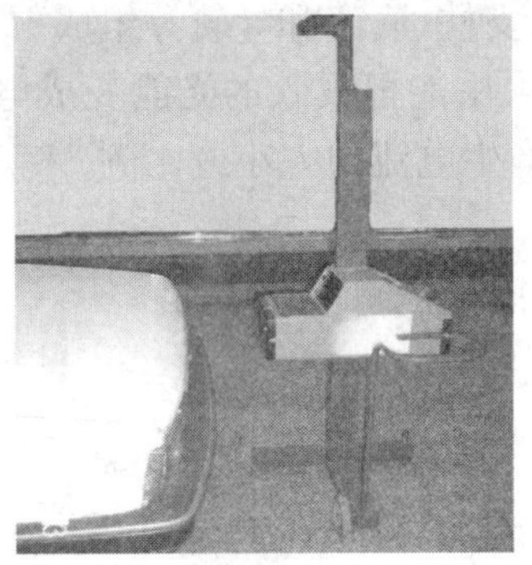
图2-192　灯光检测仪放至汽车正前方

图2-193　在车身上找两个处于横向水平的点

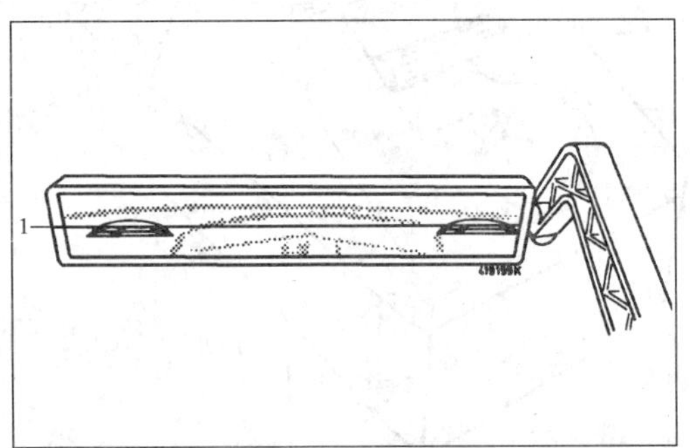

图2-194　车辆校准镜

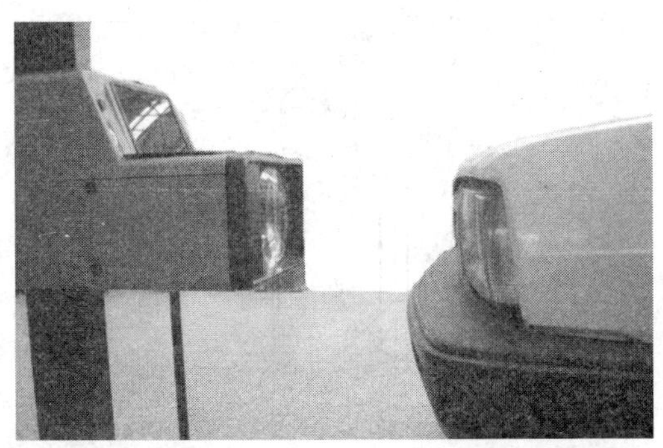
图2-195　至左前大灯正前方

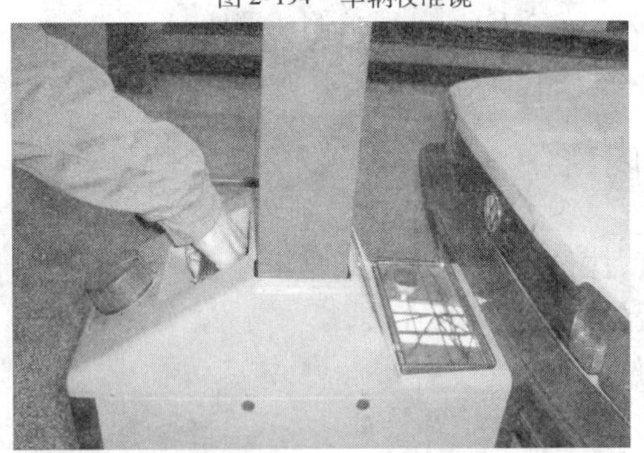
图2-196　高度调整

图2-197　灯光分析仪与前照灯对正

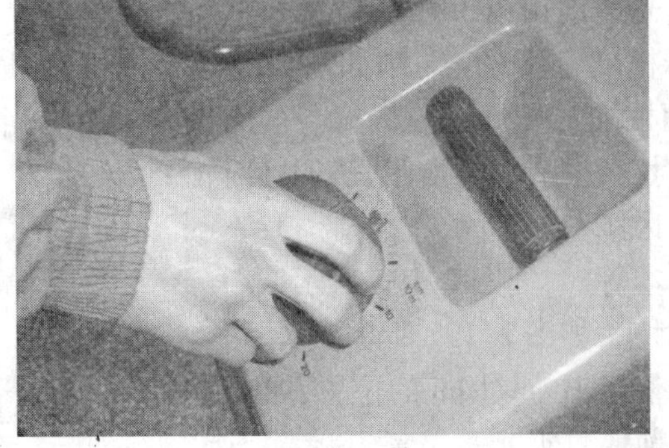
图2-198　调整投影屏旋钮

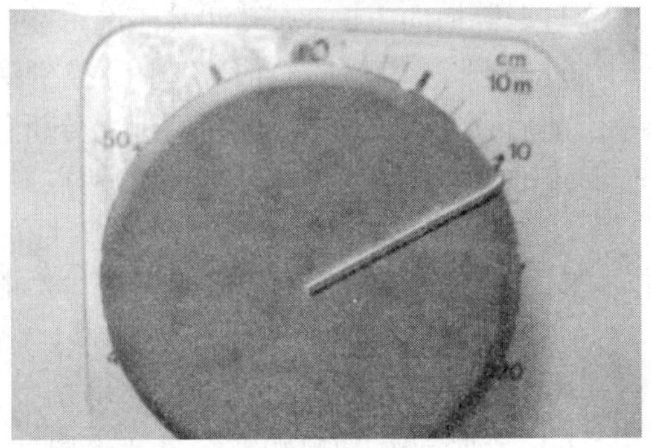

图2-199　调整至10cm/10m的位置

12. 如图 2-200 所示，通过反射镜或观察窗，看投影屏上灯光的照射位置，检测光轴偏斜量。

(1)灯光分析仪的投影屏如图 2-201 所示。

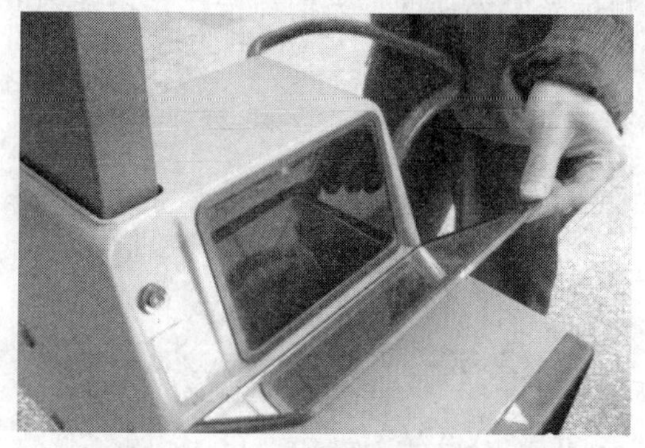

图 2-200　通过反射镜观察检测结果

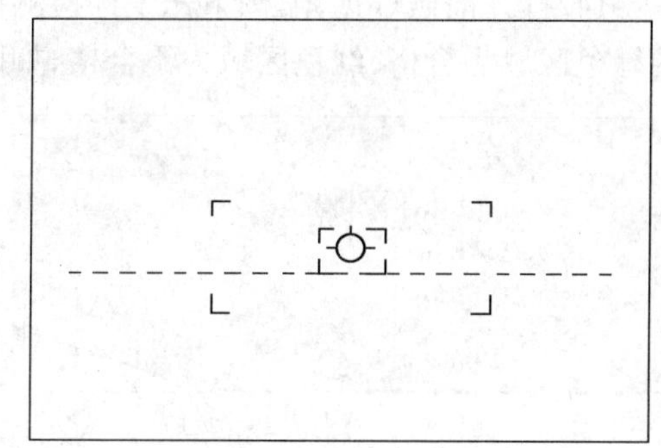

图 2-201　灯光分析仪的投影屏

(2)近光灯标准光形如图 2-202 所示，明暗截止的水平部分在虚线的左半部分，右半部分为与前照灯基准中心高度水平线成 15°的斜线向上偏斜。

(3)灯光分析仪的投影屏上，光形如图 2-203 所示，表示光轴偏低。

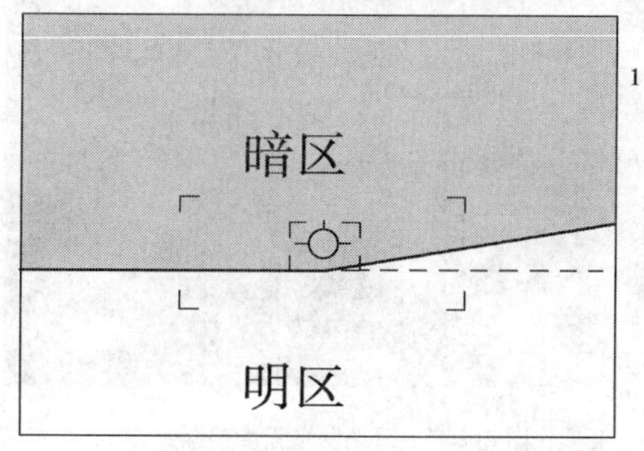

图 2-202　近光灯标准光形图

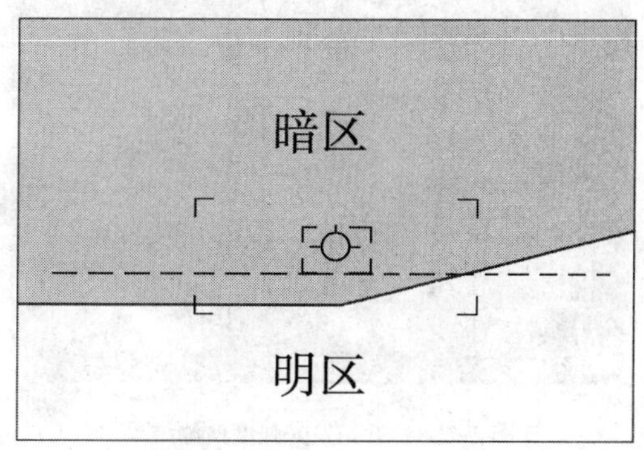

图 2-203　近光灯光轴偏低

(4)灯光分析仪的投影屏上，光形如图 2-204 所示，表示灯光偏高。

(5)灯光分析仪的投影屏上，光形如图 2-205 所示，表示灯光偏左。

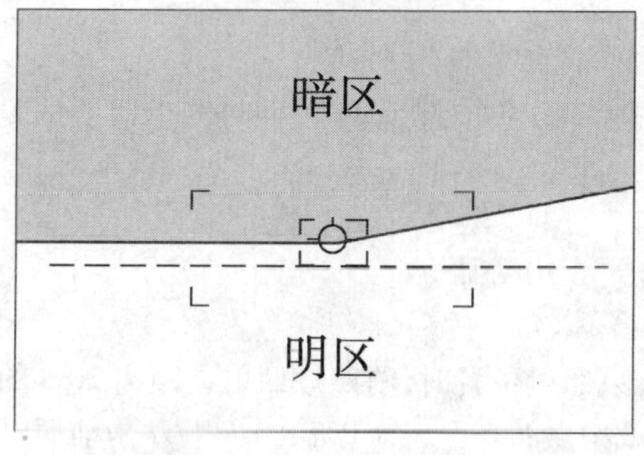

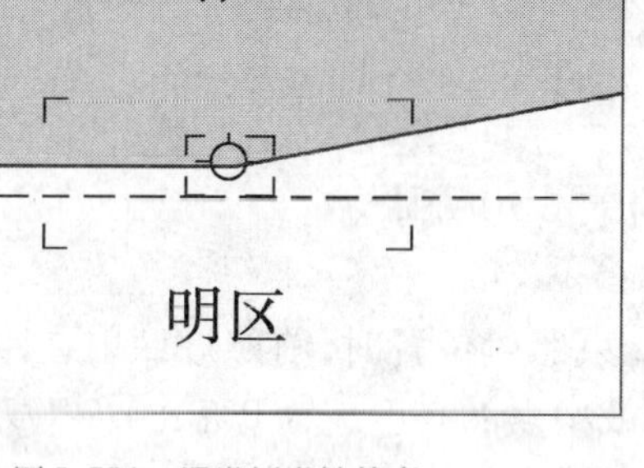

图 2-204　近光灯光轴偏高

图 2-205　近光灯光轴偏左

(6)灯光分析仪的投影屏上，光形如图 2-206 所示，表示灯光偏右。

13. 如图 2-207 所示，按下光度计检测按钮，检测近光发光强度。当指针指在右指示刻度的绿色区域为合格，红色区域为不合格，如图 2-208 所示。

14. 打开前照灯远光，按下光度计检测按钮，检测远光发光强度。当指针指在左指示刻度的绿色区域为合格，红色区域为不合格，如图 2-209。

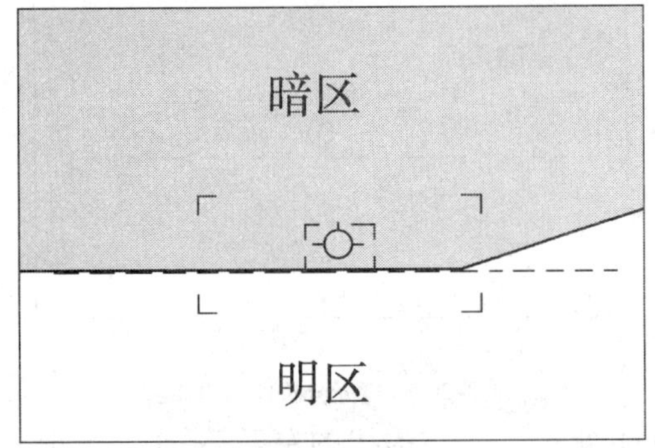

图 2-206　近光灯光轴偏右

图 2-207　按下光度计检测按钮

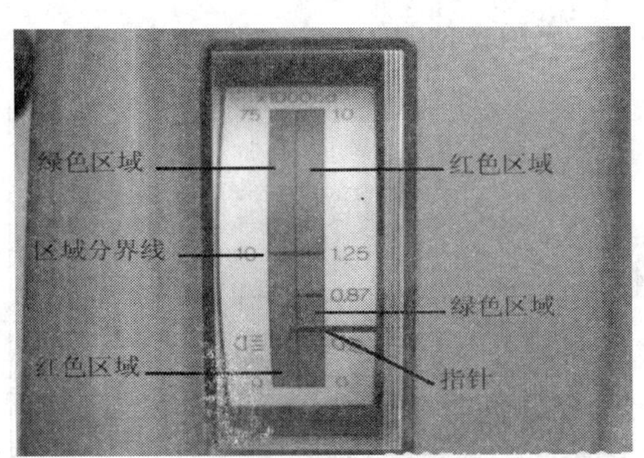

图 2-208　近光发光强度检测结果

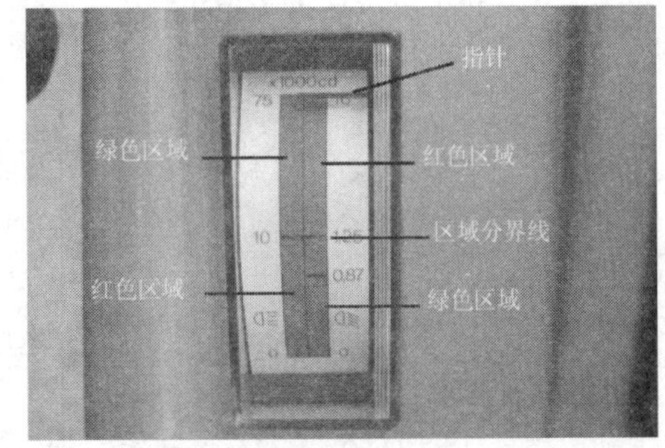

图 2-209　远光发光强度检测结果

15. 重复步骤 7 ~ 14，检测右前照灯光轴偏斜量和发光强度。

五、检测标准及结果分析

1. 前照灯检测标准。

国家标准 GB 7258—2004《机动车运行安全技术条件》中，对机动车前照灯光束照射位置和前照灯光束发光强度作了规定。

(1) 前照灯发光强度。

机动车每只前照灯的远光光束发光强度应符合表 2-30 要求。

(2) 前照灯光束照射位置。

①前照灯近光光束照射位置。在检验前照灯光束照射位置时，前照灯照射在距离 10m 的屏幕上时，乘用车前照灯近光光束明暗截止线转角或中点的高度应为 $0.7 \sim 0.9H$（H 为前照灯基准中心高度，下同），其他机动车（拖拉机运输机组除外）应为 $0.6 \sim 0.8H$。机动车（装用一只前照灯的机动车除外）前照灯近光光束水平方向位置向左偏不允许超过 170mm，向右偏不

允许超过350mm。

②前照灯远光光束照射位置。在检验前照灯远光光束及远光单光束照射位置时，前照灯照射在距离10m的屏幕上时，要求在屏幕光束中心离地高度，对乘用车为0.9～1.0H，对其他机动车为0.8～0.95H；机动车（装用一只前照灯的机动车除外）前照灯远光光束水平位置要求，左前照灯向左偏不允许超过170mm，向右偏不允许超过350mm，右前照灯向左或向右偏均不允许超过350mm。

前照灯远光光束发光强度最小值要求　（单位：坎德拉）　表2-30

机动车类型		检查项目					
		新注册车			在用车		
		一灯制	两灯制	四灯制[a]	一灯制	两灯制	四灯制[a]
三轮汽车		8000	6000	—	6000	5000	—
最高设计车速小于70km/h的汽车		—	10000	8000	—	8000	6000
其他汽车		—	18000	15000	—	15000	12000
摩托车		10000	8000	—	8000	6000	—
轻便摩托车		4000	—	—	3000	—	—
拖拉机运输机组	标定功率>18kW	—	8000	—	—	6000	—
	标定功率≤18kW	6000[b]	6000	—	5000[b]	5000	—

[a]四灯制是指前照灯具有四个远光光束；采用四灯制的机动车其中两只对称的灯达到两灯制的时视为合格。

[b]允许手扶拖拉机运输机只装用一只前照灯。

2. 结果分析。

前照灯检验不合格有两种情况：一是前照灯发光强度偏低；二是前照灯照射位置偏斜。

(1)前照灯发光强度偏低。

①左右前照灯发光强度均偏低。

a. 检查前照灯反光镜光泽是否明亮，如昏暗或镀层剥落或发黑应予更换。

b. 检查灯泡是否老化，质量是否符合要求，如老化或质量不符合要求，光度偏低者应更换。

c. 检查蓄电池端电压是否偏低，如端电压偏低，应先充足电再检测。

②左右前照灯发光强度不一致。

检查发光强度偏低的前照灯反射镜光泽是否灰暗，灯泡是否老化，质量是否符合要求，一般多为搭铁线路接触不良所致。

(2)前照灯照射位置偏斜。

①前照灯位置安装不当。

②前照灯调整不当。

③因振动，使前照灯固定螺钉松动。

项目8　汽油发动机排气污染物的检测

此项目每人学习课时数1个(45分钟)

一、学习目标

知识目标

1. 简单叙述汽油发动机排气污染物的主要成份。
2. 简单叙述汽油发动机排气污染物的检测原理。
3. 正确描述四气体废气分析仪的组成及使用方法。

技能目标

1. 会分析汽油发动机怠速污染物超过标准的主要原因。
2. 会操作使用四气体废气分析仪。
3. 能使用四气体废气分析仪对怠速污染物进行检测和诊断。

二、实训器材

1. 轿车一辆。
2. 尾气分析仪一台及相应附件。

三、仪器简介

汽油发动机排出的废气中,对人有直接危害的成分主要是CO、HC和NO_x;对大气环境有影响的气体成分除上述外,还有CO_2;因此目前执行的在怠速工况下测定CO和HC两种气体含量的检测方法,不能够全面反映汽车对大气的污染情况。汽车排气中的含氧量是装有电控燃油喷射装置发动机的汽车计算机监测空燃比、控制排放量,保护三元催化反应器正常工作的重要信号。同时,排气中的CO_2和O_2的含量还反映了发动机的燃烧效率。因此,为全面反映汽车污染物的排放情况,燃烧效率和供给系统的情况,需进行四气体(CO、CO_2、HC、O_2)或五气体(CO、CO_2、HC、O_2、NO_x)分析。

本项目以Mod488废气分析仪为例介绍废气分析仪的组成及使用方法。Mod488废气分析仪为四气体分析仪,外形如图2-210所示。它主要由废气取样装置、废气分析装置、浓度指示装置和校准装置构成,其前视图和后视图分别如图2-211、图2-212所示。该仪器四气体的浓度采用两类方法测定,其中CO、HC和CO_2利用不分光红外线分析法原理进行测定,而O_2的浓度则采用电化学的原理测定,该四气体分析仪的测试流程,如图2-213所示。

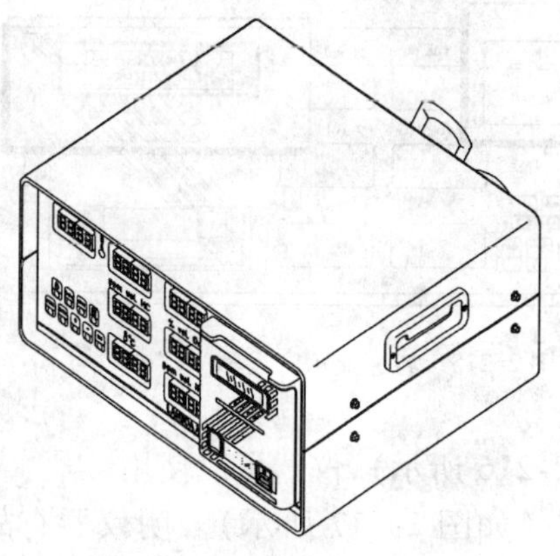

图 2-210　Mod 四气体废气分析仪

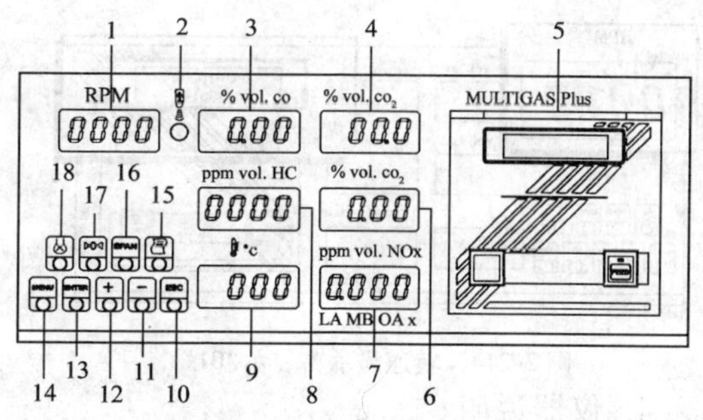

图 2-211　Mod 四气体废气分析仪前视图

1-转速显示窗;2-透镜;3-CO 显示窗;4-CO_2 显示窗;5-微型打印机;6-O_2 显示窗;7 – No_x/λ 显示窗;8-HC 显示窗;9-温度显示窗;10-退出键;11-"+"号键;12-"–"号键;13-确认键;14-菜单键;15-打印键;16-校准键;17-零位键;18-泵开关

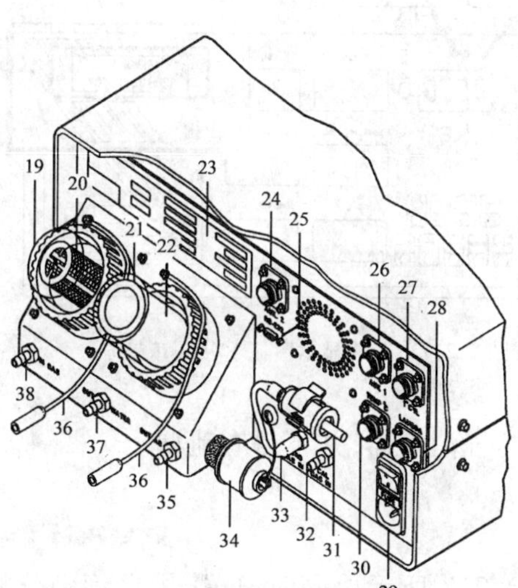

图 2-212　Mod 四气体废气分析仪后视图

19-短透明罩;20-水分离器;21-长透明罩;22-滤清器;23-后罩板;24-26、外接设备插 27-1 缸信号插孔;28-λ 插孔;29-电源插孔;30-温度传感器插孔;31-活性炭滤清器;32-标准气样入口;33-新鲜空气入口;34-O_2 传感器;35-排气口;36-泄漏测试口;37-排水口;38-废气入口

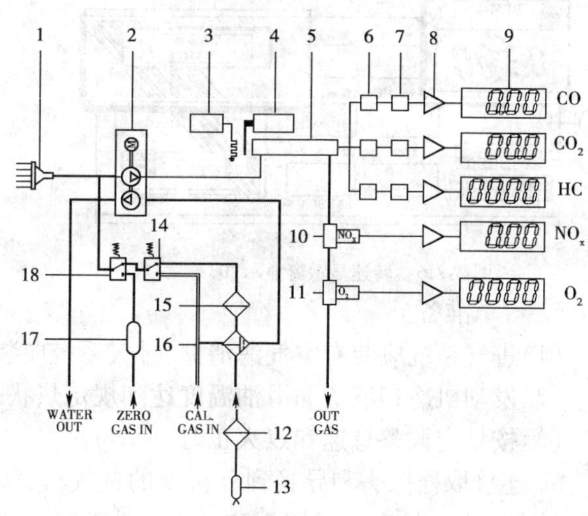

图 2-213　四气体分析仪的测试流程

1-流量传感器;2-泵;3-红外线辐射器;4-同步电机;5-测量装置;6-光谱滤清器;7-红外线接收器;8-放大器;9-显示装置;10-NO_x 传感器;11-O_2 传感器;12-滤清器;13-取样管;15-滤清器;16-水分离器;17-活性碳滤清器;14、18-电磁阀

四、实 训 内 容

1. 连接仪器电源,打开仪器后部的电源开关,检查仪器各显示是否正常。
2. 当仪器上的转速显示窗显示"01"时(如图 2-214 所示),仪器开始预热,预热 15min 左右。
3. 转速显示窗显示"21"时(如图 2-215 所示),仪器预热完成,自动进行仪器自校准。

注:仪器在使用过程中可根据需要按下零位按钮①,如图 2-215 所示,进行自校准。

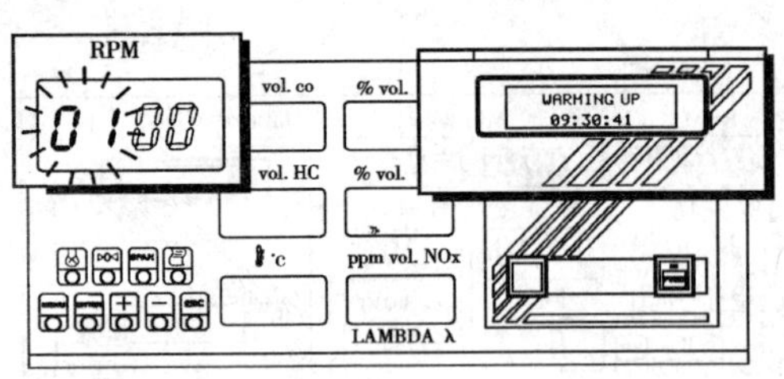

图 2-214 转速显示窗显示“01”

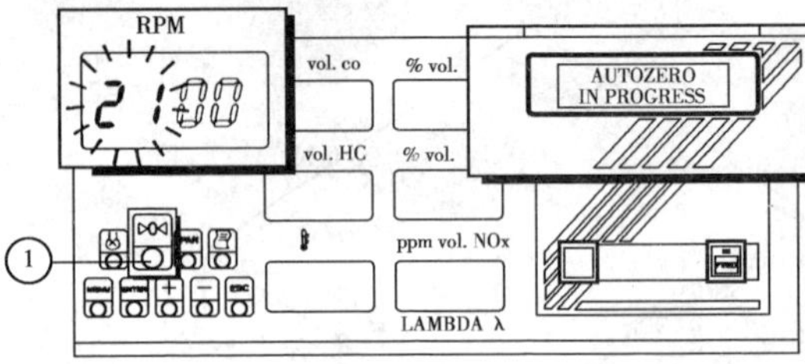

图 2-215 转速显示窗显示“21”

4. 仪器说明。

(1)仪器自校准正常后,转速显示窗显示“03”(如图 2-216 所示),仪器可以使用。

(2)仪器自校准过程中,转速显示窗显示“96”或“97”(如图 2-217 所示)表明仪器有故障,需维护修理。

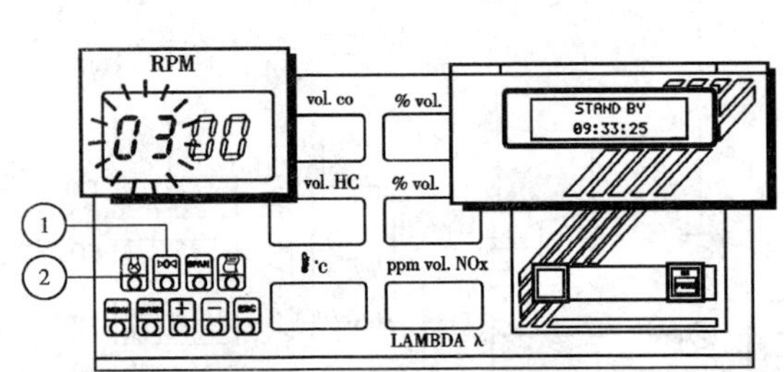

图 2-216 转速显示窗显示“03”

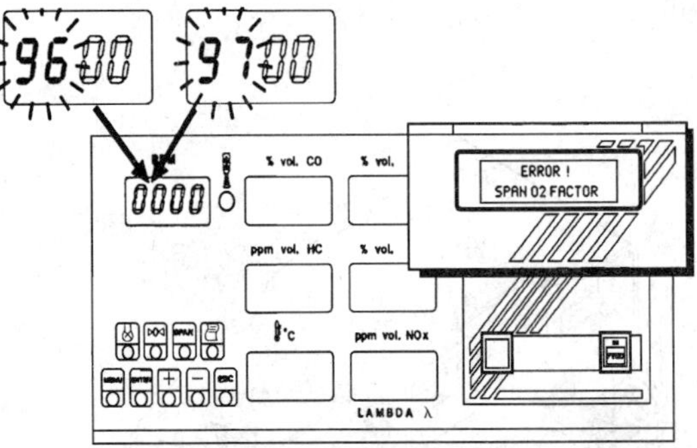

图 2-217 转速显示窗显示“96”或“97”

5. 汽车准备。

(1)进气系统应装有空气滤清器,排气系统应装有排气消声器,并不得有泄漏。

(2)发动机冷却液和润滑油温度达到规定热状态。

(3)按规定调整怠速和点火正时。

6. 连接取样探头和导管到分析仪的进气口,如图 2-218 所示。同时,连接排水管到分析仪的排水口上。检查取样探头和导管内是否有残留 HC。如果残留 HC 较多,HC 显示窗显示超过零以上时,需用压缩空气吹洗或用布条等清洁取样探头和导管内壁。

7. 连接 1 缸信号传感器、温度传感器的导线到分析仪相应插孔内,如图 2-219 和图 2-220 所示。

图 2-218 连接取样导管到分析仪的进气口

图 2-219 连接 1 缸信号传感器导线到分析仪

8. 发动机停机，把1缸信号传感器接到1缸高压线上，如图2-221所示。

9. 取下发动机机油尺如图2-222所示，把温度传感器插入机油尺孔内，如图2-223所示。

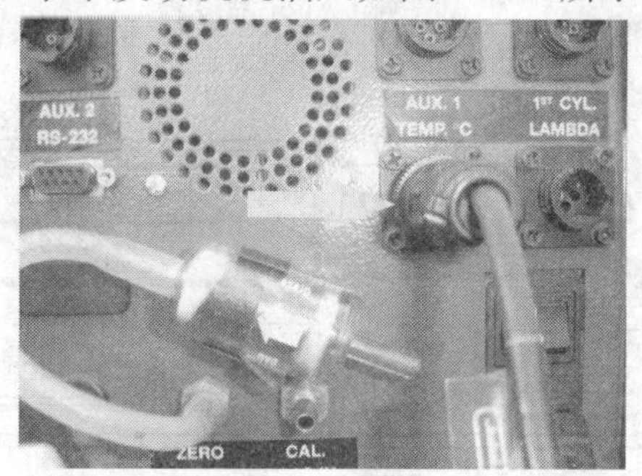

图2-220　连接温度传感器的导线到分析仪

图2-221　把1缸信号传感器接到1缸高压线

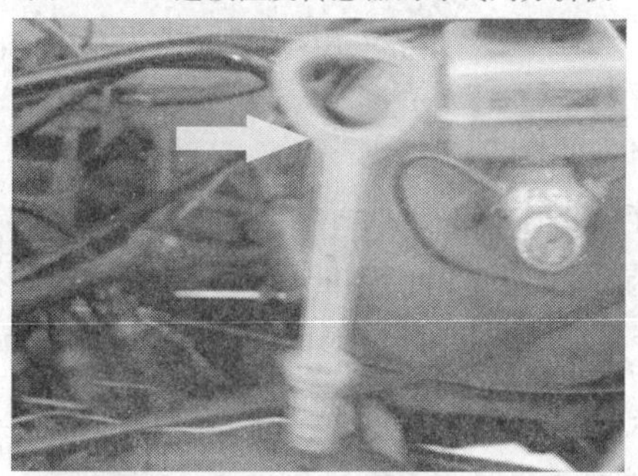

图2-222　取下发动机机油尺

图2-223　温度传感器插入机油尺孔内

10. 起动发动机，使它由怠速工况加速至0.7倍额定转速，维持60s后降至怠速状态。

11. 发动机降至怠速状态后，将废气分析仪取样探头插入排气管中，深度应保证为400mm，并固定于排气管上，如图2-224所示。

12. 发动机在怠速状态维持15s后开始读数，当读数稳定后按下打印键，打印检测结果，检测结果如图2-225所示。

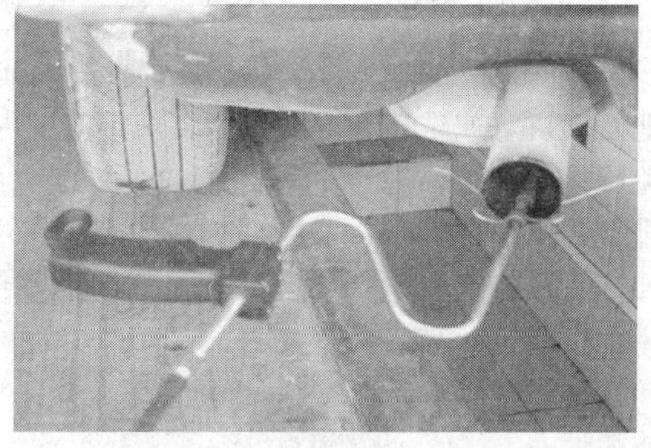

图2-224　废气分析仪取样探头插入排气管

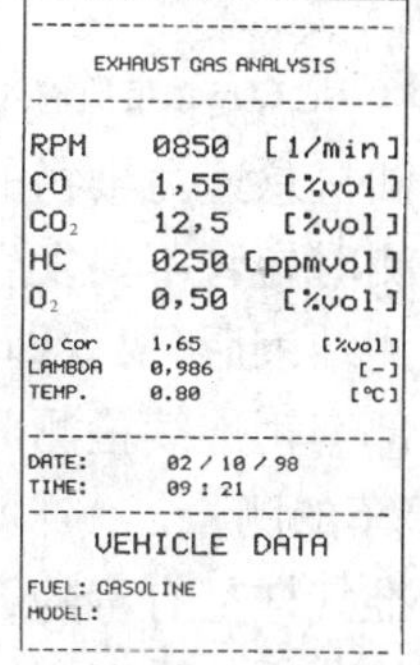

EXHAUST GAS ANALYSIS

RPM	0850	[1/min]
CO	1,55	[%vol]
CO_2	12,5	[%vol]
HC	0250	[ppmvol]
O_2	0,50	[%vol]
CO cor	1,65	[%vol]
LAMBDA	0,986	[-]
TEMP.	0.80	[°C]

DATE: 02 / 10 / 98
TIME: 09 : 21

VEHICLE DATA

FUEL: GASOLINE
MODEL:

图2-225　检测结果

13. 若为多排气管时，取各排气管测量结果的算术平均值。

14. 检测工作结束后，把取样探头从排气管里取出来，让其吸入新鲜空气工作5min，待各显示窗显示到零以后再关掉电源。

15. 标准气样校准。该气体尾气分析仪，每年至少要进行一次标准气样校准。校准方法如下：

(1)打开仪器电源,当转速显示窗“01”时,按下校准按钮①,如图 2-226 所示。

(2)把 CO 标准气样连接到仪器后部的标准气样入口,使标准气样进入仪器。

(3)利用“+”号键和“-”号键把 CO 标准气样瓶上指示的 CO 浓度值 3.48 输入到 CO 显示窗,如图 2-227 所示,按确认键确认。

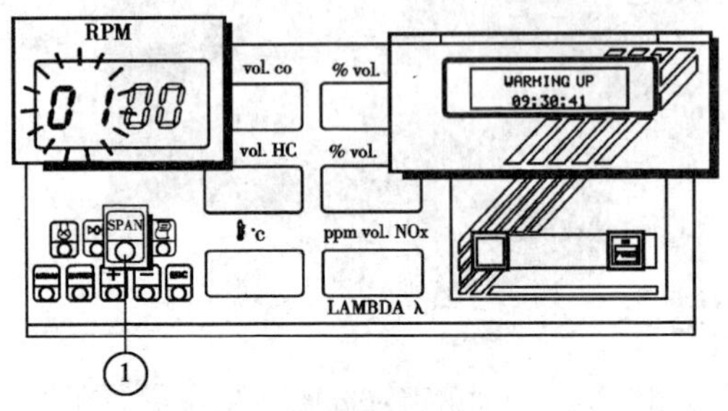

图 2-226 转速显示窗“01”时按下校准按钮①

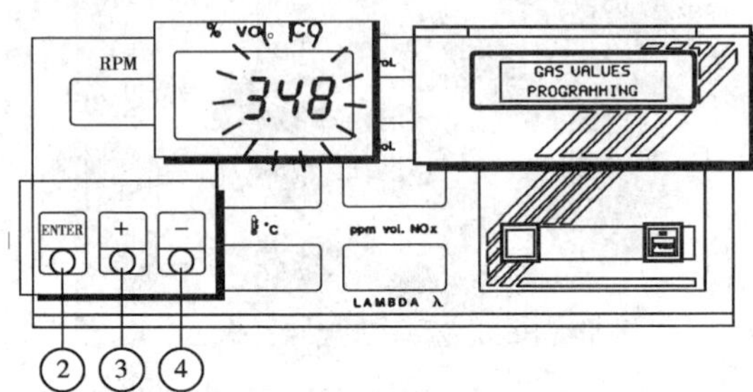

图 2-227 把 CO 浓度值输入到 CO 显示窗

(4)取下 CO 标准气样。

(5)重复步骤(1)~(4),进行 CO_2 标准气样校准,如图 2-228 所示。

(6)重复步骤(1)~(4),进行 HC 标准气样校准,如图 2-229 所示。只是要注意,对于 HC 气体分析仪,是用丙烷作为标准气样,因此输入 HC 显示窗的气样校准值应为丙烷浓度乘以该仪器的换算系数 0.539。例如:丙烷浓度为 2718ppm,输入 HC 显示窗的值应为 1463ppm(即 2718×0.539=1463)。

16. 注意事项。

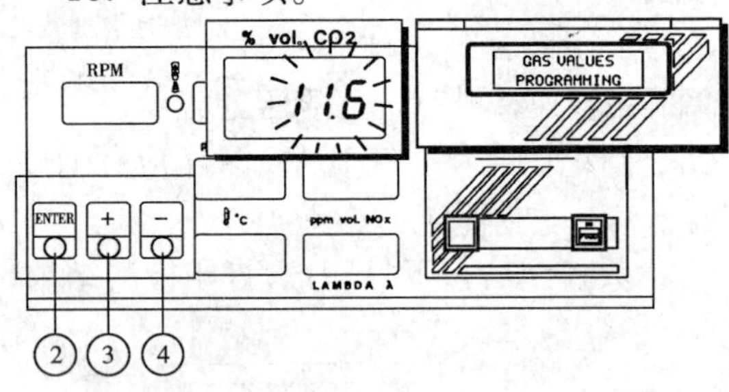

图 2-228 把 CO_2 浓度值输入到 CO_2 显示窗

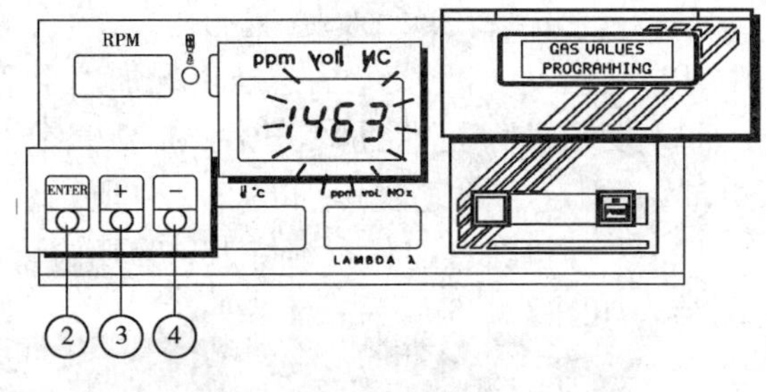

图 2-229 把 HC 浓度值输入到 HC 显示窗

(1)汽油机怠速污染物的检测,一定要把发动机怠速转速和温度控制在规定范围内。

(2)检测时导管不要发生弯折现象,以免影响检测结果。

(3)检测结束后,要立即把取样探头从排气管里抽出来。

(4)多部车辆连续检测时,一定要把取样探头从排气管里抽出来并待显示回到零位后,再进行下一部车的测量。

(5)标准气样是有毒的,在进行标准气样校准时,注意安全。

(6)废气分析仪需定期维护,定期更换滤清器。

五、检测结果分析

1. 排放标准。

我国已颁布仍在执行的排放标准有很多，对于在用汽车，仍以 GB 14761.5—1993《汽油车怠速污染物排放标准》作为汽油发动机排放性能检测的依据，其排放标准值见表 2-31。其他排放标准主要适用于新型车辆的型式认证试验和生产一致性检查。

汽油车怠速污染物排放标准值　表 2-31

四冲程 / 车型 / 车别	CO(%)		HC($\times10^{-6}$)			
			四冲程		二冲程	
	轻型车	重型车	轻型车	重型车	轻型车	重型车
1995 年 7 月 1 日以前生产的在用汽车	4.5	5.0	1200	2000	8000	9000
1995 年 7 月 1 日起生产的在用汽车	4.5	4.5	900	1200	7500	8000

2. 检测结果分析。

（1）汽油发动机怠速污染物超过标准，其主要原因是发动机供给系统工作不良所致。除发动机供给系统对排气污染物的成分、浓度有影响外，点火系和冷却系工作状态及曲柄连杆机构技术状况，对排气中 CO、HC 的浓度也有影响。此外电控系统工作是否正常也是影响排放的一个主要因素。

①混合气过浓。发动机混合气过浓，意味着空气量不足，燃烧不完全，必然导致 CO 和 HC 含量增高，CO_2 和 O_2 含量降低。

②混合气过稀。发动机混合气过稀，意味着燃油不足，燃烧不完全，必然导致 CO 和 CO_2 含量降低，HC 和 O_2 含量增高。

③发动机温度过低，燃油不能充分雾化燃烧，使废气中 CO、HC 含量增加。

④曲柄连杆机构磨损严重。汽缸、活塞、活塞环等磨损严重，漏气增加，压缩终了，汽缸内压力不足，混合气不能充分燃烧，也会造成 CO、HC 增加。

⑤点火时刻失准。汽油机点火时刻过迟，CH、CO 含量也会增加。

（2）新车或已行驶 8～10 万 km 以内的车辆废气排放物浓度值在怠速工况下的正常范围数值，如表 2-32 所示。

（3）废气测试值与系统故障的关系如表 2-33 所示。

怠速工况下车辆废气排放的正常浓度范围　表 2-32

CO,%	HC,10^{-6}	CO_2,%	O_2,%
0～3	0～250	13～15	1～2

汽油车排气污染物量的变化趋势与发动机故障的关系　表 2-33

CO	HC	CO_2	O_2	故障原因
低	很高	低	低	点火系统故障 汽缸压力低
很高	很高/高	低	低	混合比浓
很低	很高/高	低	很高/高	混合比稀
高	低	正常	正常	点火太迟
低	高	正常	正常	点火太早
变化	变化	低	正常	EGR 阀泄漏
低	低	低	高	排气管漏气

模块三 汽车维修技术管理

根据《汽车维护、检测、诊断技术规范》(GB/T 18344—2001)及《机动车维修管理规定》(交通部令2005年第七号)的精神,机动车进行维修时,机动车维修经营者对机动车进行二级维护、总成修理、整车修理应当实行维修前诊断检验、维修过程检验和竣工质量检验,应当建立维修档案。维修档案的主要内容包括:维修合同、维修项目、具体维修人员及质量检验人、检验单、竣工出厂合格证(副本)及结算清单等。

项目1 送修车的验收

此项目每人学习课时数4学时(180分钟)

一、学习目标

知识目标

1. 简要叙述送修车验收的过程。
2. 简要叙述检验员的工作职责。

技能目标

1. 会填写送修车报修单、进厂检验单。
2. 能进行送修车的检验、检测。
3. 能综合各方面的资料确定维修项目。

二、送修车档案表的填写

送修车进厂时,承修企业应根据车辆维修档案资料和驾驶员反应的车辆使用技术状况及报修项目,对车辆进行检验、检测,确定维修项目,并记录相关的技术文件。

1. 车辆报修单。

送修车进厂维修时,在车辆报修处由维修业务接待员(或进厂检验员)根据驾驶员反应的车辆使用技术状况及报修项目填写车辆报修单,其格式和内容可由维修企业根据需要和坚持全面、清晰、简便、易行的原则自行编制。车辆报修单示例如表3-1所示。

车辆报修单　　表3-1

进厂编号：

进厂日期		送修单位、地址及电话			
车型		牌照号码		送修人	
客户报修项目	维护等级：一级维护□　　二级维护□				
	修理类别：发动机大修□　　整车大修□				
	单项修理项目名称				
车辆技术状况描述					

厂方代表签字：　　年　月　日

客户代表签字：　　年　月　日

2. 进厂检验单。

送修车辆进厂维修时，办理报修手续后由承修企业的进厂检验员对送修车辆进行基本检验和检测，并将检验结果填写在进厂检验单（表3-2所示）和技术状况检测记录表（表3-4所示）中。

送修车进厂验收单　　表3-2

进厂日期			进厂编号			
车型			牌照号码			
发动机号码			底盘号码			
送修单位			地址			
联系人			送修人			
车辆状况	总行驶里程　　km； 已经进行过整车大修　　次；　　发动机大修　　次； 进厂前车辆主要问题是：					
汽车外观及装备（完整"√"，缺少"△"，损坏"×"）						
车内设施	检验项目	状况	检验项目	状况	检验项目	状况
	收（录）音机		点烟器		电风扇	
	CD机		座套		转向盘套	
	天线		座（靠）垫		遮阳板	
	音响		脚垫		防盗锁	
	车载电话		饰物		仪表盘	
底盘	离合器		转向机		车轮制动器	
	手动变速器		转向操纵机构		驻车制动器	
	自动变速器		转向传动机构		车身	
	车桥		车架		悬架	

续上表

电气设备	灯光		暖风电机			
	仪表		防盗系统			
	电器线路		低压报警器			
其　他	车厢		内外装饰		随车工具	
	门窗玻璃		备胎			

检验员签字：　　　　　　　　　　　　　　　　　　　　　　　　年　月　日

注：发动机进厂检验项目见典型总成（发动机）大修工艺过程（表3-8）。

3. 检验的基本方法。

(1)汽车外部检视。

①检视汽车的完整性，查看装备是否齐全，有无明显损伤。

②检视车身面漆有无脱落、开裂。

③检视或测量车身有无变形。

a. 左右对称点离地高度差应小于10mm；

b. 轴距左右相差应小于5mm。

④检查汽缸体、变速器机体、前后桥、车架等有无裂纹和变形。

⑤检查发动机机油、冷却液、变速器（主减速器）齿轮油、转向助力油液、制动液、蓄电池电解液等是否足够，有无泄漏。

⑥检查转向、传动和和制动等机构有无松旷、变形和损伤。

⑦检查轮胎气压是否充足、轮胎有无异常磨损和损伤。

(2)汽车行驶检查。

①检查发动机运行情况，察看发动机有无异常响声，有无漏油、漏水、漏气、漏电，运转是否稳定，排气是否异常等。

②检查汽车起步情况，察看离合器有无打滑、发抖或分离不彻底，变速器有无挂档困难等现象。

③检查汽车运行情况，察看变速器有无异响、换档有无冲击、有无跳档；制动性能是否良好；转向是否轻便灵活；行驶有无跑偏。

(3)利用仪表、仪器设备对系统和总成进行检测。

检测汽车整车及总成技术状态的仪器、设备比较多，维修企业常用检测诊断设备有以下一些，这些设备的用途、使用方法请查阅相关产品的使用说明书。

①发动机综合测试仪。

②故障诊断仪（解码器）。

③汽车万用表。

④发动机测功机。

⑤汽缸压力表。

⑥汽缸漏气量检测仪。

⑦真空表。

⑧电子听诊器。

⑨油压表。

⑩油耗计。

⑪底盘测功机。
⑫转向盘自由转动量检测仪。
⑬制动试验台。
⑭侧滑试验台。
⑮四轮定位仪。
⑯轮胎动平衡机。
⑰轮胎气压表。
⑱示波器。
⑲汽车电器万能试验台。
⑳点火正时仪。
㉑气体分析仪。
㉒烟度计(柴油车维修必备)等。

三、对送修车进行技术状况检测、记录

1. 汽车维修中常规检测项目。

对送修车技术状况进行检测时,根据车辆的维修技术档案、驾驶员的反映和报修项目及进厂检验员的检验结果和初步判断,选择表3-3中的一项或多项作为检测项目。检测时使用的检测设备应当是通过质检部门定期检定合格的产品。无检测条件的维修企业可将汽车送到综合性能检测站对车辆的综合技术性能进行全面的检测。

汽车二级维护检测项目　　表3-3

序号	检　测　项　目
1	发动机功率,汽缸压力
2	汽车排气污染物,三元催化反应装置的作用
3	电控燃油喷射系统
4	柴油车供油提前角,供油间隔角和喷油泵供油压力
5	制动性能,检查制动力
6	转向轮定位,主要检查前轮定位角和转向盘自由转动量
7	车轮动平衡
8	前照灯
9	操纵稳定性,有无跑偏、发抖、摆头
10	变速器:有无泄漏、异响、松脱、裂纹等现象,换档是否轻便灵活
11	离合器:有无打滑、发抖现象,分离是否彻底,接合是否平稳
12	传动轴:有无泄漏、异响、松脱、裂纹等现象
13	后桥:主减速器有无泄漏、异响、松动、过热等现象

2. 送修车技术状况检测。

对送修车辆通过基本检验或综合性能检测后,可以初步确定维修作业的范围和维修作业项目,有时还需要对系统或总成的技术状况进行检测才能确定具体的作业项目。随着计算机控制技术在汽车(特别是轿车)上的广泛应用,现代汽车上装用的计算机控制系统通常都具有故障自诊断功能。对控制系统技术状况进行检测时可利用故障诊断仪(解码器)进行随车诊断,读取故障码或数据块。通过对读取数据的综合分析比对,确定相关系统或部件的技术状况。检测过程中及时将检测结果填写在表3-4送修车技术状况检测记录表中。

送修车技术状况检测记录表　　表3-4

序号	检测部位	检测项目	技术要求	检测结果
1	发动机	工作状况	易起动，各种转速下运转稳定，温度正常，无异响	
		汽缸压力或无负荷功率	不低于额定值的80%	
		进气歧管真空度	发动机怠速时：真空度不低于57kPa 真空度波动值小于5kPa	
		单缸转速降	单缸转速降大于10%，各缸转速降相差小于25%	
		电子控制系统数据流	各参数符合原厂规定值	
		燃油系统供油压力	燃油系统供油压力不低于280kPa	
		润滑系统机油压力	最低压力不低于30kPa，最高压力不高于180kPa	
		起动电压	符合原厂规定值	
2	离合器	踏板自由行程	符合原厂规定值	
		工作情况	接合平稳，分离彻底，无打滑、发抖、异响	
3	变速器	工作情况	操纵轻便灵活，无跳挡、乱挡、异响	
	自动变速器	工作情况	升降挡平滑、无冲击、异响	
4	主减速	工作情况	无异响、过热	
5	传动轴	工作情况	连接可靠，无松动、异响	
6	转向系	工作情况	操纵轻便，转向灵活，回位及时	
		转向盘自由行程	符合原厂规定	
		转向轮定位参数	符合车型规定	
		车轮侧滑量	符合GB 7258—2004中的有关规定	
7	制动系	制动踏板自由行程	符合原厂规定	
		行车制动性能 驻车制动性能	符合GB 7258—2004中的有关规定	
		ABS系统	工作状态良好	
8	排放	排气污染物	符合GB 18285—2000中的有关规定	
9	灯光	前照灯发光强度和光束照射位置	符合GB 7258—2004中的有关规定	

检测、检验员签字：　　　　年　月　日

(1)发动机技术状况的检测。

①检查发动机起动性能。

a. 冷起动。检查在环境温度不低于－5℃时发动机能否顺利起动，允许连续起动不超过3次，每次起动时间不超过5s。

b. 热起动。检查在发动机正常工作温度下能否一次顺利起动。

②检查起动电压。

在发动机起动过程中用发动机综合检测仪或万用表检测起动电压(电控汽车发动机起动时的蓄电池电压应不低于10V)。

③检查发动机运转情况。

起动发动机怠速运转,发动机水温、油温达到正常的工作温度后,检查发动机运转是否平稳,加速和减速试验各工况过渡是否平稳,运转中有无异响。

④发动机故障检测。

用故障诊断仪(解码器)检测电子控制系统有无故障码。若发动机运转不正常但无故障码存贮时,需读取数据块(各种机型的数据块组请查阅相关的车型维修手册),了解发动机运行的各种参数,通过分析比对查找故障原因和故障部位(见《轿车维修故障故障诊断》模块一,《轿车维修检测管理》模块一项目3)。

⑤发动机功率的检测。

发动机功率可以用发动机综合检测仪或便携式无负荷测功仪进行检测。以下是无负荷测功仪检测发动机功率的过程:

a. 起动发动机怠速运转,使发动机预热至正常的工作温度。

b. 将检测仪的传感器按操作说明要求连接到发动机规定的部位。

c. 接通电源预热仪器,按下复零键使指示仪表复零(仪器指示仪表指示不正常时应予以调整)。

d. 设定参数(如机型、缸数、起始转速 n_1、终止转速 n_2 等)。

e. 检测时,在发动机怠速工况下迅速将加速踏板踩到底,当转速超过终止转速时立即松开加速踏板,记下测量结果。

f. 重复测量2~3次,取算术平均值作为检测结果(仅能显示加速时间的无负荷测功仪,测得加速时间后,需查阅仪器生产厂推荐的曲线图或表格,查找对应的功率值)。

若发动机功率小于额定值的75%,则需要大修发动机;大修后的发动机功率小于额定值的90%,则视为竣工检验不合格,必须返修。

⑥发动机单缸转速降的检测。

起动发动机怠速运转至正常工作温度,检查、调整发动机怠速转速符合车型要求(一般电子控制发动机怠速转速为900±50r/min)。分别使各缸断火(可拔下所检测汽缸的分缸高压导线并搭铁)或断油(电喷发动机检测前在点火开关关闭的状态下拔下喷油器控制线路插头),测出单缸不工作时的发动机怠速转速。发动机正常怠速转速与各缸断火(或断油)后的怠速转速的差值为单缸转速降,当单缸转速降小于10%或各缸转速降相差大于25%时,说明发动机各缸技术状态不良。进一步检查分析,若单缸工作不良是汽缸密封不严引起时,应拆检发动机总成,视情修理或更换技术状态不良的零部件。

⑦发动机汽缸压缩压力的检测。

a. 预热发动机至正常工作温度后停机,吹净火花塞孔(汽油机)或喷油器孔(柴油机)周围的灰尘,拆下空气滤清器和火花塞或喷油器。

b. 将汽缸压力表锥形或阶梯形橡胶接头压紧在所测量汽缸的火花塞座孔上(柴油机必须使用螺纹管接头并连接到喷油器座孔上)。

c. 全开节气门和阻风门,用起动机带动曲轴转动 3 ~ 5s(转速必须符合机型技术要求),记下压力表读数(kPa)。

d. 重复测量 2 ~ 3 次,取平均值作为所测量汽缸的压缩压力。

e. 重复以上步骤,检测完所有汽缸的压缩压力。

若汽缸压缩压力(取各缸中最小值)低于原设计值的 25% 时,发动机应进行大修;大修后的发动机若汽缸压缩压力低于原设计值的 90% 或汽油机各缸压力差超过平均压力的 8%、柴油机各缸压力差超过平均压力的 10% 时,必须返修。

⑧汽缸漏气量的检测。

汽缸漏气量的检测,是在发动机不运转的情况下,转动曲轴使被检测汽缸的活塞处于压缩行程上止点位置时,锁住曲轴(变速器挂入低速挡,拉紧驻车制动操纵杆),把相当于汽缸压缩压力的压缩空气从火花塞座孔或喷油器座孔充入汽缸,通过压力的变化检测汽缸的漏气量。具体检测方法如下:

a. 预热发动机至正常工作温度后停机,吹净火花塞或喷油器周围的灰尘,拆下火花塞或喷油器,装上充气嘴。

b. 将检验仪接通气源,调节减压阀,使压力测量表的指针在 329 kPa 位置上。

c. 拆下分电器盖和分火头(带分电器的汽油机),装上指针和活塞定位盘(指针用分火头改制,定位盘用薄钢板制成,其上按缸数刻度,按分火头的旋转方向和点火顺序刻上缸号)。

d. 摇转曲轴,使 1 缸处于压缩上止点的位置,转动活塞定位盘,使指针对正刻度“1”。

e. 把 1 缸充气嘴接上快换管接头,向 1 缸充气;测量表上的读数反映了该缸的状况。

f. 摇转曲轴对正活塞定位盘下一缸的刻度线,重复以上步骤, 检测完所有汽缸。

为保证测量数据可靠,每缸应测量两次以上。在检测过程中注意听察漏气声,查找漏气部位。当汽缸漏气量大于车型技术要求时,根据漏气部位,视情拆检发动机,研磨或更换气门,更换活塞环或镗磨汽缸。

⑨进气管真空度的检测。详见《轿车维修检测管理》模块一项目 1。

⑩燃油供给系统供油压力的检测。

a. 拆下燃油泵控制线路中的熔断器(保险丝),起动发动机,使发动机运行至自动熄灭,降低输油管中的压力(卸压),再起动发动机 2 ~ 3 次,直到发动机不能发动。松开油管接头(注意油路中的油喷射出来,在接头下方放置毛巾吸收流出的油液)。

b. 将油压表组连接到输油管路中。

c. 重新装上燃油泵控制电路中的熔断器(保险丝),打开点火开关至 ON 位置,燃油泵泵油使油管内建立起油压。起动发动机怠速运转,测试燃油压力,打开燃油压力表开关,燃油压力表指示值应接近 250kPa。

d. 将真空软管从油压调节器上拆下,发动机怠速运转时燃油压力表的读数应略有上升,接近 300kPa。

e. 将真空软管重新接到燃油压力调节器上,再踩一下加速踏板使发动机转速升高,燃油压力表的读数应有所上升,压力值应在 280 ~ 300kPa 之间。

f. 使发动机停止运转,检查燃油压力在 5min 内应保持在 150kPa 以上;起动发动机怠速运转,当燃油压力建立起来后,关闭点火开关和燃油压力表开关,观察压力表压力是否下降。

若燃油压力不符合规定要求,应检修燃油供给系统,视情更换燃油泵、压力调节器或喷油嘴。

⑪发动机机油压力的检测。

检测发动机机油压力前应先检查发动机机油量是否足够,油质是否符合要求。正常情况下,机油液位应在油尺“高位”和“低位”刻线之间。检查机油油质时可通过看污染的程度(用颜色区分)、嗅气味(有无糊焦味)、手指捻试(有无杂质、粘度是否合适)并与规定牌号对比鉴别。

a. 预热发动机至正常工作温度。

b. 将机油压力表连接到发动机缸体的主油道上。

c. 起动发动机怠速运转,记下怠速时机油压力表的读数(轿车一般不低于30kPa)。

d. 缓慢加大节气门的开度,使发动机转速增高,记下发动机转速达到额定转速范围内压力表指示的最大压力读数。

若发动机工作过程中,机油压力报警灯一直发亮,压力低于30kPa,说明机油集滤器堵塞、油质差、机油泵工作不良、压力调节过低或曲轴主轴承、连杆轴承配合间隙过大;在额定转速范围内最大机油压力数值不符合车型机油压力标准时。必须拆检发动机查找故障原因。

⑫发动机异响的检测。

检测发动机异响可采用听诊器听诊的方法。根据异响与发动机转速、温度、负荷、缸位及工作循环的关系确定异响故障。发动机有异响,说明其技术状况已发生了变化,通常为零部件之间配合间隙过大或机件变形所致,必须拆检发动机,通过换件或修理的方式恢复其正常的配合状态。

(2)底盘技术状况检测。

①离合器技术状况的检测。

a. 用钢直尺检测离合器踏板自由行程(轿车一般为20~25 mm),踏板自由行程不符合技术要求时应予以调整。

b. 检查离合器工作情况。

起动发动机并进行汽车起步试验,若出现挂挡困难、挂上挡后未放松离合器踏板汽车有闯动、发动机熄火现象;汽车行驶中换挡困难或换挡时有齿轮冲击,说明离合器分离不彻底。

汽车起步或行驶中换挡时,踩下离合器踏板有异常响声,说明离合器异响。

汽车起步时缓慢抬起离合器踏板,离合器接合不平稳、车身有抖动现象,说明离合器发抖。

汽车起步时,放松驻车制动器和离合器踏板后,汽车不能行驶或行驶中有焦味、加速时汽车车速不能随发动机转速上升而提高,上坡行驶无力等,说明离合器打滑。

若离合器操纵机构工作正常,但离合器出现分离不彻底、打滑、发抖、异响等故障时,需拆检离合器。

②变速器、主减速器技术状况的检测。

a. 手动变速器。

在进行路试检查时,若出现下列情况需拆检变速器总成:

变速器跳挡:汽车行驶中负荷突然变化或车辆振动时变速器挡位自动跳至空挡位置。

变速器乱挡:换挡时挂不上所需的挡位或摘挡时不能移至空挡,或挂上的挡位不是驾驶员所要挂的挡位。

异响:汽车行驶中变速器有异常响声。

b. 自动变速器。

自动变速器技术状况的检测,详见《轿车维修故障诊断》模块五。

③转向系技术状况的检测。

a. 检查转向盘自由行程。

转向盘自由行程可用转向参数测量仪,也可以用简易的转向盘自由转动量测量仪进行检测。使用简易的转向盘自由转动量测量仪时,刻度盘固定在仪表板或转向轴管上,指针固定在转向盘的边缘。检测时使汽车处于直线行驶的位置,轻轻转动转向盘至空行程一侧的极限位置,调整指针指向刻度盘"0"刻度,再轻轻转动转向盘至空行程另一侧的极限位置。指针所指示的刻度即为转向盘自由行程。转向盘自由行程应符合 GB 7258—2004《机动车运行安全技术条件》的规定。

b. 路试检查汽车转向是否灵敏,操纵是否轻便,转向后是否有良好的回正作用;在平坦、硬实、干燥和清洁的道路上行驶有无摆振、跑偏或其他异常情况;转向轮偏转到极限位置时,是否与其他部件有干涉现象。

若转向盘自由转动量、转向力不符合技术规范要求或路试检查转向系统工作性能差时,必须检修转向系统。

④行驶系统技术状况的检测。

a. 车轮定位的检测。

车轮定位参数可用四轮定位仪进行检测,详见《轿车维修检测管理》模块二项目6。

b. 车轮侧滑量的检测。

车轮侧滑量须采用侧滑检验仪进行检测,检测时汽车以 3～5km/h 的速度按引导箭头指示方向平稳通过侧滑板(不能转动方向盘和踩制动踏板),当车轮完全通过侧滑板后从指示装置上观察侧滑方向并读取、打印最大侧滑量。根据 GB 7258—2004《机动车运行安全技术条件》的规定,用侧滑检验仪检测前轮侧滑量最大不超过 5m/km。

c. 车轮动平衡的检测。

车轮动平衡可采用动平衡检测仪进行检测,详见《轿车维修检测管理》模块二项目5。

d. 悬架装置工作性能的检测。

悬架装置工作性能可用共振式检验台进行检测,检测时将汽车驶上支承平台,启动测试程序,驱动电机带动偏心机构使车—台系统振动,激振数秒钟,达到角频率 ω_0 的稳定强迫振动后,断开驱动电机电源,由储能飞轮以起始频率为 ω_0 的角频率进行扫频激振,使汽车—台面系统产生共振,并由采样测试装置记录数据和波形,进行分析处理和作出评价。

⑤制动性能的检测。

a. 路试检查行车制动性能。

路试检查行车制动性能时,应选择在平坦(坡度不应大于1%)、硬实、清洁、干燥且轮胎与路面间的附着系数不小于0.7 的水泥或沥青路面上进行。检测的参数有制动距离或制动减速度。目前,常采用检测制动距离的方法。即汽车以 50km/h 的初速度行驶时急踩制动,测量从脚接触制动踏板至车辆停住汽车驶过的距离是否符合技术规范要求(满载时不大于 20.0 m,空载时不大于 19.0 m)。制动过程中是否发生跑偏、侧滑、甩尾、拖滞等现象。由于受检测设备等条件的限制,一般维修企业在维修中进行路试,检查制动性能时,通常采用汽车以一定初

速度(不低于30km/h)行驶时急踩制动,汽车停住后查看各车轮制动拖痕的轻、重、长、短进行经验判断的方法。

b. 路试检查驻车制动性能。

检查驻车制动器操纵杆的空行程是否符合车型技术要求。通常拉起驻车制动操纵杆,锁止机构(棘轮)发出3~5响时,驻车制动器应能完全起作用。

将汽车停放在坡度为20%、轮胎与路面之间的附着系数不小于0.7的坡道上,拉起驻车制动,检测正、反两个方向保持汽车固定不动的时间是否符合技术规范(不少于5min)。

c. 制动力的检测。

检测汽车制动力可采用制动试验台,详见《轿车维修检测管理》模块四。

(3)灯光的检测。

检测汽车前照灯发光强度和光束照射位置可用灯光检测仪,详见《轿车维修检测管理》模块七。

(4)排放污染物的检测。

检测汽车排放污染物可用气体分析仪(汽油车)和自由加速烟度计(柴油车),详见《轿车维修检测管理》模块八。

四、维修项目的确定

对送修车进行技术状态检测后,依据检测结果及车辆实际技术状况进行故障诊断,确定维修项目。进行维护作业的送修车,维修作业项目包括维护基本作业项目和附加作业项目。表3-5为汽车一级维护作业项目,表3-6为汽车二级维护基本作业项目,由于汽车生产厂不同、车型不一样,总成、系统的结构存在差异,车型的各级维护基本作业项目可参照表3-5、表3-6中的作业项目和技术要求,结合车型结构特点和汽车生产厂的规定确定。附加作业项目通过检测后根据车辆技术状况确定并与基本作业项目同时进行。表3-7为桑塔纳轿车维修附加作业项目的确定。

汽车一级维护作业项目　　表3-5

序号	项　目	作业内容	技术要求
1	点火系	检查、调整	工作正常
2	发动机空气滤清器、空压机空气滤清器、曲轴箱通风系空气滤清器、机油滤清器和燃油滤清器	清洁或更换	各滤芯应清洁无破损,上下衬垫无残缺,密封良好;滤清器应清洁,安装牢固
3	曲轴箱油面、化油器油面、冷却液液面、制度液液面高度	检查	符合规定
4	曲轴箱通风装置、三效催化转化装置	外观检查	齐全、无损坏
5	散热器、油底壳、发动机前后支垫、水泵、空压机、进排气歧管、化油器、输油泵、喷油泵连接螺栓	检查校紧	各连接部位螺栓、螺母应紧固,锁销、垫圈及胶垫应完好有效

续上表

序号	项　目	作业内容	技术要求
6	空压机、发电机、空调机皮带	检查皮带磨损、老化程度，调整皮带松紧度	符合规定
7	转向器	检查转向器液面及密封状况，润滑万向节十字轴、横直拉杆、球头销、转向节等部位	符合规定
8	离合器	检查调整离合器	操纵机构应灵敏可靠；踏板自由行程应符合规定
9	变速器、差速器	检查变速器、差速器液面及密封状况，润滑传动轴万向节十字轴、中间轴承，校紧各部连接螺栓，清洁各通气塞	符合规定
10	制动系	检查紧固各制动管路、检查调整制动踏板自由行程	制动管路接头应不漏气，支架螺栓紧固可靠。制动联动机构应灵敏可靠，储气筒无积水、制动踏板自由行程符合规定
11	车架、车身及各附件	检查、紧固	各部螺栓及拖钩、挂钩应紧固可靠，无裂损，无窜动，齐全有效
12	轮胎	检查轮辋及压条挡圈；检查轮胎气压(包括备胎)，并视情况补气；检查轮毂轴承间隙	轮辋及压条挡圈应无裂损、变形；轮胎气压应符合规定，气门嘴帽齐全；轮毂轴承间隙无明显松旷
13	悬架机构	检查	无损坏、连接可靠
14	蓄电池	检查	电解液液面高度应符合规定，通气孔畅通，电桩夹头清洁、牢固
15	灯光、仪表、信号装置	检查	齐全有效，安装牢固
16	全车润滑点	润滑	各润滑安装正确，齐全有效
17	全车	检查	全车不漏油、不漏水、不漏气、不漏电、不漏尘，各种防尘罩齐全有效

注：技术要求栏中的“符合规定”指符合实际使用中的有关规定。

汽车二级维护作业项目　　表3-6

序号	维护项目	作业内容	技术要求
1	发动机润滑油、机油滤清器	更换润滑油 视情更换机油滤清器	润滑油规格性能指标符合规定 液面高度符合规定 机油滤清器密封良好，无堵塞，完好有效
2	检查润滑油油面高度	检查转向器、变速器、主减速器等润滑油规格和液面高度，不足时按要求补给	符合出厂规定

续上表

序号	维护项目	作业内容	技术要求
3	空气滤清器	清洁空气滤清器	空气滤清器清洁有效,安装可靠恒温进气装置真空软管安装可靠,进气转换阀工作灵敏、准确
4	油箱及油管 燃油滤清器 燃油泵	检查接头及密封情况 清洁燃油滤清器,并视情更换 检查燃油泵,必要时更换	接头无破损、渗漏,紧固可靠 燃油滤清器工作正常 燃油泵工作正常、油压符合规定
5	燃油蒸发控制装置	检查清洁,必要时更换	工作正常
6	曲箱通风装置	检查、清洁	清洁畅通,连接可靠,不漏气,各阀门无堵塞、卡滞现象,灵敏有效,符合规定
7	散热器、膨胀水箱、百叶窗、水泵、节温器 传动皮带	检查密封情况、箱盖压力阀、液面高度、水泵 检视皮带外观,调整皮带松紧度	散热器及软管无变形、破损及渗漏 箱盖接合表面良好,胶垫不老化、箱盖压力阀开启压力符合要求;水泵不漏水,无异响;节温器工作性能符合规定 皮带应无裂痕和过量磨损,表面无油污、皮带松紧度符合规定
8	进、排气歧管、消声器、排气管 汽缸盖	检查、紧固,视情补焊或更换 按规定次序和扭紧力矩校紧汽缸盖	无裂痕、漏气,消声器性能良好 扭紧力矩符合规定
9	增压器、中冷器	检查、清洁	符合规定
10	发动机支架	检查、紧固	连接牢固、无变形和裂纹
11	化油器及联动机构	清洁、检查、紧固	清洁,联动机构运动灵活,连接牢固,无漏油、气现象,工作系统和附加装置工作正常
12	喷油器、喷油泵	检查喷油器和喷油泵的作用,必要时检测喷油压力和喷油状况,视情调整供油提前角	喷油器雾化良好、无滴油、漏油现象,喷油压力符合规定 供油提前角符合规定
13	分电器、高压线	清洁、检查	分电器无油污,调整触点间隙在规定范围内,无松旷、漏电现象、高压线性能符合规定
14	火花塞	清洁、检查或更换火花塞,调整电极间隙	电极表面清洁,间隙符合规定
15	气门间隙	检查调整	符合规定
16	电控燃油喷射系统供油管路	检查密封状况	密封良好,作用正常
17	三效催化装置	检查三效催化装置的作用,必要时更换	作用正常
18	离合器	检查调整离合器踏板自由行程	离合器踏板自由行程符合规定

续上表

序号	维护项目	作业内容	技术要求
19	前轮制动器	检查前轮制动器调整臂的作用	作用正常
		拆卸前轮毂总成、制动蹄、支承销,清洗转向节、轴承、支承销,清洁制动底板等零件	清洁,无油污
		检查制动盘、制动凸轮轴,校紧装置螺栓	制动底板不变形,按规定力矩扭紧装置螺栓 凸轮轴转动灵活、无卡滞,转向间隙符合规定
		检查转向节及螺母、保险片及油封、转向节臂,校紧装置螺栓	转向节无裂纹,螺纹完好,与螺母配合应无径向松旷,保险片作用良好,油封完好不漏油 转向节轴颈与轴承的配合间隙符合要求,转向节臂装置螺栓扭紧力矩符合规定
		检查内外轴承	液柱保持架无断裂,滚柱无脱落,无裂损和烧蚀,轴承内圈无裂损和烧蚀
		检查制动蹄及支承销	制动蹄无裂纹及明显变形,摩擦片不破裂,铆接可靠,摩擦片厚度符合规定 支承销无过量磨损,支承销与制动蹄承孔衬套配合间隙符合规定
		检查制动蹄复位弹簧	复位弹簧应无明显变形,自由长度、拉力符合规定
		检查前轮毂、制动鼓及轴承外座圈,校紧轮胎螺栓内螺母	轮毂无裂损 轴承外座圈无裂纹,无麻点,无烧蚀 制动鼓无裂纹,外边缘不得高出工作表面,检视孔完整,内径尺寸、圆度误差、左右内径差符合规定 轮胎螺栓齐全完好,规格一致、按规定力矩扭紧
		装复前轮毂、调整前轮轴承松紧度及制动间隙	装复支承销,制动蹄支承销孔均应涂润滑脂,开口销或卡簧齐全有效 润滑轴承 制动鼓、制动片表面清洁,无油污 制动片与制动鼓的间隙应符合规定,转动无碰擦现象或声响,检视孔挡板齐全 轮毂转动灵活,用拉力计测量时可转动、且无轴向间隙 锁紧螺母按规定力矩扭紧 保险可靠,防尘罩、衬垫完好,螺栓垫圈齐全紧固(螺栓规格一致)

续上表

序号	维护项目	作业内容	技术要求
20	后轮制动器	拆半轴、轮毂总成、制动蹄、支承销,清洗各零件及制动底板、半轴套管	轮毂通气孔畅通 各零件及制动盘、后桥套管清洁无油污
		检查制动底板、制动凸轮轴,校紧连接螺栓	制动底板不变形,连接螺栓按规定力矩紧固 凸轮轴转动灵活,无卡滞,轴向间隙和径向间隙符合规定
		检查后桥半轴套管、螺母及油封	套管无裂纹及明显松动,与螺母配合无径向松旷 油封完好,无损坏,无漏油 套管颈与轴承配合间隙符合规定
		检查内外轴承	轴承保持架无断裂,滚柱不脱落,无裂损和烧蚀 轴承内座圈无裂纹、烧蚀
		检查制动蹄及支承销	制动蹄无裂纹及变形,摩擦片不破损,铆接可靠,摩擦片厚度符合规定 支承销与制动蹄承孔衬套配合间隙符合规定 支承销无过量磨损
		检查制动蹄复位弹簧	复位弹簧无变形,自由长度符合规定,拉力良好
		检查后轮毂、制动鼓及轴承外座圈,检查扭紧半轴螺栓,检查轮胎螺栓,校紧内螺母	轴毂无裂损 轴承外座圈不松动,无损坏 制动鼓无裂纹,内径、圆度误差、左右内径差符合规定,外边缘不得高出工作表面,制动鼓检视孔完整 半轴螺栓齐全有效
		检查半轴	半轴无明显变曲,不磨套管,无裂纹,花键无过量磨损或扭曲变形
		装复后轮毂,调整制动间隙	装复支承销、制动蹄片时,承孔均应涂润滑脂,开口销或卡簧齐全可靠 润滑轴承 套管轴颈表面应涂机油后再装上轴承 制动蹄片、制动鼓面应清洁,无油污 制动蹄片与制动鼓的间隙应符合规定,转动无碰擦现象和声响,检视孔挡板齐全紧固 轮毂转动灵活,拉力符合规定 锁紧螺母按规定力矩扭紧

续上表

序号	维护项目	作业内容	技术要求
21	转向器、转向传动机构	检查转向器传动机构的工作状况和密封性,校紧各部螺栓 检查调整转向盘自由转动量	转向盘自由转动量符合规定,转向轻便、灵活,无卡滞和漏油现象。垂臂及转向节臂无弯曲及裂损,各部螺栓连接可靠
22	前束及转向角	调整	符合规定
23	变速器、差速器	检查密封状况和操纵机构,清洁通气孔	密封良好、通气孔畅通,操纵机构作用正常,无异响、跳动、乱挡现象
24	传动轴、传动轴承支架、中间轴承	检查防尘罩 检查传动轴万向节工作状况 检查传动轴承支架 检查中间轴承间隙	防尘罩不得有裂纹、损坏,卡箍可靠,支架无松动 万向节不松旷,无卡滞,无异响 传动轴承支架无松动 中间轴承间隙符合规定
25	空气压缩机、贮气筒安全阀	清洁,校紧	清洁、连接可靠,无漏气,安全阀工作正常
26	制动阀、制动管路、制动踏板	检查制动踏板自由行程 检查紧固制动阀和管路接头 液压制动检查制动管路内是否有气	制动踏板自由行程符合规定 制动阀和管路接头连接可靠,无漏气 液压制动管路内无气
27	驻车制动	检查驻车制动性能,检查驻车制动器自由行程	符合规定、作用正常
28	悬架	检查、紧固,视情补焊、校正	不松动,无裂纹,无断片,按规定扭紧力矩紧固螺栓
29	轮胎(包括备胎)	检查紧固,补气,进行轮胎换位、磨损严重时更换轮胎	气压符合规定,清洁,无裂损、老化、变形,气门嘴完好,轮胎螺栓紧固,轮胎的装用符合规定
30	发电机、发电机调节器、起动机	清洁、润滑	符合规定
	蓄电池	检查,清洁,补给	清洁、安装牢固,电解液液面符合规定
31	前照灯、仪表、喇叭、刮水器、全车电器线路	检查、调整,必要时修理或更换	前照灯、喇叭、各仪表及信号装置功能齐全、有效,符合规定 刮水器电机运转无异响,连动杆连接可靠 全车线路整齐,连接可靠,绝缘良好
32	车身、车架、安全带	检查、紧固	性能可靠,工作良好 无变形、断裂、脱焊、连续螺栓、铆钉紧固
33	内装饰	检查、紧固	设备完好,无松动
34	空调装置	检查空调系统工作状况、密封状态	制冷系统密封,制冷效果良好 暖气装置工作正常
35	润滑	全车加注润滑脂的部位全部润滑	润滑脂嘴齐全有效,润滑良好

注:技术要求栏中的“符合规定”指符合实际应用中有关技术规定或技术要求。

桑塔纳轿车附加作业项目的确定　　表3-7

序号	项目	检测结果	相关故障	附加作业项目
1	点火系	点火提前角失准 点火高压低，点火波形失常	信号发生器气隙失准 点火部件工作性能较差 点火器工作不良	检修分电器、信号发生器，视情更换有故障的部件
2	发动机动力性	发动机功率（或汽缸压力）低于原厂标定的80%，或各缸压力差大于300kPa 单缸转速降大于10%，各缸转速降相差大于25% 燃油系统供油压力低于280kPa	气门密封性差 汽缸垫、进排气歧管衬垫漏气 活塞与汽缸磨损，配合间隙过大 活塞环磨损、粘结、断裂或“对口” 凸轮轴磨损或配气相位失准 燃油系统部件故障 点火系统故障	研磨气门 更换损坏衬垫 更换活塞环或大修发动机 更换凸轮轴或调整配所气相位 检修或更换燃油系统故障部件
3	进气歧管真空度	发动机怠速时： 真空度低于57kPa 真空度波动值大于5kPa	气门密封性差 汽缸垫、进排气歧管衬垫漏气 活塞与汽缸磨损，配合间隙过大 活塞环磨损、粘结、断裂或“对口”	研磨气门 更换损坏衬垫 更换活塞环或大修发动机（镗磨汽缸）
4	发动机异响	曲柄连杆机构异响 主轴承响 连杆轴承响 活塞敲缸响 活塞销响	主轴承、连杆轴承与轴颈磨损，配合间隙大或烧蚀 活塞与汽缸磨损配合间隙大，曲轴与连杆变形 活塞销与销座或连杆衬套磨损间隙大	拆检并视情更换或修理（大修）
		配气机构异响 气门响 气门座圈响 气门弹簧响	气门间隙调整不当或润滑油道油压低、液力挺柱工作不良 气门座圈脱落 气门弹簧折断	视情调整或拆检相关部件；更换磨损或损坏部件； 不解体清洗润滑油道
5	冷却系	发动机过热	散热器积垢严重、散热片变形；节温器工作不良；风扇热敏开关失效；风扇电机损坏 配气相位不正常 点火正时失准	拆检冷却系统相关部件 检查调整配气相位、点火正时
		水泵异响、渗漏	水泵轴承磨损、损坏各部密封不良	更换水泵和密封部件
6	润滑系	机油压力报警灯亮最低压力低于30kPa 最高压力高于180kPa	机油泵磨损 曲轴主轴承、连杆轴承、凸轮轴轴承配合间隙过大 活塞、汽缸磨损配合间隙过大 油量不足、油路泄漏、调压阀失效 油道、集滤器或滤清器堵塞	拆检相关部件 拆洗油底壳、集滤器，清洗发动机油道 更换机油滤清器及损坏部件

续上表

序号	项目	检测结果	相关故障	附加作业项目
7	燃烧效果	排放污染物： CO 含量大于4.5% HC 含量大于100ppm	汽缸密封不严 喷油器工作不良 三元催化反应装置失效 氧传感器失效	拆检并视情修理 检测并清洗喷油器 更换技术状况不良的部件
8	离合器	分离轴承异响 打滑 分离不彻底 接合不平稳	分离轴承损坏 摩擦片烧蚀、有油污或铆钉外露 摩擦片磨损过度，传动臂、分离叉轴变形，花键磨损过度 压盘工作面不平整或分离杠杆高低不一 液压操纵机构工作不良	更换分离轴承 拆检离合器，检查离合器片和压盘总成，视情更换
9	变速器主减速器差速器	异响 跳挡 乱挡 挂挡困难 漏油	齿轮、轴、轴承磨损松旷、间隙过大，输入轴与输出轴轴线不平行 变速器操纵机构工作不良 齿轮啮合不良或损坏 同步器失效 油面过高或通气孔堵塞 油封老化、失效	拆检变速器、主减速器总成，视情更换或修理损坏的部件 检查齿轮油油面疏通通气孔 更换油封、密封衬垫
10	传动轴	异响 抖动	传动轴有损伤、变形等速万向节磨损、损坏	更换传动轴、万向节
11	制动系	制动主缸、分缸渗漏 真空助力器失效 驻车制动器不能有效制动（调整无效）	皮碗老化、损伤，活塞磨损过度 真空助力器损坏 制动鼓、摩擦片磨损或有油污	更换制动主缸、分缸，真空助力器 拆检车辆制动器，清洁或更换摩擦片
12	转向系	方向盘自由行程大于20° 转向阻滞、沉重	转向器啮合间隙过大 配合副磨损、卡滞 转向器、转向传动机构调整不当 转向助力系统工作不良	调整或检修转向器 拆检更换磨损零件 检修助力系统、更换技术状态不良的部件
13	行驶系	车架裂纹、变形		焊补、校正
		悬架机构异响	摆臂、横向稳定杆变形、橡胶轴承损坏 减振弹簧疲劳 减振器性能不良	更换损伤零件
		轮胎异常磨损	车轮定位失准 车架变形	调整车轮定位 校正车架
14	车身	钣金件开裂、锈蚀、变形、脱漆		修补、除锈、补漆
15	电气与电子设备	发动机起动困难 电子控制系统有故障代码（故障报警灯亮）	蓄电池电压不足 起动系统有故障 传感器、电控单元及控制电路有故障	蓄电池补充充电 检修起动电路及电器 按故障码提示查找故障原因，更换故障部件

项目2　汽车维修过程组织

此项目每人学习课时数2个(90分钟)

一、学 习 目 标

知识目标

简要叙述汽车维护、汽车修理的工艺过程。

技能目标

1. 能合理安排汽车二级维护作业及发动机总成大修的维修工艺。
2. 能进行维修过程检验,填写过程检验单。

二、汽车维修工艺简介

汽车维修工艺是指利用生产工具按一定要求维修汽车的方法,是维修汽车中积累起来,并经过总结的操作技术经验。汽车维修包含汽车维护和修理。由于汽车维护与修理是性质不同的两种技术措施,因此,进行作业的目的、条件、工艺过程也不同。

1. 汽车维护。

汽车维护的任务是保持车容整洁,降低零件磨损速度,预防故障发生,延长汽车使用寿命。

(1)维护分类。

汽车维护分定期维护和非定期维护。定期维护分日常维护、一级维护、二级维护;非定期维护分为季节性维护和走合维护。季节性维护可结合定期维护进行。

(2)维护作业规范。

维护作业包括:清洗、检查、补给、润滑、紧固、调整等内容。

(3)维护作业范围。

日常维护:以清洁、补给和安全检视为作业中心内容,由驾驶员负责执行。

一级维护:除日常维护作业外,以清洁、润滑、紧固为作业中心内容,并检查有关制动、操纵等安全部件,由维修企业负责执行。

二级维护:除一级维护作业外,调整转向节、转向摇臂、制动蹄片、悬架等经过一定时间的使用容易磨损或变形的安全部件为主,并拆检轮胎,进行轮胎换位,检查调整发动机工作状况和排气污染控制装置等,由维修企业负责执行。

(4)汽车维护的周期。

日常维护的周期:出车前、行车中、收车后。

一级维护、二级维护周期的确定以汽车行驶里程为基本依据,按车辆使用说明书的有关规定，同时依据汽车使用条件的不同由省级交通行政主管部门规定。对于不便用行驶里程统计、考核的汽车，可用行驶时间确定。

(5)汽车维护工艺过程。

汽车维护工艺过程是指汽车维护的各种作业按一定方式组合，顺序、协调进行的过程。汽车一级维护工艺过程如图3-1所示；汽车二级维护工艺过程如图3-2所示。

2. 汽车修理。

汽车修理实行视情修理的原则，即根据车辆检测诊断和技术鉴定的结果，视情按不同的作业范围和深度将达到工作极限的汽车恢复工作能力。

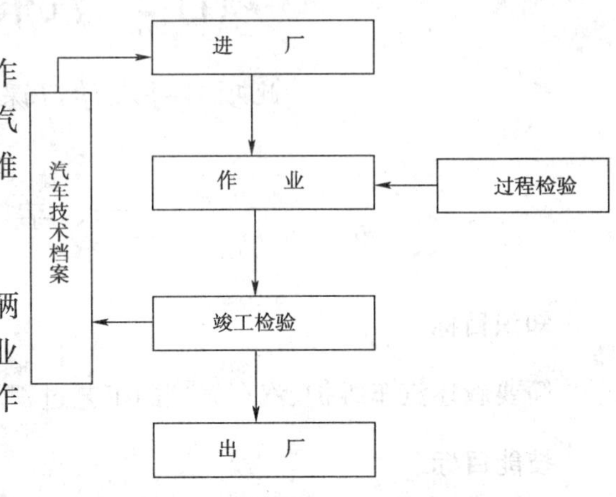

图3-1　汽车一级维护工艺过程

(1)修理的分类。

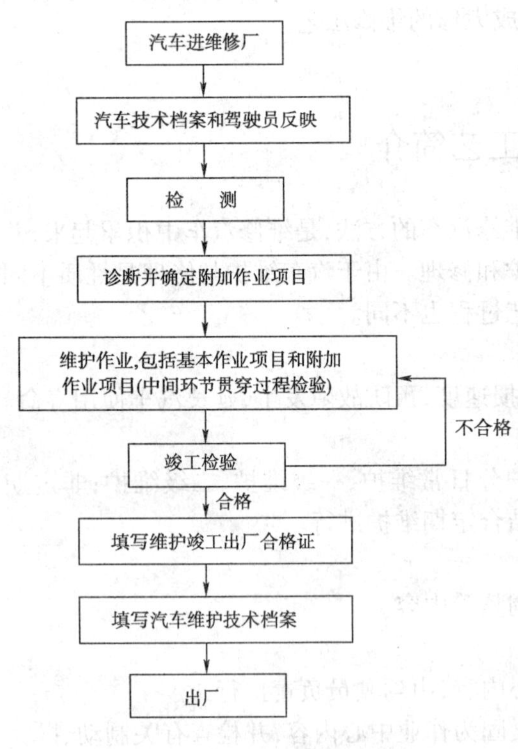

图3-2　汽车二级维护工艺过程

汽车修理按作业范围分汽车大修、总成大修、汽车小修和零件修理4类。

汽车大修：用修理或更换汽车任何零部件（包括基础件）的方法恢复汽车的完好技术状况和完全（或接近完全）恢复汽车寿命的恢复性修理。

总成大修：用修理或更换总成任何零部件（包括基础件）的方法恢复某一总成的完好技术状况和寿命的恢复性修理。

汽车小修：用修理或更换个别零部件的方法，保证或恢复汽车工作能力的运行性修理。

零件修理：恢复汽车零件性能和寿命的作业。

(2)车辆的送修标志。

确定车辆或总成是否需要大修，以车辆或总成的技术状况为依据。

①汽车大修送修标志。

客车（含轿车）以车厢为主，结合发动机总成；货车以发动机总成为主，结合车架总成或其他两个总成符合大修条件。

②总成大修送修标志。

发动机总成：汽缸磨损、圆度误差达到0.050～0.063mm或圆柱度误差达到0.175～0.250mm（以其中磨损最大的一缸为准）；或汽缸最大磨损量达到车型规定的大修技术标准；最大功率或汽缸压力较标准降低25%以上；燃料和润滑油消耗显著增加。

(3)汽车修理工艺过程。

汽车修理的基本方法有就车修理法和总成互换修理法两种。其中就车修理法应用较为广

泛。就车修理法即进行修理作业时被修复的零件和总成装回原车的修理方法。其工艺过程如图 3-3 所示。

总成互换修理法:进行总成修理作业时除车架和车身外,换装已修好的储备件,换下的总成修好后送入库房作备用的修理方法。其工艺过程如图 3-4 所示。

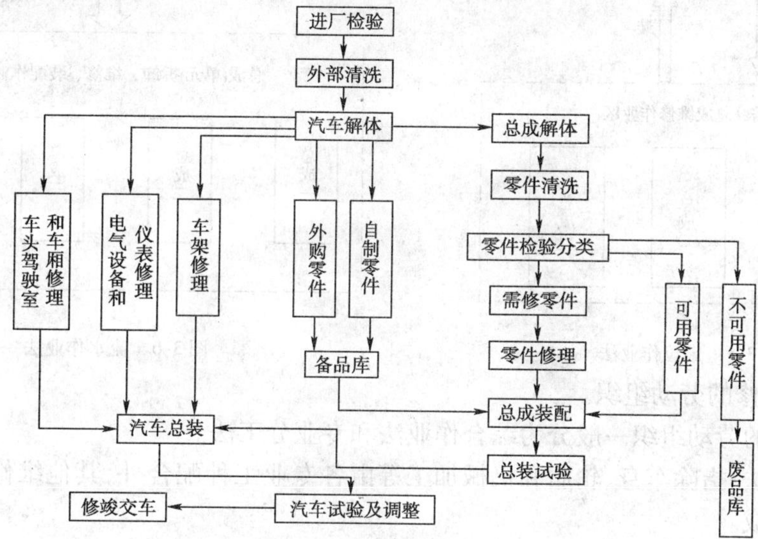

图 3-3　就车修理法工艺过程

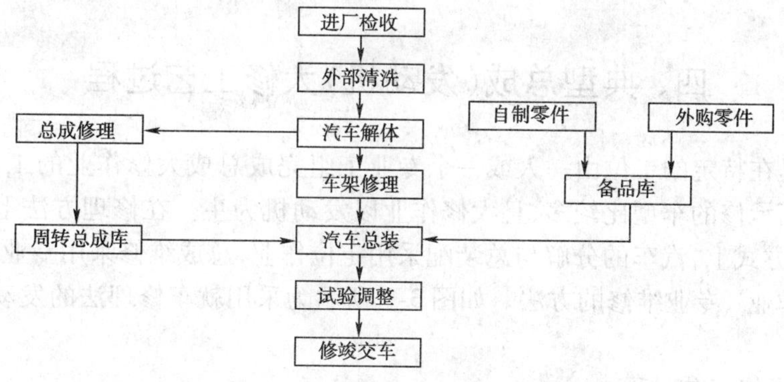

图 3-4　总成互换修理法工艺过程

三、汽车维修工艺组织

汽车维修工艺组织是汽车维修过程中的各种作业按一定方式组合、协调、有序地进行的过程。

1. 汽车维修的作业方式。

汽车维修的作业方式一般分为定位作业法和流水作业法。

定位作业法:汽车固定在一个位置进行维修作业的方法,如图 3-5 所示。

流水作业法:汽车在生产线的各个工位上按确定的工艺顺序进行维修作业的方法,如图 3-6 所示。

维修的车辆
(维修作业)
拆
装
需修总成维修作业区
总成一
总成二
总成三

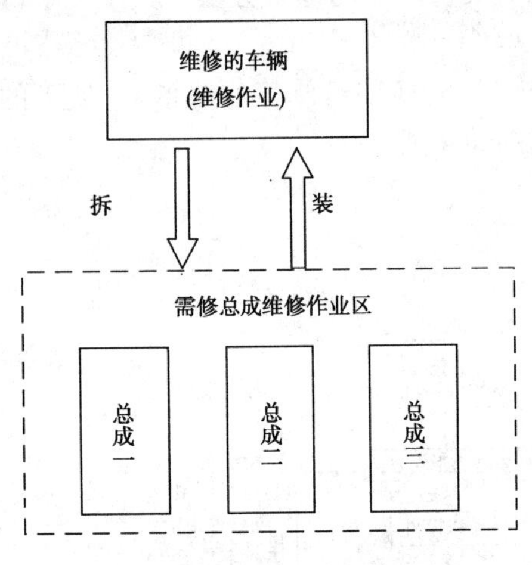

图3-5　定位作业法

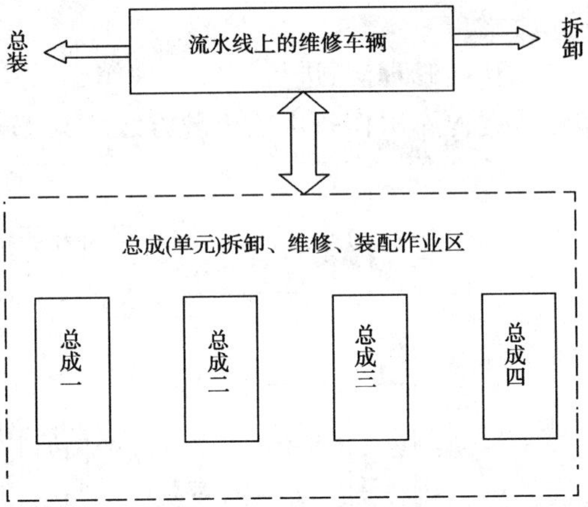

总装
流水线上的维修车辆
拆卸
总成(单元)拆卸、维修、装配作业区
总成一
总成二
总成三
总成四

图3-6　流水作业法

2. 汽车维修的劳动组织。

汽车维修的劳动组织一般分为综合作业法和专业分工法。

综合作业法:指除车身、轮胎和机械加工等由各专业工种配合外,其他维修作业全部由一个承修组来完成。

专业分工法:指将汽车维修作业划分为若干作业单元,每个单元由专人或一个专业组承担。

四、典型总成(发动机)大修工艺过程

总成大修是在特定的工位由一人或一个专业工组完成总成大修作业的工艺组织。目前,由于汽车修理厂承修的车型比较多,且大修作业以发动机为主。在修理方法上广泛采用就车修理法;在作业方式上,汽车的分解与总装配采用定位作业,总成维修采用专业分工作业;劳动组织采用综合作业、专业维修的方法。如图3-7所示为采用就车修理法的发动机总成大修工艺过程。

1. 发动机大修工艺过程。

发动机大修工艺过程及生产组织以上海大众普通桑塔纳轿车JV发动机为例作介绍,其他不同车型的发动机大修工艺可参照实施,并查阅相关维修手册,达到相关的技术标准要求。

(1)验收送修汽车并建立维修档案(详见本模块项目1)。

(2)检验并填写发动机大修进厂验收单(见表3-8),检测发动机技术状况,并填写检测记录表(见表3-4)。

(3)从车上拆下发动机。详见《轿车维修基础》模块二项目1。

(4)分解发动机总成。详见《轿车维修基础》模块二项目2~项目7。

(5)清洗零部件。

汽车零部件在使用中附着的污渍主要是油污和积炭,清洗时必须根据不同的材质、污渍选择适当的清洗液和清洗方法。非金属类零件(如油封、橡胶密封垫等)严禁用汽油清洗。清洗

发动机大修进厂验收单　　表 3-8

发动机外观及装备(完整"√",缺少"△",损坏"×")							
检验项目	结果	检验项目	结果	检验项目	结果	检验项目	结果
空气滤清器		起动机		散热器及水管		空调压缩机及皮带	
燃油滤清器		发电机		水泵及驱动皮带		增压器	
机油滤清器		电控系统		风扇电机及皮带		转向助力泵及皮带	
机油泵		传感器		风扇叶片			
燃油泵		高压导线		排气管及消声器			
机体		油管、真空管		三元催化反应装置			
进排气歧管		机油尺		喷油器			

检验员签字：　　　　　　　　　　　　　　　　年　　月　　日

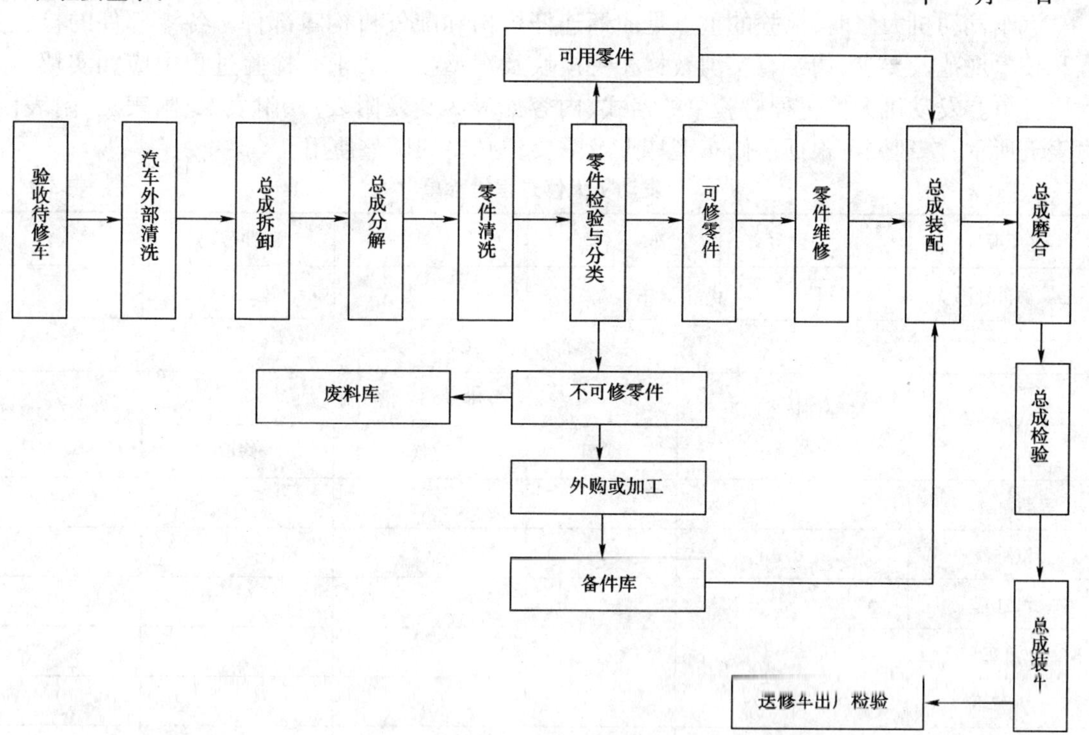

图 3-7　发动机总成大修工艺过程

时严禁损伤零件的工作面和非工作面,并注意检查零件在工作中形成的损伤,如表面擦伤、烧蚀、裂纹等。

(6)零件检验与分类。详见《轿车维修基础》模块二项目8。

零件检验与分类是指根据修理技术条件,按零件技术状态将零件分类为可用件、可修件和不可修的检验。

可用件是指磨损后的尺寸和形位公差在允许范围内的零件。

可修件是指磨损后的尺寸和形位公差超过允用范围,但还可以修复使用,且符合经济和技术原则的零件。

不可修零件是指损伤严重,无法修复或修复成本高,不符合经济和技术原则的零件。

①检验后零件的处置。

可用件原则上可以继续使用,但原与其相配合的零件为不可修零件而换用新件,配合间隙不符合技术标准时,需要更换或修理。若原与其相配合的零件为可修零件,修理时改变了修理尺寸,则需要修理或换用同一修理尺寸的新件,以恢复配合件良好的技术状态。若配合件为偶件时,其中一个零件损伤或配合状态达不到技术要求时,必须成套(组)更换。

可修件修复时应以零件的标准尺寸和修理尺寸为依据,当零件磨损达到最后一级修理尺寸时,必须换用新件。

不可修零件必须按报废处理,收入废料库统一处理。

油封类零件和规定不能重复使用的零件,大修时一律换用新件。

②填写过程检验单。

汽车发动机大修时,检验的重点是曲柄连杆机构和配气机构零部件。各零部件的检验方法和技术规范及要求,请参看实训教材相关模块及车型技术要求。检验过程中应如实填写过程检验单。发动机大修过程检验单的格式、内容如表3-9及附表一、附表二、附表三、附表四、附表五所示,修理厂可根据承修车型特点及需要作必要的调整使用。

发动机大修过程检验单 表3-9

进厂编号		车　型		牌照号码	
发动机号码		主修人		施工日期	
主要零部件换修记录					
零部件名称	零部件技术状况检测结果	维　修　措　施			备　注
		续用	更换	修理	
汽缸体					
汽缸盖					
汽缸套					
活塞					
活塞环					
曲轴					

续上表

零部件名称	零部件技术状况检测结果	维修措施			备注
		续用	更换	修理	
曲轴轴承					
凸轮轴					
凸轮轴承					
连杆					
连杆轴承					
气门					
气门导管					
正时齿轮					
正时齿带					

过程检验员签字：　　　　　　　　　　年　月　日

附表一　汽缸磨损检测记录表

检测部位	一缸		二缸		三缸		四缸		五缸		六缸	
	横	纵	横	纵	横	纵	横	纵	横	纵	横	纵
上												
中												
下												
圆度误差												
圆柱度误差												
最大磨损量												
修理意见												

过程检验员签字：　　　　　　　　　　年　月　日

附表二　活塞连杆组检测记录表

活塞直径		一缸	二缸	三缸	四缸	五缸	六缸
横向							
纵向							
活塞重量							
配缸间隙							
活塞修理意见							
连杆	弯曲						
	扭曲						
连杆修理意见							

过程检验员签字：　　　　　　　　　　年　月　日

附表三　曲轴与轴承检测记录表

检测项目		1	2	3	4	5	6	7
主轴颈	圆度误差							
	圆柱度误差							
连杆轴颈	圆度误差							
	圆柱度误差							
曲轴修理意见								
主轴颈与主轴承装配间隙								
连杆轴颈与轴承装配间隙								
曲轴轴向间隙								

过程检验员签字：　　　　　　　　　　　　　　　　　　年　月　日

附表四　凸轮轴与轴承检测记录表

检测项目		1	2	3	4
轴颈圆度误差					
轴颈圆柱度误差					
轴颈与轴承配合间隙					
凸轮升程（或全高）	进气凸轮				
	排气凸轮				
凸轮轴修理意见					

过程检验员签字：　　　　　　　　　　　　　　　　　　年　月　日

附表五　活塞环检测记录表

检测项目		一缸	二缸	三缸	四缸	五缸	六缸
端隙	第一道						
	第二道						
	第三道						
	油环						
侧隙	第一道						
	第二道						
	第三道						
	油环						

续上表

检测项目		一缸	二缸	三缸	四缸	五缸	六缸
背隙	第一道						
	第二道						
	第三道						
	油环						
活塞环修理意见：							

过程检验员签字：　　　　　　　　　　　　　　　　年　月　日

(7)总成装配。

发动机总成装配工艺参看实训教材《轿车维修基础》模块二项目9及相关车型维修手册。装配过程中注意以下事项：

①装配前，应再次复检各零部件和总成的技术状态，及时消除零件的隐患。

②零件必须保持表面清洁干净，油道畅通。

③按照零件的技术要求更换全部不允许继续使用的零件及其他属于一次性使用的零件。

④对具有装配位置和方向要求的零部件，严格按照装配标记装配。

⑤各部螺栓、螺母必须拧紧，具有拧紧力矩要求的重要螺栓、螺母必须按规定的拧紧力矩和拧紧顺序紧固，并按规定涂防松剂。

⑥具有相对运动的配合副装配时必须进行预润滑。

⑦各部装配间隙及技术要求必须符合车型技术标准。

(8)总成磨合。

发动机装配好后应进行必要的磨合，以增大各摩擦副工作表面的接触面积；消除加工和装配过程中产生的误差；全面检查维修质量，及时发现和排除故障，提高发动机工作的可靠性。磨合过程必须按磨合规范进行。磨合一般分为冷磨合和热磨合两个阶段，其中热磨合又分为无负荷磨合和有负荷磨合两个阶段。

①冷磨合。

冷磨合是在台架上以可变转速的外部动力带动发动机运转所进行的磨合。磨合时须拆除火花塞（汽油机）或喷油器（柴油机）及水泵皮带。发动机冷磨合按表3-10规范进行。

大修发动机冷磨合规范　　　　表3-10

发动机额定转速(r/min)	磨合转速(r/min)	磨合时间(min)	总时间(h)
≤3200	500～600 600～800 800～1000 1000～1200	30～45 30～45 30～45 30～45	≥2
>3200	700 900 1100 1300	60 60 60 60	≤1

冷磨合注意事项：

a. 冷却水温控制在70℃。若水温达到90℃时应及时使用风扇冷却。

b. 注意检查机油压力，若压力异常应立即停机检查，排除故障后继续磨合。

c. 检查各机件工作情况，若有漏水、漏油或摩擦表面附近过热、异响等异常现象时，应及时查找原因，给以排除。

②热磨合。

发动机冷磨合结束后还需要进行热磨合。起动发动机，利用发动机产生的动力进行磨合。热磨合分无负荷磨合和有负荷磨合两种。

无负荷热磨合规范：起动发动机，在空载情况下以规定转速(600～1000 r/min)运转1h。

无负荷热磨合注意事项：

a. 检查调整润滑、燃料、冷却系统和点火正时，使其符合最佳状态。

b. 检测发动机汽缸压力，汽缸压力应符合机型技术标准，如表3-11。

c. 检查水温、机油温度应正常，如表3-12。

d. 检查发动机各部位应无异响、漏水、漏油、漏气和漏电等现象。

几种机型的汽缸压力和压缩比 表3-11

项目 \ 机型	桑塔纳AFE(电喷)	帕萨特B5 1.6LAHL	奥迪100V6
压缩比	9.0∶1	10.3∶1	(8.5～9.0)∶1
汽缸压力(kPa)	980～1274	900～1400	

发动机正常工作的水温、机油温度和机油压力 表3-12

项目 \ 机型	桑塔纳(电喷)	帕萨特B5	奥迪100V6
冷却液正常温度(℃)	85～105	85～105	85～105
机油正常温度(℃)	75～85	75～85	75～85
机油压力(kPa)	200～400	200～400	1.6～2.0(bar)

大修发机经过无负荷热磨合后，还应进行有负荷热磨合，即用试验台的加载装置对发动机进行逐渐加载增速进行磨合。有负荷热磨合按表3-13规范进行。

大修发动机有负荷热磨合规范 表3-13

起始转速(r/min)	800	每级磨合负荷(kW/Ps)	3.68/5
起始负荷(kW)	0.1～0.2Pe	最高磨合负荷(kW)	0.8 Pe
每级递增转速(r/min)	200	最高磨合转速(r/min)	0.5Ne
每级磨合时间(min)	30～45		

典型发动机(上海桑塔纳JV发动机)磨合规范如表3-14所示，其他轿车发动机大修时的磨合规范可参照进行或按车型维修工艺规范要求进行。发动机磨合结束后，放出机油，加入清洗油(或90%柴油和10%车用汽油)怠速运转5min，放出清洗油后，加足规定牌号的车用机油。

上海桑塔纳 JV 发动机磨合规范　　表 3-14

<table>
<tr><th colspan="2">磨合阶段</th><th>曲轴转速
(r/min)</th><th>磨合时间
(min)</th><th colspan="2">磨合阶段</th><th>曲轴转速
(r/min)</th><th>磨合时间
(min)</th></tr>
<tr><td rowspan="3">冷
磨
合</td><td>1</td><td>200</td><td>50</td><td rowspan="3">热
磨
合</td><td>1</td><td>700～900</td><td>30</td></tr>
<tr><td>2</td><td>400</td><td>50</td><td>2</td><td>1000～1200</td><td>30</td></tr>
<tr><td>3</td><td>800</td><td>30</td><td>3</td><td>1400～1500</td><td>30</td></tr>
</table>

(9)发动机总成大修竣工检验。

大修发动机总成磨合试验结束后，由竣工检验员根据 GB/T 15746.2—1995《汽车维修质量检查评定标准—发动机大修》要求的技术规范，见附表六：表 A1、表 B1，对大修发动机的技术状况进行检测，作为发动机大修质量评定的依据和提供用户必要的维修资料。检验过程中采用规范的检查方法与手段，并如实填写发动机大修竣工检验单，如表 3-15 所示。

发动机大修竣工检验单　　表 3-15

<table>
<tr><td>进厂编号</td><td></td><td>车型</td><td colspan="2"></td><td colspan="2">牌照号码</td><td colspan="2"></td></tr>
<tr><td>发动机号码</td><td></td><td>主修人</td><td colspan="2"></td><td colspan="2">竣工日期</td><td colspan="2"></td></tr>
<tr><td colspan="9">发动机外观、装备及性能</td></tr>
<tr><td colspan="3">检验内容及结果</td><td colspan="6">检验内容及结果</td></tr>
<tr><td colspan="3">发动机外观及装置：</td><td colspan="6">发动机异响：</td></tr>
<tr><td colspan="3">四漏检查：
油：　　气：
电：　　水：</td><td colspan="6">真空度：
怠速(kPa)：
波动范围(kPa)：</td></tr>
<tr><td colspan="3" rowspan="3">润滑油：
油量：
油压：
怠速(kPa)：
高速(kPa)：</td><td colspan="6">尾气排放</td></tr>
<tr><td colspan="3">CO(%)</td><td colspan="3">HC(10^{-6})</td></tr>
<tr><td colspan="3"></td><td colspan="3"></td></tr>
<tr><td colspan="3">空气滤清器：</td><td colspan="6">汽缸压力(kPa)</td></tr>
<tr><td colspan="3">限速装置：</td><td>1</td><td>2</td><td>3</td><td>4</td><td>5</td><td>6</td></tr>
<tr><td colspan="3" rowspan="2">发动机起动性能：
冷起动：
热起动：</td><td></td><td></td><td></td><td></td><td></td><td></td></tr>
<tr><td colspan="6">最大汽缸压力差：</td></tr>
<tr><td colspan="3" rowspan="2">运转状态：
怠速转速：
各种工况运转试验：</td><td colspan="6">最大功率(kW)：
最大转矩(N·m)：</td></tr>
<tr><td colspan="6">发动机比油耗[g/(kW·h)]：</td></tr>
</table>

竣工检验签字：　　　　　　　　　　　　　　　　　　年　　月　　日

附表六　发动机大修质量评定标准(GB/T 15746.2—1995)

发动机大修基本检验技术文件评定

表 A1

序号	评定项目	评定技术要求	检查方法与手段	评定方法
A1.1	发动机大修进厂检验单	发动机大修进厂检验单应包括下列内容:进厂编号、发动机型号及号码、进厂日期、托修单位、托修方报修情况、发动机附件状况、发动机运转情况、检验日期、承修方处理意见、检验员签字。 单中字迹应清晰,项目应齐全、完整,填写真实、正确。	查阅	单据中各项有一处不符合要求,则计一项次不合格
A1.2	发动机大修工艺过程检验单	发动机大修工艺过程检验单应包括下列内容:进厂编号、发动机型号及号码、基础件和主要零部件的检验数据、检验结果记录、检验结论、处理意见、主修人签字及日期、检验员签章及日期等。 检验单中字迹应清晰,项目齐全、完整,填写真实、正确。检验项目、名词术语和计量单位、基础件和主要零部件的检验项目、技术要求应符合国家及行业有关标准及原厂规定。	查阅	单据中各项有一处不符合要求,则计一项次不合格
A1.3	发动机大修竣工检验单	发动机大修竣工检验单中内容应包括:进厂编号、托修单位、承修单位、发动机型号及号码、装备及装配检验、性能检验、检验结论、总检验员签章及日期等。检验单中字迹应清晰,项目齐全、完整,填写真实、正确。检验项目、要求、方法、名词术语和计算单位应符合国家、行业有关标准及相关车辆修理技术文件的有关规定。	查阅、核对	单据中各项有一处不符合要求,则计一项次不合格
A1.4	发动机大修合格证	发动机大修合格证内容应包括:进厂编号、发动机型号及号码、出厂日期、总检验员签章及日期、走合期规定、保证期规定、维修合同号、承修单位技术质量检验部门盖章。 合同中字迹应清晰,项目齐全、完整,填写真实、正确。合同中名词术语应符合国家及行业有关标准中的规定。	查阅、核对	合格证中各项有一处不符合要求,则计一项次不合格

发动机大修质量评定　　表 B1

序号	评定项目	评定技术要求	检查方法与手段	评定方法	备注
B1.1	装备与装配	发动机装备齐全、有效，装配符合 GB3799 中的有关规定	检视	有一处以上缺陷则为不合格	
B1.2	起动性能				
B1.2.1 *	冷车起动	在环境温度不低于 -5°C 时，应起动顺利，允许连续起动不多于3次，每次起动不多于5s	检视	起动超过三次或多于5s均为不合格	
B1.2.2	热车起动	在发动机正常工作温度下5s内能起动	检视	不符合要求为不合格	
B1.3	真空度				
B1.3.1	真空度数值	汽油发动机怠速时，进气岐管真空度应在 57～70kPa 范围内	用转速表、真空计检查（大气压强以海平面为准）	不符合规定为不合格	
B1.3.2	真空度波动范围	发动机怠速时，进气岐管真空度波动：六缸汽油机不超过3kPa，四缸汽油机不超过5kPa	用转速表、真空计检查（大气压强以海平面为准）	不符合规定为不合格	
B1.4	汽缸压力				
B1.4.1 *	压力数值	汽缸压缩压力应符合原设计规定	用转速表、汽缸压力表检查	不符合规定为不合格	
B1.4.2	各缸压力差	每缸压力与各缸平均压力的差。汽油机不超过8%，柴油机不超过10%	用转速表、汽缸压力表检查或用发动机分析仪测量	不符合规定为不合格	
B1.5	发动机运转情况				
B1.5.1	怠速	发动机怠速运转稳定，其转速符合原设计规定。转速波动不大于50r/min	用转速表进行运转试验或用发动机综合分析仪测量	不符合规定为不合格	
B1.5.2	改变转速	发动机改变转速时应过渡圆滑	用发动机转速表测量	不符合要求为不合格	
B1.5.3	加速或减速	发动机突然加速或减速时不得有突爆声，不得有断火、回火、放炮现象	检视	不符合要求为不合格	
B1.6	异响	发动机在正常工况下运转时，不得有异常响声	检视或用发动机异响分析仪检查	不符合要求为不合格	
B1.7 *	功率	发动机最大功率不得低于原设计规定值的90%	用测功机（仪）按有关规定测量	不符合要求为不合格	B1.7、B1.8 项只检查其中之一

续上表

序号	评定项目	评定技术要求	检查方法与手段	评定方法	备注
B1.8 *	扭矩	发动机最大扭矩不得低于原设计标定值的90%	用测功机(仪)按有关规定测量	不符合要求为不合格	
B1.9 *	燃料消耗率	发动机最低燃料消耗率不得高于原设计要求	用油耗计、测功机(仪)按有关规定测量	不符合要求为不合格	
B1.10 *	排放	汽油机排放应符合GB14761.5的规定;柴油机排放应符合GB14761.6的规定	按GB/T3845、GB/T3846规定测量	不符合规定为不合格	
B1.11	机油压力	发动机机油压力应符合原设计规定	用机油表进行运转试验	不符合规定为不合格	
B1.12	水温、油温	发动机水温、油温应符合原设计规定	用水温表、油温表进行试验	不符合规定为不合格	
B1.13	润滑油	发动机润滑油规格、数量、质量应符合原设计规定	检视或用润滑油质分析仪检查	不符合要求为不合格	
B1.14 *	四漏情况	发动机应无漏水、漏油、漏气、漏电现象	检视	不符合要求为不合格	
B1.15	停机装置	柴油发动机停机装置应灵活有效	检视	不符合要求为不合格	
B1.16	限速装置	发动机应按规定加装限速片或对限速装置作相应的调整并加铅封	检视	不符合要求为不合格	
B1.17	涂漆	发动机应按规定涂漆,涂层均匀、不得有漏涂现象	检视	有两处以上缺陷为不合格	

注:* 为关键项

(10) 发动机总成装车。操作详见《轿车维修基础》模块二项目11。

项目3 竣工验收

此项目每人学习课时数2个(90分钟)

一、学习目标

知识目标

1. 简要叙述汽车竣工验收的过程。

2. 简要叙述汽车竣工验收的质量评定要素。

技能目标

1. 会填写汽车竣工检验单。
2. 能进行送修车竣工验收检验、检测。
3. 能办理汽车竣工出厂的相关手续。

二、修复车辆档案表的填写

进厂维修的车辆经竣工检验合格后，需填写修复车辆档案表，并连同维修技术资料交给送修方，办理交车的相关手续。修复车辆档案表的格式、内容如表3-16。

修复车辆档案表

表3-16

<table>
<tr><td colspan="2">进厂日期</td><td colspan="2"></td><td>竣工日期</td><td colspan="2"></td></tr>
<tr><td colspan="2">车牌号码</td><td colspan="2"></td><td>车型</td><td colspan="2"></td></tr>
<tr><td colspan="2">发动机号码</td><td colspan="2"></td><td>车架号码</td><td colspan="2"></td></tr>
<tr><td colspan="2">送修人</td><td colspan="2"></td><td>主修人</td><td colspan="2"></td></tr>
<tr><td>维修项目</td><td colspan="6"></td></tr>
<tr><td rowspan="2">维修费用</td><td>材料费</td><td></td><td>工时费</td><td></td><td>其他费用</td><td></td></tr>
<tr><td>合计费用</td><td></td><td></td><td></td><td></td><td></td></tr>
<tr><td colspan="2">出厂合格证编号</td><td colspan="5"></td></tr>
<tr><td colspan="7">备注：附维修资料交接单共　　份</td></tr>
</table>

送修方代表签字：　　　　　　　　年　月　日

承修方代表签字：　　　　　　　　年　月　日

三、对修复车辆技术状况进行检测、记录

修复竣工的车辆应根据维修类别及车型技术要求，参照竣工检验技术条件的规范要求（见附表七、附表八），由检验员进行竣工检验。将检验结果填写在修复车辆技术状况检测记录表（见表3-17）中，作为车辆维修技术档案。

附表七　汽车二级维护竣工检验要求

序号	检测部位	检验项目	技术要求	检验方法与手段
1	整车	清洁	汽车及各总成外部、三滤应清洁	检视
		面漆	车身面漆、腻子无脱落、补漆颜色与原色基本一致	检视

续上表

序号	检测部位	检验项目	技术要求	检验方法与手段
1	整车	对称	车体周正、左右对称	平置检查
		紧固	各总成外部螺栓、螺母按规定力矩扭紧，锁销齐全有效	检查
		润滑	发动机、变速器、转向器、减速器润滑符合规定，通气孔畅通。各部润滑点润滑脂加注符合要求，滑脂嘴齐全有效、安装位置正确	检视
		密封及电器	全车无油、水、气泄漏，密封良好，电气装置工作可靠，绝缘良好	检视
		前照灯、信号、仪表、刮水器、后视镜等装置	稳固、齐全、有效符合有关规定	检视
2	发动机	工作状况	发动机能正常起动，低、中、高速运转均匀及稳定，水温正常，加速性能良好，无断火、回火、放炮、异响等现象	路试
		功率	无负荷功率不小于额定值的80%	检测
		装备	齐全有效	检视
3	离合器	踏板自由行程	符合原厂规定	检测
		离合情况	接合平稳，分离彻底，无打滑、发抖及异响	路试
4	转向系	转向盘最大转动量	符合原厂规定	检查
		横直拉杆装置	球销不松旷，各部螺栓螺母紧固，锁止可靠	检查
		转向机构	操纵轻便，转动灵活，无摆振、跑偏等现象，车辆转到极限位置时，不得与其他部件碰擦	路试
		前束及车轮最大转向角	符合原厂规定	检测
		侧滑	符合GB 7258—2004中的有关规定	检测
5	传动系	变速器、主减速器、传动轴	变速器操纵灵活，不跳挡、不乱挡，各部安装正确，无异响	路试
6	行驶系	轮胎	轮胎规格、型号、花纹一致，气压正常，无异常损伤	检查
		弹性元件	无疲劳断裂	检查
		减振器	安装稳固有效	路试
7	制动系	行车制动性能	符合GB 7258—2004中的有关规定	路试或检测
		踏板自由行程	符合原厂规定	检测
		驻车制动性能	符合GB 7258—2004中的有关规定	路试或检测
8	滑行	滑行性能	符合规定	路试或检测
9	车身	门、窗、玻璃	齐全完好、关闭灵活，锁止可靠	检查
10	排放	尾气排放污染物	符合有关标准规定	检测
11	灯光	前照灯发光强度和光束照射位置	符合有关标准规定	检测

修复车辆技术状况检测记录表　　表3-17

序号	检测部位	检验项目	技术要求	检测结果
1	整车	清洁	汽车及各总成外部、三滤应清洁	
		面漆	车身面漆、腻子无脱落、补漆颜色与原色基本一致	
		对称	车体周正、左右对称	
		紧固	各总成外部螺栓、螺母按规定力矩扭紧,锁销齐全有效	
		润滑	发动机、变速器、转向器、减速器润滑符合规定，通气孔畅通。各部润滑点润滑脂加注符合要求,滑脂嘴齐全有效、安装位置正确	
		密封及电器	全车无油、水、气泄漏,密封良好,电气装置工作可靠,绝缘良好	
		前照灯、信号、仪表、刮水器、后视镜等装置	稳固、齐全、有效符合有关规定	
2	发动机	工作状况	发动机能正常起动,低、中、高速运转均匀及稳定,水温正常,加速性能良好,无断火、回火、放炮、异响等现象	
		功率	无负荷功率不小于额定值的80%	
		装备	齐全有效	
3	离合器	踏板自由行程	符合原厂规定	
		离合情况	接合平稳,分离彻底,无打滑、发抖及异响	
4	转向系	转向盘最大转动量	符合原厂规定	
		横直拉杆装置	球销不松旷,各部螺栓螺母紧固,锁止可靠	
		转向机构	操纵轻便,转动灵活,无摆振、跑偏等现象,车辆转到极限位置时,不得与其他部件碰擦	
		前束及车轮最大转向角	符合原厂规定	
		侧滑	符合GB 7258—2004中的有关规定	
5	传动系	变速器、主减速器、传动轴	变速器操纵灵活,不跳挡,不乱挡,各部安装正确,无异响	
6	行驶系	轮胎	轮胎规格、型号、花纹一致,气压正常,无异常损伤	
		弹性元件	无疲劳断裂	
		减振器	安装稳固有效	
7	制动系	行车制动性能	符合GB 7258—2004中的有关规定	
		踏板自由行程	符合原厂规定	
		驻车制动性能	符合GB 7258—2004中的有关规定	
8	滑行	滑行性能	符合规定	
9	车身	门、窗、玻璃	齐全完好、关闭灵活,锁止可靠	
10	排放	尾气排放污染物	符合有关标准规定	
11	灯光	前照灯发光强度和光束照射位置	符合有关标准规定	

检验员签字:　　　　年　　月　　日

附表八　汽车整车大修竣工质量评定表 GB/T 15746.1－1995

汽车大修基本检验技术文件评定　　表 A1

序号	评定项目	评定技术要求	检查方法与手段	评定方法
A1.1	汽车整车大修进厂检验单	汽车整车大修进厂检验单应包括下列内容:进厂编号、牌照号、厂牌、车型、底盘号、发动机型号及号码等、托修单位、送修车辆状态、里程表记录、托修方报修项目(对送修车技术状况的陈述及要求)、车辆装备情况、车辆整车性能试验记录、检验日期、承修方处理意见、检验员签字、承、托修双方代表签章等单中字迹应清晰,项目应齐全、完整,填写真实、正确。	查阅、核对	单据中各项有一处不符合要求,则计一项次不合格
A1.2	汽车整车大修工艺过程检验单	汽车整车大修工艺过程检验单应包括:发动机及离合器修理工艺过程检验单;前桥及转向系修理工艺过程检验单;后桥修理工艺过程检验单;变速器及分动器修理工艺过程检验单;传动轴及万向节修理工艺过程检验单;车架悬挂及车轮修理工艺过程检验单;车身修理工艺过程检验单;汽车电器、仪表和线路修理工艺过程检验单;汽车制动系修理工艺过程检验单; 各修理工艺过程检验单应包括下列内容:进厂编号、厂牌、车型、各总称型号、号码、检验项目、检验结果记录、检验结论、处理意见、主修人及检验员签章及日期等。 检验单中字迹应清晰,项目齐全、完整,填写真实、正确。 检验项目、名词术语和计量单位应符合国家及行业有关标准及相关车辆修理技术文件的有关规定。	查阅、核对	单据中各项有一处不符合要求,则计一项次不合格
A1.3	汽车大修竣工检验单	汽车大修竣工检验单中内容应包括:进厂编号、托修单位、承修单位、牌照号、厂牌、车型、底盘号、发动机型号及号码、车辆装备状况、车辆改装改造状况、汽车修竣后技术状况、检验记录、检验结论、检验员签章及日期等。 检验单中字迹应清晰,项目齐全、完整,填写真实、正确。检验项目、要求、方法、名词术语和计算单位应符合国家、行业有关标准及相关车辆修理技术文件的有关规定。	查阅、核对	单据中各项有一处不符合要求,则计一项次不合格

续上表

序号	评定项目	评定技术要求	检查方法与手段	评定方法
A1.4	汽车大修合格证	汽车大修合格证内容应包括：进厂编号、牌照号、厂牌、车型、底盘号、发动机型号及号码、维修合同号、出厂日期、总检验员签章及日期、承修单位质量检验部门盖章、走合期规定、保证期规定。 合同中字迹应清晰，项目齐全、完整，填写真实、正确。合同中名词术语应符合国家及行业有关标准中的规定。	查阅	单据中各项有一处不符合要求，则计一项次不合格

汽车整车大修质量评定

表 B1

序号	评定项目	评定技术要求	检查方法与手段	评定方法
B1.1	一般技术要求			
B1.1.1	驾驶室总成客车车厢	形状正确、曲面圆顺、转角处无折绉；蒙皮凭证，无松弛、机械损伤及突出物等	检视	其中有三处以上缺陷为不合格
B1.1.2	涂漆质量			
B1.1.2.1	喷(烤)漆			
a	漆外观	喷(烤)漆颜色应协调均匀、光亮，且漆膜光泽度：客车不低于90%、货车驾驶室不低于85%，漆层无裂纹、剥落、起泡、流痕、绉纹等缺陷。	用漆膜光泽测量仪按GB1743测量及检视	光泽度不符合要求或存在三处以上缺陷者为不合格
b	漆硬度	漆表面硬度应符合JB/Z111的规定	按JB/Z111规定检验	不符合规定为不合格
B1.1.2.2	刷漆	刷漆部位不应有明显的流痕和刷纹；不刷漆部分不应有漆痕	检视	有三处以上缺陷为不合格
B1.1.3	保险杠、翼子板	保险杠、翼子板安装应端正、牢固，不应有歪斜，应左右对称，离地高度差应不大于10mm	检视，用钢板直尺(或钢卷尺)测量	不符合要求为不合格
B1.1.4△	驾驶室、货箱、客车箱	驾驶室及客车箱左右对称离地高度差应不大于10mm，货箱不大于20mm。货箱边板、铰链应铰接牢固、启闭灵活。边板关闭后，缝隙不应超过5mm	检视，用钢板直尺(或钢卷尺)测量	不符合要求为不合格
B1.1.5	总成、零部件及附件装备			
a	总成、零部件	各总成及零部件应完好有效，安装应符合原厂规定	检视	不符合要求为不合格
b	附件装备	各项附件装备应齐全、完好、有效	检视	有　项以上缺陷为不合格

续上表

序号	评定项目	评定技术要求	检查方法与手段	评定方法
B1.1.6	座椅	座椅形状、尺寸、座位间距及调节装置应符合原设计或有关技术文件规定	检视	有三项以上缺陷为不合格
B1.1.7	门窗及玻璃			
a	门窗	门窗应启闭灵活、闭合严密、锁止可靠、缝隙均匀不松旷	检视	不符合要求不合格
b	玻璃	门窗玻璃应采用安全玻璃；前挡风玻璃应采用夹层玻璃或部分区域钢化玻璃。其性能应符合国家及行业标准有关规定	检视	不符合要求不合格
B1.1.8	离合器、制动踏板、驻车制动拉杆			
a.	踏板自由行程	踏板自由行程应符合原厂规定	用直尺测量	不符合规定不合格
b	制动器	采用液压制动的车辆，制动踏板在规定压力下保持1min，踏板不应有向下移动现象	用压力表、计时器和制动踏板力计检验	不符合要求不合格
c	驻车制动拉杆	驻车制动拉杆有效行程应符合原厂规定	检视	不符合规定不合格
B1.1.9	轮胎			
a	胎压	轮胎气压应符合原厂规定	用轮胎气压表测量	不符合规定不合格
b	轮胎规格型号及花纹	轿车轮胎胎冠上的花纹深度不得小于1.6mm，其他车辆不得小于3.2mm； 轮胎胎面不得暴露出轮胎帘布层； 轮胎和胎壁上不得有长度超过2.5cm、深度足以暴露出轮胎帘布层的破裂或割伤； 同轴上装用的轮胎型号和花纹应相同； 汽车转向轮不得装用翻新胎。	用轮胎花纹深度尺测量及检视	不符合要求不合格
B1.1.10	车轮			
a	车轮圆跳动量	轿车不大于5mm，其他车辆不大于8mm	用直角尺或钢直尺测量	不符合要求为不合格
b	车轮动不平衡量	动平衡量应符合有关规定	用车轮动平衡仪测量	不符合规定为不合格
B1.1.11	转向机构	转向机构各连接部位不应有松旷现象，且锁止可靠	检视	不符合要求为不合格
B1.1.12	电气设备和仪表			
a	照明及信号	照明及各种信号装置应齐全、有效、符合GB4785中的有关规定	检视	不符合规定为不合格

续上表

序号	评定项目	评定技术要求	检查方法与手段	评定方法
b	仪表	各种仪表应装备齐全、完好、有效	检视	不符合要求为不合格
c	导线	各种线路布置应合理，接头牢固，导线包扎固定可靠，不应裸露、破损老化现象，线束通过孔洞时应有防护套且距排气管距离应不得小于300mm	检视	有两处以上缺陷为不合格
d	漏电	各部导线及电器元件不得有漏电现象	检视	不符合要求为不合格
B1.1.13	整备质量	汽车整备质量及各轴负荷分配不得大于原设计的3%	用汽车平衡或轮轴质量仪测量	超过3%为不合格
B1.1.14	润滑			
a	装置(油嘴)	各部油嘴应安装正确、齐全、有效	检视	有两处缺陷为不合格
b	油(脂)规格及添加量	润滑油(脂)规格质量及添加量应符合原车规定	检视	不符合规定为不合格
B1.1.15	轴距	汽车左右轴距差应符合GB3798或原设计的有关规定	检视	不符合要求为不合格
B1.1.16	紧固件			
a	关键紧固件	扭紧力矩应符合原车规定，锁止可靠	检视	不符合规定为不合格
b	一般紧固件	应牢固可靠，不得有松动、脱落、缺损现象	检视	有三处以上缺陷为不合格
B1.1.17	铆接及焊接			
a	铆接件	铆接件的结合面应贴紧，铆钉应充满钉孔不松动，不得用螺栓代替，钉头不应有裂纹、歪斜、残缺现象	检视	有三处以上缺陷为不合格
b	焊缝	焊缝应平整、光滑，不应有夹渣、裂纹等焊接缺陷	检视	有三处以上缺陷为不合格
B1.2	主要性能要求		B1.2.1.1、B1.2.1.2只测一项即可	
B1.2.1	动力性			
B1.2.1.1	底盘输出功率	汽车底盘输出功率应符合有关规定要求	用底盘测功机测量	不符合规定为不合格
B1.2.1.2	加速时间			
a	台试	汽车的加速时间应符合台试有关规定	用底盘测功机测量	不符合要求为不合格
b	路试	国产汽车的加速时间应符合GB3798中的有关规定。 进口汽车的加速时间应符合原设计要求	按GB/T12543的规定测量	大于规定加速时间为不合格采用a.b之一即可。
B1.2.2	经济性			
a	台试	汽车等速百公里油耗应符合有关规定	用底盘测功机、油耗计等仪器测量	不符合规定为不合格

续上表

序号	评定项目	评定技术要求	检查方法与手段	评定方法
b	路试	国产汽车油耗应符合 GB3798 中的有关规定。进口汽车油耗应不高于原车规定	按 GB/T12545 的规定测量	不符合规定为不合格
B1.2.3	滑行性能		B1.2.3.1　B1.2.3.2 只测一项即可	
B1.2.3.1	滑行距离			
a	台试	汽车在台架上的滑行距离应符合有关规定	用底盘测功机测量	不符合规定不合格
b	路试	汽车空载以初速度 30km/h 摘挡滑行应满足下列要求(双轴驱动车辆,取 F 为 0.8,单轴驱动车辆,取 F 为 1): 汽车整备质量量 t　　滑行距离 m ≤4　　≥160f >4～5　　≥180f >5～8　　≥220f >8～11　　≥250f >11　　≥270f	用五轮仪按 GB/T 12536 中的规定测量	不符合要求为不合格。采用 a.b 之一即可
B1.2.3.2	滑行阻力	汽车的滑行阻力应不超过汽车整备质量的 1.5%	在干燥平坦的沥青或混凝土路面上用拉力计测量滑行阻力。用汽车衡或轮轴质量仪测量汽车	不符合要求为不合格
B1.2.4	转向操纵性			
B1.2.4.1	侧滑量	转向轮侧滑量不得超过 4m/km	用侧滑试验台测量	
B1.2.4.2	前轮定位	汽车车轮前束、主销内倾、主销后倾、车轮外倾应符合原设计规定	用前束尺前轮定位仪等测量	不符合要求为不合格
B1.2.4.3	转弯直径	汽车最小转弯直径应符合原设计要求	按 GB/T 12540 中有关规定	
B1.2.4.4	转向盘转动性能	转向轮最大转角应符合原设计要求,转向盘自由转动量应符合 GB3798 中 1.8 条的规定,且应转动灵活、操纵轻便、无阻滞现象	用转向盘转动测量仪测量及检视	
B1.2.4.5	转向盘操纵力	转向盘操纵力应符合 GB7258 中 3.6 条的规定	用转向盘转动测量仪按 GB7258 中 3.6 条的规定测量	不符合规定为不合格
B1.2.5＊	制动性能			
B1.2.5.1＊	汽车行车制动性能		采用 a.b 之一即可	
a	路试	汽车制动距离应符合 GB7258 中 4.13 条的有关规定。汽车制动减速度应符合 GB7258 中 4.14 条的有关规定	用五轮仪、减速度仪、计时器、风速仪、钢卷尺等按 GB/T12676 规定测量	不符合规定为不合格

续上表

序号	评定项目	评定技术要求	检查方法与手段	评定方法
b	台试	汽车行车制动器制动力应符合 GB7258 中 4.15 条的有关规定	用滚筒反力式汽车制动检验台和轮轴质量仪测量	不符合规定为不合格
B1.2.5.2＊	汽车驻车制动性能			
a	路试	汽车空载在20%坡道上使用驻车制动，应能保持5min 不溜滑	按 JB4020 规定测量	不符合要求为不合格
b	台试	汽车驻车制动力总和应不低于汽车整备质量的20%	用汽车衡或轮轴质量仪和滚筒反力式汽车制动力检验台测量	不符合要求为不合格
B1.2.6	前照灯			
B1.2.6.1	发光强度	汽车前照灯光发光强度应符合 GB7258 中 5.4.11 条的规定	用汽车前照灯检验仪测量	不符合规定为不合格
B1.2.6.2	光轴位置	汽车前照光轴中心位置应符合 GB7258 中 5.3 条的规定	用汽车前照灯检验仪测量	不符合规定为不合格
B1.2.7	车速表			不符合要求为不合格
B1.2.7.1	车速表波动	汽车稳定运行时车速表指针不得有明显的上下摆动	检视	
B1.2.7.2＊	车速表指示误差	车速表指示误差应符合 GB7258 中 1.10 条的规定	用车速表检验台测量	不符合规定为不合格
B1.2.8	排放、噪声			
B1.2.8.1＊	汽油车怠速污染物排放	汽车怠速污染物排放应符合 GB1476 中 1.5的有关规定	用废气分析仪按 GB/T3845 中的有关规定测量	不符合规定为不合格
B1.2.8.2＊	柴油车尾气排放	柴油车自由加速烟度排放应符合 GB1476 中1.6的有关规定	用烟度计按 GB/T3846 测定	不符合规定为不合格
B1.2.8.3	噪声			
a	车内噪声	汽车车内噪声应符合 GB1495 的有关规定	用声级计按 GB1496 中的有关规定测量	不符合规定为不合格
b	车外噪声	汽车车外噪声应符合 GB1495 的有关规定	用声级计按 GB1496 中的有关规定测量	不符合要求为不合格
c＊	喇叭声级	汽车喇叭声级应不高于 105dB	用声级计按 GB1496 中的有关规定测量	不符合要求为不合格

续上表

序号	评定项目	评定技术要求	检查方法与手段	评定方法
B1.2.9△	密封性			
B1.2.9.1△	防雨密封性	客车防雨密封性限值应符合GB12481中的规定;货车的门窗及防雨密封设施应齐全、完好、有效,不得有漏水现象	按GB/T12480中的规定测量及检视	不符合要求为不合格
B1.2.9.2△	防尘密封性	客车防尘密封性限值应符合GB12479中的规定;货车防尘密封装置应完好、有效,不得有明显进尘现象	按GB/T12478中的规定测量及检视	不符合要求为不合格
B1.3	发动机运转		检视	三次以上起动不成功或有异响为不合格
B1.3.1 *	起动性能	发动机起动顺利,无异响		
B1.3.3 *	发动机运转性能	发动机在各种转速下运转应平稳,改变转速时过渡圆滑;突然加速或减速时不得有突爆声;在正常工况下不得过热,无异响	检视	不符合要求为不合格
B1.3.4 *	机油压力	发动机机油压力应符合原厂规定	检视	不符合规定为不合格
B1.4	传动机构工作状况			
B1.4.1	离合器	离合器应接合平稳、分离彻底、操作轻便、工作可靠、无异响	检视	不符合要求为不合格
B1.4.2	变速器	变速器换挡轻便、准确可靠,无异响,正常工况下不得过热	点温计、检视	不符合要求为不合格
B1.4.3	传动轴及中间轴承	传动轴及中间轴承工作正常,无松旷、异响;中间轴承不得过热	点温计、检视	不符合要求为不合格
B1.4.4	差速器、减速器	差速器、减速器应工作正常、无异响,正常工况下不得过热	点温计、检视	有两处缺陷为不合格

注:*为关键项;△轿车为关键项,货车为一般项。

四、签发维修出厂合格证

对维修竣工检验合格的车辆,由总检验员签发维修出厂合格证。合格证式样如图3-8(正面样式)、图3-9(背面样式)所示。合格证文本中的项目必须填写完整。

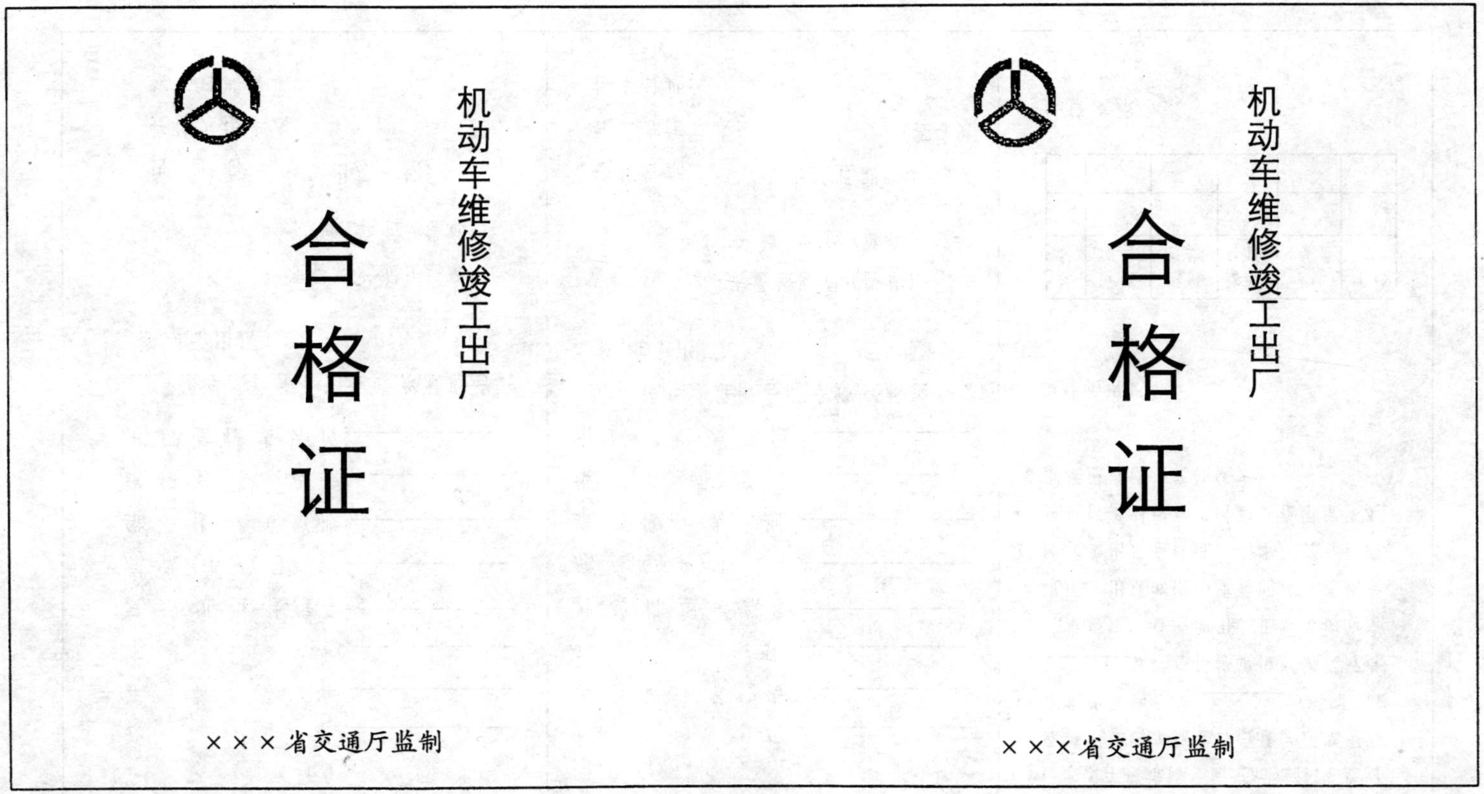

机动车维修竣工出厂

合格证

×××省交通厅监制

机动车维修竣工出厂

合格证

×××省交通厅监制

图3-8　维修竣工出厂合格证（正面样式）

No.00000000

存根

托修方________

车牌号码________

车型________

发动机型号/编号________

底盘(车身)号________

维修类别________

维修合同编号________

出厂里程表示值________

该车按维修合同维修,经检验合格,准予出厂

质量检验员:(盖章)

承修单位:(盖章)

进厂日期:　　出厂日期:

托修方接车人:　　(签字)

接车日期:

No.00000000

车属单位保管

托修方________

车牌号码________

车型________

发动机型号/编号________

底盘(车身)号________

维修类别________

维修合同编号________

出厂里程表示值________

该车按维修合同维修,经检验合格,准予出厂

质量检验员:(盖章)

承修单位:(盖章)

进厂日期:　　出厂日期:

托修方接车人:　　(签字)

接车日期:

No.00000000

质量保证卡

该车按维修合同进行维修,本厂对维修竣工的车辆实行质量保证,质量保证期为车辆行驶________万公里或者________日。在托修单位严格执行走合期规定、合理使用、正常维护的情况下，出现的维修质量问题，凭此卡随竣工出厂合格证，由本厂负责包修，免返修工料费和工时费，在原维修类别期限内修竣交托修方。

返修情况记录:

次数	返修项目	返修日期	修竣日期	送修人	质检员

维修发票号:

图3-9　维修竣工出厂合格证(背面样式)

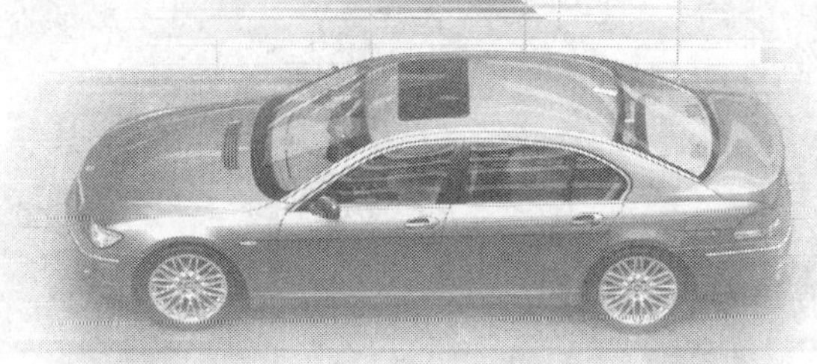

实　训　集

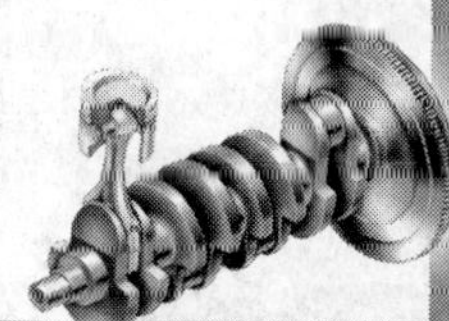

目　录

模块一 常用检测仪器

项目1 利用真空表测量进气管真空度对发动机故障进行综合诊断

一、训练记录,评分表

得分:

时间: 时 分至 时 分 共 分钟

序号	作业内容	发动机转速(r/min)	真空表指示值	配分	扣分原因	得分
1	预热发动机			5		
2	安装连接真空表			10		
3	读取记录真空表指示值			10		
4	故障诊断结论			15		
5	分数总计			40		
备注						

指导教师: 年 月 日

二、训练并思考(60分)

1. 进气管真空度的异常变化,是发动机故障的__________反映。因此检测进气管真空度可对故障作出__________判断。

2. 海拔高度升高______________________________时,真空度会相应减小______________________________左右。

3. 试分析点火过早过晚引起进气管真空度变化的机理。

4. 对你所检测的发动机进气管真空度值所做出的故障诊断结论进行分析阐述。

项目 2　汽缸压缩压力的测量与分析

得分：

一、汽缸压缩压力测量记录表

表 1-1

测量次数 \ 汽缸号		第一缸	第二缸	第三缸	第四缸	第五缸	第六缸	最大值与最小值之差
初步测量	第一次(MPa)							
	第二次(MPa)							
	第三次(MPa)							
	平均值(MPa)							

表 1-2

测量次数 \ 汽缸号		第一缸	第二缸	第三缸	第四缸	第五缸	第六缸	最大值与最小值之差
加入机油后	第一次(MPa)							
	第二次(MPa)							
	第三次(MPa)							
	平均值(MPa)							

表 1-3

测量次数 \ 汽缸号		第一缸	第二缸	第三缸	第四缸	第五缸	第六缸	最大值与最小值之差
配气相位提前一齿	第一次(MPa)							
	第二次(MPa)							
	第三次(MPa)							
	平均值(MPa)							

二、训练记录、评分表

时间：　　　时　　　分至　　　时　　　分　　　共　　　分钟

序号	作业内容	配分	扣分原因	得分
1	测量前的准备	10		
2	初步测量汽缸压力	10		
3	滴入机油后测量汽缸压力	10		
4	检查配气相位正时记号及齿带	10		
5	使配气正时提前一齿	10		
6	配气正时提前一齿后汽缸压力测量	10		
7	结果分析	10		
8	分数总计	80		
备注				

指导教师：　　　　　　　　　　　　年　　月　　日

三、训练并思考(20 分)

1. 测量汽缸压力前，拆除空气滤清器的目的是________________；检查蓄电池的端电压的目的是________________________；拔除 EF1 熔断丝的目的是____________________。

2. 若气门脚间隙过大会造成发动机在工作中________________；在测量汽缸压力时出现________________________。

3. 若气门脚间隙过小会造成发动机在工作中________________________________。若气门脚顶死，在测量汽缸压力时出现____。

4. 往汽缸中滴入 5 ~ 6 滴机油后，通过测汽缸压力来判断活塞环与缸壁的密封性能，依据是什么？

5. 若所有汽缸压力都偏低，把配气正时提前一齿，通过测汽缸压力来判断凸轮轴是否磨损，其道理是什么？

6. 对你所测发动机汽缸压力值所做出的故障诊断结论进行分析阐述。

项目3　解码器的应用

得分：

一、训练记录、评分表

时间：　　时　　分至　　时　　分　　　共　　分钟

序号	作 业 内 容	配分	扣 分 原 因	得分
1	操作前的准备工作	5		
2	仪器的连接	5		
3	显示屏亮度调整	5		
4	读取电脑版本号并释义	5		
5	读取故障码（教师提前设置），并能根据故障码提示排除故障	10		
6	清除故障码并进行验证	5		
7	进行元件测试	5		
8	读取数据流	20		
9	进行基本设定	15		
10	解码器其他功能的应用操作	10		
11	分数总计	85		
备注				

指导教师：　　　　　　　　年　　月　　日

二、训练并思考（15 分）

1. 车博世（WU－2000A）解码器主机屏幕显示亮度出厂时调整设定为＿＿＿＿＿＿%。

2. 检测前，若发动机能起动，应先暖车＿＿＿＿＿＿，并关闭＿＿＿＿＿＿；若无法起动，需＿＿＿＿＿＿。

3. 在＿＿＿＿＿＿电源情况下安装好故障诊断卡 WU－30。

4. 将测试器连接到诊断座上时，点火开关应在＿＿＿＿＿＿＿＿＿＿＿＿＿＿＿＿位置。

5. 如果解码器与车辆电控单元(EUU)之间通讯不正常，可能的原因有：

＿＿

＿＿

＿＿

＿＿

＿＿

＿＿＿＿＿＿＿＿＿＿＿＿＿＿＿＿＿＿＿＿＿＿＿＿＿＿＿＿＿＿＿＿＿＿＿＿＿＿＿。

6. 在发动机测试中(以捷达王电喷发动机为例)，解释下列电脑版本号，06A906018EK：＿＿＿＿＿＿＿＿；1.6L：＿＿＿＿＿＿＿＿；R4/5V：＿＿＿＿＿＿＿＿；MOTR：＿＿＿＿＿＿＿＿；HS：＿＿＿＿＿＿＿＿；A/T：＿＿＿＿＿＿＿＿；V01：＿＿＿＿＿＿＿＿；CODING 4000：＿＿＿＿＿＿＿＿；WSC××：＿＿＿＿＿＿＿＿。

7. 在发动机测试中，执行读取故障码、清除故障、元件测试、基本设定功能时，点火开关＿＿＿＿＿＿＿＿，发动机＿＿＿＿＿＿＿＿；执行读取数据流时，发动机＿＿＿＿＿＿＿＿。

8. 在实操训练过程中，你还有什么疑问？

模块二　汽车综合性能检测线

项目1　简　　介

得分：

一、学习与思考(100分)

1.《汽车运输业车辆技术管理规定》第一次把汽车检测诊断技术的应用例入管理条款,同时提出要对车辆实施__________、__________、__________的汽车维修制度。

2. 根据检测诊断目的的不同,汽车检测可分为__________、____________和____________三类。

3. 五气体分析仪能检测汽油机排气中__________、__________、__________、__________和__________的浓度。

4. 汽车综合性能检测站按职能分类可分为__________________、__________________、__________________三类。

5. 工业发达国家的汽车检测,在管理上实现了________;在检测指标上实现了________;在检测技术上向__________、__________检测方向发展。

6. 汽车检测诊断的目的是什么?

7. 全面的汽车综合性能检测应检测哪些项目? 使用哪些检测诊断设备?

项目 2　发动机综合性能检测仪的初步运用

得分：

一、训练记录、评分表

时间：　　时　　分至　　时　　分　　共　　分钟

序号	作业内容	配分	扣分原因	得分
1	检测前的准备	10		
2	仪器与车辆的连接	20		
3	发动机检测	20		
4	电控系统检测	10		
5	检测数据分析	20		
6	分数总计	80		
备注				

指导教师：　　　　年　　月　　日

二、训练并思考(20 分)

1. 发动机综合性能分析仪主要由__________、__________和__________三大部分组成。

2. 为了比较各缸汽缸压力是否均衡，采用发动机综合性能分析仪通过测量起动过程中______________________的变化来评价各缸汽缸压力。

3. 发动机进气管的真空度是随______________的密封性和______________的密封性的变化而变化的。

4. 对于无分电器的双电火(DFS)电路，在进行波形检测过程中，如何来判断点火线圈输出端的极性？

5. 请叙述发动机综合性能分析仪的主要功能。

项目3 发动机电控系统波形的检测与分析

得分：

一、训练记录、评分表

时间： 时 分至 时 分 共 分钟

序号	作 业 内 容	配分	扣 分 原 因	得分
1	检测前的准备工作	10		
2	仪器的连接安装	10		
3	波形的检测	20		
4	波形分析	30		
5	分数总计	70		
备注				

指导教师： 年 月 日

二、训练并思考(30分)

1. 对于发动机电子控制系统，其电子信号一般有______、______、______、______、______五种类型，它们的判定依据是______、______、______、______、______。

2. 曲轴位置传感器主要有______、______和______三种类型。

3. 二氧化锆传感器输出信号电压范围为______V，而二氧化钛型的氧传感器输出信号为______的可变电压信号。

4. 检测喷油器的波形时，如果从进气管中加入丙烷，系统正常的情况下，喷油器的喷油时间将______，这是发动机电控单元对______的结果。

5. 分析次级点火波形有哪些要点。

项目4　车轮侧滑量、悬架装置工作性能、制动性能的检测

得分：

一、检测记录表

车轮侧滑量、悬架装置工作性能检测记录表

表1

检测内容 检测参数	前轮侧滑量(m/km)	后轮侧滑量(m/km)	左前轮接地性指数(%)	右前轮接地性指数(%)	左后轮接地性指数(%)	右后轮接地性指数(%)
检测数值						

制动性能检测记录表

表2

检测项目	左前轮阻滞力(N)	右前轮阻滞力(N)	左前轮失圆度(%)	右前轮失圆度(%)	左前轮最大制动力(N)	右前轮最大制动力(N)	前轴制动力与轴荷的百分比(%)
检测数值							
检测项目	左后轮阻滞力(N)	右后轮阻滞力(N)	左后轮失圆度(%)	右后轮失圆度(%)	左后轮最大制动力(N)	右后轮最大制动力(N)	后轴制动力与轴荷的百分比(%)
检测数值							

检测项目	左后轮驻车制动力(N)	右后轮驻车制动力(N)	行车制动效率(%)	驻车制动效率(%)
检测数值				

二、训练记录、评分表

时间：　　　时　　　分至　　　时　　　分　　　　　共　　　分钟

序号	作业内容	配分	扣分原因	得分
1	检测前的准备	10		
2	侧滑量的检测	10		
3	悬架装置工作性能检测	10		
4	制动性能检测	20		
5	检测结果分析	20		
6	分数总计	70		
备注				

指导教师：　　　　　　　　　　　　　　　　　　　　年　　月　　日

三、训练并思考(30 分)

1. 检测车轮侧滑量的目的是为了确知车轮__________和__________的配合是否恰当。当二者不恰当时,车轮通过侧滑试验台的滑动板时,滑动板就会受到________而产生________。

2. ____________________可以表征悬架装置的工作性能。

3. 目前使用最广泛的制动性能试验台是__________,它通过检测汽车的__________来反映汽车制动性能的好坏。

4. 在用侧滑试验台检测汽车前轮侧滑量过程中,若侧滑板向外移动,其值超过5m/km,在悬挂、四轮正常的情况下,表明__________或__________。

5. 对于后轮没有车轮定位的汽车,如何用侧滑试验台检测后轴技术状况?

6. 如何分析汽车在反力式制动试验台上的制动性能检测数据?

项目5　车轮动平衡的检测

得分：

一、车轮动平衡检测记录表

项目	左前轮内侧不平衡量(g)	左前轮外侧不平衡量(g)	右前轮内侧不平衡量(g)	右前轮外侧不平衡量(g)
测量值				
项目	左后轮内侧不平衡量(g)	左后轮外侧不平衡量(g)	右后轮内侧不平衡量(g)	右后轮外侧不平衡量(g)
测量值				

二、训练记录、评分表

时间：　　时　　分至　　时　　分　　共　　分钟

序号	作业内容	配分	扣分原因	得分
1	正确安装车轮到平衡机上	10		
2	开机进行检测参数测量设置	20		
3	完成轮胎动平衡检测	20		
4	完成动平衡校正作业	20		
5	分数总计	70		
备注				

指导教师：　　　　年　　月　　日

三、训练并思考(30分)

1. 如果车轮不平衡，不平衡质量将引起车轮__________和__________。

2. 用离车式车轮动平衡机检测车轮动平衡时，为了使显示的不平衡量恰是轮辋边缘处平衡块的质量，必须测量__________、__________、__________三个尺寸。

3. 离车式车轮动平衡机一般由__________、__________、__________、__________、__________等组成。

4. 为什么静平衡的车轮不一定动平衡，动平衡的车轮一定静平衡？

项目6 车轮定位的检测

得分：

一、车轮定位检测记录表

检测内容 检 测 参 数	前轮前束	前轮外倾	主销后倾	主销内倾	后轮前束	后轮外倾
标准值						
实测值						
调整值						

二、训练记录、评分表

时间： 时 分至 时 分 共 分钟

序号	作 业 内 容	配分	扣 分 原 因	得分
1	车辆的基本检查	10		
2	仪器与车辆的连接安装	20		
3	定位参数的检测	20		
4	测量结果分析	20		
5	分数总计	70		
备注				

指导教师： 年 月 日

三、训练并思考(30分)

1. 车轮定位检测的主要内容有__________、__________、________、__________、________等项目。

2. 后轮推进角也叫________,它是__________与_________形成的夹角,其大小是________。

3. 主销内倾和后倾不正常的车辆在行驶中往往会出现______、_______、________等情况,主销内倾和后倾不正常的原因一般是________和________引起的。

4. 试分析车轮定位不正常的原因?

5. 在进行汽车四轮定位参数检测前,被检车辆应满足哪些要求?

项目 7 前照灯的检测

得分：

一、前照灯检测记录表

项目	左前照灯近光 光轴偏斜量(mm)	左前照灯远光 光轴偏斜量(mm)	左前照灯近光 发光强度(cd)	左前照灯远光 发光强度(cd)
测量值				
项目	右前照灯近光光 轴偏斜量(mm)	右前照灯远光光 轴偏斜量(mm)	右前照灯近光发 光强度(cd)	右前照灯远光发 光强度(cd)
测量值				

二、训练记录、评分表

时间： 时 分至 时 分 共 分钟

序号	作 业 内 容	配分	扣 分 原 因	得分
1	仪器、车辆的检查调整	10		
2	仪器与车辆的对正	10		
3	仪器与前照灯的对正	10		
4	检测前照灯发光强度	20		
5	检测前照灯光轴偏斜量	20		
6	分数总计	70		
备注				

指导教师： 年 月 日

三、训练并思考(30 分)

1. 前照灯的技术状况可用__________和__________进行检测。
2. 前照灯检测仪主要有__________、__________、__________、__________四种类型。
3. 前照灯的技术状况主要是指__________和__________。
4. 试述前照灯检验不合格的原因。

5. 如何使灯光分析仪与车辆、前照灯对正?

项目8　汽油发动机排气污染物的检测

得分：

一、排气污染物检测记录表

发动机型号：

污染物	CO(%)	CO_2(%)	HC(10^{-6})	O_2(%)
检测结果				

二、训练记录、评分表

时间：　　　时　　　分至　　　时　　　分　　　共　　　分钟

序号	作 业 内 容	配分	扣 分 原 因	得分
1	发动机的预热、检查调整	10		
2	仪器的准备	20		
3	排气污染物检测	20		
4	测量结果分析	25		
5	分数总计	75		
备注				

指导教师：　　　　　　　　年　　月　　日

三、训练并思考(25分)

1. 汽油发动机排气中的CO_2和O_2的含量反映了发动机的__________________________。

2. 四气体尾气分析仪气体的浓度采用两类方法测定，其中CO、HC和CO_2利用__________进行测定，而O_2的浓度采用__________测定。

3. 混合气过稀，必然导致汽油发动机排气中的________和________含量降低，__________和__________含量增高。

4. 论述汽油发动机进行四气体或五气体废气分析的必要性。

5. 汽油发动机怠速状态下HC含量超标，有哪些原因引起？

模块三 汽车维修技术管理

项目1 送修车的验收

得分:

思考及练习(100 分)

1. 送修车的整车装备技术条件规定

(1) 送修车(肇事车除外)必须保持________________状态,车辆装备________________。总成送厂大修时,应处在________________状态,附件、零件不得拆换或缺少。

(2) 随车工具及备用品等不属于汽车附件范围的物品,应由________________保管。

2. 汽车验收时,确定汽车技术状态通常用________________和经验检视相结合的方法。

3. 汽车维修工艺过程中的检验可分为哪几种?

4. 对送修车辆进行进厂检验有何意义?

5. 如何进行发动机机油量、变速器齿轮油量、蓄电池电解液量的检查?

6. 确定汽车维修作业项目的依据是什么?

项目2　汽车维修过程组织

得分：

思考及练习(100分)

1. 汽车维护分定期维护和非定期维护两类。其中定期维护有__________、__________和__________三个级别。

2. 汽车维护作业包括：__________、__________、__________、__________、__________和__________等内容。

3. 汽车修理按作业范围分__________、__________、__________和__________四类。

4. 汽车修理的基本方法有__________和__________两种。

5. 汽车维修中的过程检验(又称工序检验)，目前普遍实行__________、__________和__________相结合的"三检"制度。

6. 检测电子燃油喷射系统燃油压力时，如何进行卸压操作？

7. 汽车发动机大修的标志是什么？

8. 发动机总成大修过程中的磨合有何意义？

项目3 竣工验收

得分：

思考及练习(100 分)

1. 汽车维修验收基本检验的“三单一证”中“三单”是指______________、____________、______________，“一证”是指______________。

2. 汽车维修质量检验工作有三大职能，它们分别是__________职能、__________职能和__________职能。

3.《机动车维修管理规定》(交通部令 2005 年第 7 号)对机动车维修质量保证期有何规定？

4. 什么是汽车维修过程检验？

5. 请你简要说明汽车维修出厂合格证有什么作用。

参考文献

[1] 张建俊. 汽车检测技术. 北京:高等教育出版社,2003.
[2] 邢文华,肖云魁. 汽车检测与诊断技术. 北京:国防工业出版社,2004.
[3] 张建俊. 汽车诊断与检测技术. 北京:人民交通出版社,2004.
[4] 于建淑,孙德润,王金光等. 汽车智能化检测设备及应用. 北京:人民交通出版社,2004.
[5] 仇雅莉. 汽车检测技术专门化. 北京:人民交通出版社,2003.
[6] 徐通法,李东江,殷晓辉等.《汽车维护、检测、诊断技术规范》宣贯教材. 吉林:吉林科学技术出版社,2002.
[7] 马勇智,汪贵行. 汽车检测技师培训教材. 北京:人民交通出版社,2003.
[8] 鲁植雄. 汽车电喷发动机波形分析图解. 南京:江苏科学技术出版社,2002.
[9] 丁鸣朝,渠桦. 汽车维修技师培训教材. 北京:人民交通出版社,2003.
[10] 陈焕江. 汽车检测与诊断. 北京:机械工业出版社,2003.
[11] 朱军. 电子控制发动机电路波形分析. 北京:机械工业出版社,2003.
[12] 张第宁. 汽车维修. 北京:人民交通出版社,1999.
[13] 杨万凯. 汽车实用维修技术与管理. 北京:人民交通出版社,2005.
[14] 北京市运输管理局. 汽车维修竣工标准汇编. 北京:人民交通出版社,2003.
[15] 马强骏. 高级汽车检测工培训教材. 北京:电子工业出版社,2003.
[16] 陈长春. 汽车维修质量检验. 北京:机械工业出版社,2005.